JULES CÉSAR

DU MÊME AUTEUR

Le culte impérial dans la péninsule Ibérique, d'Auguste à Dioclétien, de Boccard, Paris, 1958, réimpr., 1974.

Bordeaux antique avec la collaboration de P. BARRÈRE, Fédération historique du Sud-Ouest (= FHSO), Bordeaux, 1962.

La vie quotidienne à Pompéi, Hachette, Paris, 1966.

Le Siècle d'Auguste, Paris, 1970, 2e éd., A. Colin, Paris, 1989.

Les Ides de Mars. L'assassinat de César ou de la dictature ?, Gallimard, Paris, 1973.

Fouilles de Conimbriga, I à VII (en collaboration), de Boccard, Paris, 1974 à 1979.

Le Trésor de Garonne. Essai sur la circulation monétaire en Aquitaine à la fin du règne d'Antonin le Pieux (co-auteur, M. RACHET), FHSO, Bordeaux, 1984.

Ausone ou les ambitions d'un notable aquitain, FHSO, Bordeaux, 1986.

Pompéi, la cité ensevelie , Gallimard, Paris, 1987.

Les villas romaines de São Cucufate (Portugal) (co-auteurs, J. ALARCÃO et F. MAYET), de Boccard, Paris, 1990.

Un grand complexe industriel à Tróia (Portugal) (co-auteurs, Y. MAKAROUN et F. MAYET), de Boccard, Paris, 1994.

En passant par l'Aquitaine... Recueil d'articles de Robert Étienne, FHSO, Bordeaux, 1995.

Itinéraires lusitaniens. Trente années de collaboration archéologique luso-romaine (Actes de la réunion de Bordeaux, avril 1995, pour le trentième anniversaire de la Mission archéologique française au Portugal, édités par R. ÉTIENNE et F. MAYET), de Boccard, Paris, 1997.

Robert ÉTIENNE

JULES CÉSAR

INTRODUCTION

N'est-il pas audacieux, sinon présomptueux, pour un historien d'oser se mesurer à César et essayer de prendre les dimensions de celui qui a si souvent échappé à toute mesure ? Certes, il ne s'agit pas de juger un personnage qui a soulevé de son vivant tant d'opinions contradictoires et qui aujourd'hui encore divise le monde savant. Mais il faut le comprendre, le saisir d'une certaine façon de l'intérieur pour le débarrasser des récits tendancieux, des rumeurs qui trop souvent l'ont défiguré, et tenter de le restituer si possible dans son authenticité. Lui-même a su merveilleusement se dissimuler derrière le masque de la propagande. L'un des premiers, il a compris la puissance de l'idéologie politique ou religieuse sur une opinion désemparée ; l'un des premiers, il a su sculpter sa propre effigie pour laisser encore mieux cheminer ses ambitions.

Ambitions d'un homme seul, dangereusement seul s'il n'y prend pas garde. Même s'il a su puiser dans l'arsenal de la république expirante les armes qui ont instauré sa monarchie, il ne s'est pas abandonné au hasard et n'a pas joué son destin sur un coup de poker. Certes, les anecdotes fusent de toute part pour célébrer sa *Fortuna*, sa chance garantie par le ciel, mais ni Vénus ni Mars n'ont directement favorisé son ascension ou béni sa domination. C'est lui seul, lui César, qui décide, qui prépare son avenir sans rien laisser au hasard et qui fera entrer l'amour dans le jeu multiple de ses appétits, et lui seul qui joue sur plusieurs portées une partition dont il est à la fois l'exécutant et le chef d'orchestre.

Nous voudrions dans cet essai suivre l'éveil de sa personnalité, les étapes d'une carrière servie par son génie politique et par son génie militaire, et rechercher ces étincelles divines qui l'ont propulsé au-dessus de la banale humanité. Dans cette quête de lui-même, César s'est libéré de tous les tabous, des multiples héritages familiaux et des protections divines. En conquérant les autres, il s'est conquis lui-même ; solitaire et révolutionnaire, il est bien César, fils de personne, avant de devenir par la grâce de sa divinisation le père de tous.

LIVRE PREMIER

FILS DE VÉNUS ?

CHAPITRE PREMIER

LE DOUBLE HÉRITAGE D'UNE ILLUSTRE NAISSANCE

Quand, le 13 juillet 101 [1], Jules César vient au monde sans opération césarienne [2], il naît dans une famille patricienne, ce qui lui ouvre les voies royales du pouvoir et qui ne lui interdit aucune charge religieuse. Il trouve dans son berceau un double héritage, politique et religieux : sa famille charnelle prétend descendre de l'Olympe. Notre futur héros saura jouer de ce double registre pour se frayer un chemin parmi les premiers de la République.

L'HÉRITAGE POLITIQUE

A consulter le tableau généalogique des Iulii, il est aisé de constater que C. Iulius Caesar est le fils de C. Iulius Caesar dont la sœur Iulia avait épousé Marius, six fois consul, et dont le frère, fils de Caius et petit-fils de Lucius, sera consul en 91 [3]. Son grand-oncle, L. Iulius, fils de Lucius et petit-fils de Sextius, occupera la charge consulaire en 90 [4]. Nul doute que le père de César, préteur en

---

1. J. CARCOPINO, *Profils de conquérants*, Paris, 1961, p. 843, a défendu avec vigueur le 13 juillet 101 qu'à la rigueur Chr. GOUDINEAU, *César et la Gaule* (= GOUDINEAU), Paris, 1990, p. 103, est prêt à accepter.

2. Il s'agit d'une fausse étymologie.

3. T.R.S. BROUGHTON, *The Magistrates of the Roman Republic* (= BROUGHTON, *MRR*), New York, 1951-1953, II, p. 20.

4. *ID.*, *ibid.*, II, p. 25.

92 [5], aurait atteint la magistrature suprême s'il n'avait pas disparu prématurément en 85.

L'engagement politique du père est clair : il soutient la politique marienne. En vertu de la législation de Saturninus, il aurait établi en 100 des vétérans de Marius à Cercina [6], en Afrique [7], en tant que *decemvir agris dandis attribuendis iudicandis.* Dans une époque troublée, au milieu des conflits entre syllaniens et marianistes, le message paternel reste ambigu. César ne peut pas maintenir la seule fidélité au parti des *populares,* au péril de sa vie, tant la haine de Sylla à son égard est forte. La famille de sa mère, les Aurelii Cottae, vient à son secours.

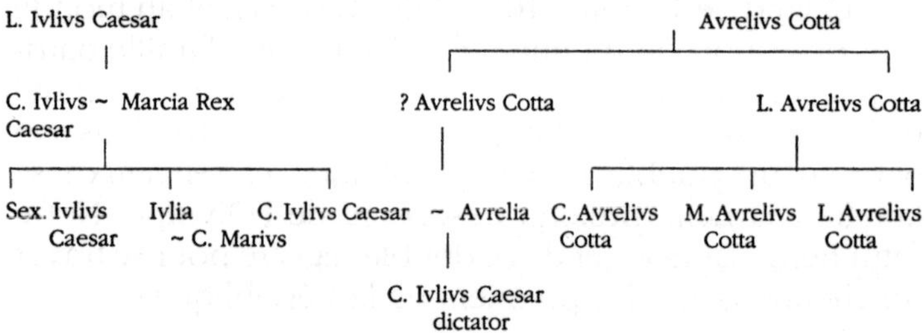

Il était déjà révélateur d'une ambiguïté, au moins sociale, que son père patricien ait épousé une plébéienne, une Aurelia, fille d'Aurelius Cotta, proche sans doute du pouvoir syllanien. En compagnie des Vestales et d'Æmilius Mamercus [8], son grand-père maternel intercède auprès de Sylla et lui sauve la vie. Déjà une partie des *optimates* s'était tournée contre Saturninus et Glaucia, tribuns de la plèbe, les âmes damnées de Marius, et le jeune César pouvait se demander s'il n'existait pas, malgré son admiration pour l'oncle Marius, une voie moyenne à découvrir, un pro-

5. BROUGHTON, *MRR,* II, p. 17.

6. *I. I.,* XIII, 3, 7.

7. L'identification CERCE revue CERCEI est à exclure puisque, à cette époque, aucune assignation coloniale n'est signalée en Italie.

8. SUET., *Divus Iulius,* I, 2.

gramme personnel à inventer avec des moyens originaux pour se libérer d'un tel héritage politique ambigu.

En attendant, il fait « ses classes » auprès d'une mère qui se révèle de la trempe de la mère des Gracques [9]. Il acquiert auprès du *grammaticus*, du rhéteur, les fondements de culture grecque et latine qu'il maîtrise parfaitement. L'entraînement physique fait partie intégrante de son éducation : nage, équitation ; il fortifie son corps autant que son caractère, mélange de dévotion filiale et de détermination farouche : le « gamin à la ceinture lâche » croit en son destin, lui qui par son grand-père C. Iulius Caesar, fils de Lucius et petit-fils de Sextus, marié à une Marcia Rex, descend des rois de Rome, dont le caractère sacré en fait les maîtres des hommes [10]. Il entendit rester le maître de son destin dès qu'il fut orphelin de père en 85. Il avait déjà marqué son indépendance à l'occasion de ses fiançailles avec Cossutia, jeune fille d'une famille équestre. Certes, extrêmement riche, elle pouvait favoriser sa carrière politique ultérieure ; plébéienne, elle lui offrait un autre avantage, celui de ne pas pouvoir assumer la charge de flamine de Jupiter qui lui était destinée, mais les interdits divers étaient incompatibles avec des ambitions politiques. Il rompit ses fiançailles pour épouser, et c'était une provocation, Cornelia, la fille de L. Cornelius Cinna, fils de Lucius et petit-fils de Lucius, marianiste avéré, quatre fois consul de 87 à 84 [11], et il refusa d'optempérer aux ordres de Sylla qui lui enjoignait de la répudier. Pour éviter une exécution confiée à la police syllanienne, il mena une vie clandestine jusqu'au jour où il fut gracié par Sylla, qui par une sorte de pressentiment avait percé son projet politique, celui de démanteler le parti aristocratique : « Il y a dans César plusieurs Marius [12] ».

Il valait mieux pour lui quitter Rome et cueillir quelques lauriers en Asie, dans l'état-major de M. Minucius

---

9. SUET., *Divus Iulius*, I.
10. *ID.*, *ibid.*, VI.
11. BROUGHTON, *MRR*, II, p. 45, 53, 57, 60.
12. SUET., *Divus Iulius*, I, 3.

Thermus, propréteur en 80 [13]. Il alla chercher une flotte en Bithynie, gagna une couronne civique lors de la prise de *Mytilène* et n'hésita pas, après avoir payé une rançon de cinquante talents d'argent aux pirates qui l'avaient enlevé près de l'île de Pharmacuse, à armer une flotte qui lui permit de capturer ses ravisseurs et les mettre en croix. Il acheva sa chevauchée militaire en chassant le lieutenant de Mithridate et en maintenant dans l'obéissance à Rome les cités indécises. Ainsi, César venait de révéler la trempe de son caractère : ne céder à personne le soin de conduire sa vie, rester inflexible vis-à-vis des rebelles et défendre contre tout ennemi une conception élevée de l'État. Désormais, Rome devrait compter avec lui.

L'HÉRITAGE RELIGIEUX

Autant l'héritage politique est soumis à des forces contradictoires et antagonistes, autant l'héritage religieux nous conduit sur un terrain solide. Il s'inscrit dans une tradition familiale : chaque *gens* en effet, à Rome, avait ses légendes et ses cultes, installés autour de sanctuaires privés ou dans les temples publics construits par un membre de la famille. Historiens et antiquaires nous en ont transmis les souvenirs, encore que nous soyons bien moins renseignés sur César que sur Auguste pour les premières années de leur vie, d'autant que le début des vies du *Divus Iulius* chez Suétone [14] et de *César* chez Plutarque est perdu. Toutefois, un certain nombre de certitudes peut être récupéré.

La première vise l'attachement des Iulii aux cultes ancestraux. Ils appartiennent aux familles troyennes de Rome, c'est-à-dire à celles qui prétendaient descendre d'Ascagne, fils d'Énée, qu'on appelait aussi Iulus. Leur résidence était Albe la Longue où Ascagne régna. Tullus Hostilius s'empara de la ville et les familles albaines, les

---

13. BROUGHTON, *MRR*, II, p. 76, 81.

14. St. WEINSTOCK, *Divus Iulius* (= WEINSTOCK), Oxford, 1971, p. 4-18.

Iulii parmi elles, émigrèrent à Rome où elles devinrent patriciennes [15]. Elles furent inscrites dans la tribu *Fabia* et occupèrent des charges de premier plan aux Vᵉ et IVᵉ siècles, puis connurent une éclipse ; mais quand César naquit, ils avaient recouvré le lustre d'antan. Les cultes familiaux d'Alba Longa furent préservés à *Bovillae*, colonie d'Alba qui n'avait jamais rompu ses liens avec elle ; ses habitants à l'époque impériale se nommaient *Albani Longani Bovillenses* et les liens de César avec Bovillae furent plus puissants qu'avec Albe, d'autant que Iulius Ascagne aurait fondé *Bovillae*, où il reçut la charge de prêtre perpétuel. C'est toujours un Iulius qui assuma la charge des cultes publics à *Bovillae*; après 44 avant Jésus-Christ, la statue de César prendra place dans le sanctuaire familial, en 14 après Jésus-Christ, la dépouille d'Auguste sera conduite de Nole à *Bovillae* et de là à Rome [16].

Un autel trouvé à *Bovillae* y fut placé à la fin du IIᵉ siècle avant Jésus-Christ; il était dédié à *Vediovis pater* par la *gens Iulia* en accord avec les lois d'Albe [17], confirmant ainsi le lien traditionnel de la *gens Iulia* avec *Bovillae* et Albe. Quel est le lien entre ce « jeune Jupiter » et Iulus ? Il n'est pas apparent, mais la famille a forgé une étymologie pour affirmer ses prétentions divines. Quand Énée mourut, il devint *Iuppiter Indiges*, Jupiter l'ancêtre. Ascagne institua son culte et lui bâtit un temple [18] : il devenait lui-même fils de Jupiter, sous le nom de Veiovis, leur dieu ancestral, et recevait un culte à *Bovillae*.

C'est un aspect surprenant de la tradition julienne car, comme nous le verrons, César a préféré affirmer ses liens avec Vénus. Toutefois, il donne un nouvel élan à ce culte ancestral, car Jupiter lui garantissait la maîtrise du monde. Dans les derniers mois de sa vie, n'a-t-il pas été appelé *Iuppiter Iulius* ?

---

15. LIV., I, 30, 1.

16. SUET., *Divus Augustus*, C, 2.

17. *ILS*, 2988 = *ILLRP*, 270 = *Imagines* (DEGRASSI), Berlin, 1965, 399 a et b.

18. LIV., I, 2, 6.

Un autre dieu ancestral était Apollon, pour une raison accidentelle, il est vrai : la dédicace du premier temple à Rome est due en 431 à Cn. Iulius, consul. De plus, Vediovis fut assimilé à Apollon, ce qui lui assure un lien avec les Iulii. Le renouveau du culte d'Apollon, promu par Sylla, se marque par la présence d'une statue du dieu qui l'accompagne à la bataille de la porte Colline qui lui assure la victoire. Sylla ne serait-il pas l'abréviation de *Sibylla* ? Même si le culte d'Apollon s'efface devant celui de Vénus, il ne faut pas oublier qu'en 45 César donne à ses frais les *Ludi Apollinares* pour légitimer comme successeur Octavius, qu'il adopte, sous prétexte que sa mère Atia, nièce du dictateur, l'aurait enfanté d'un serpent – Apollon. Le culte d'Apollon va alors se développer après les ides de Mars et la place privilégiée qui sera la sienne avec Octavien Auguste ne peut s'expliquer que par l'initiative césarienne.

Cependant, sans discussion, le culte principal appartient à Vénus et ce culte de la Vénus des Énéades est né sur les rives du Latium, dès le VIe siècle, alors qu'à Rome les preuves ne s'en rencontrent qu'au IIIe siècle. Ségeste, proche du mont Éryx, passe aux Romains en raison de leur commune descendance d'Énée et le premier temple fut construit pendant la deuxième guerre punique, le second en 181. A ce moment, l'origine troyenne des Romains est acceptée : Vénus et Énée reçurent leur place dans la poésie de Naevius et d'Ennius. Au premier siècle, elle est l'objet d'une intense propagande politique, de la part tant de Sylla que de Pompée, sans que leurs familles puissent prétendre être troyennes. Les liens, au contraire, des Iulii avec Vénus s'appuient sur une longue tradition familiale. Son effigie apparaît sur les monnaies de Sex. Iulius Caesar, monétaire vers 125-120 [19], et de L. Iulius Caesar en 105 avant Jésus-Christ. D'autres membres de la famille étaient patrons d'Ilion et un L. Iulius Caesar écrivit sur les *Origines de Rome* et sur celles des *Énéades*. On peut faire remonter cette origine à la famille de Marius. Plutarque dit que Marius le

19. Date discutée ; voir BROUGHTON, *MRR*, II, p. 442.

Jeune descend de Mars et de Vénus [20] ; par sa mère, César descend de Vénus et aussi par une grand-mère des *Marcii Reges*, dont l'étymologie remonte à Mars. Dans son discours pour les funérailles de sa tante Iulia, la veuve de Marius, il proclame que « c'est de Vénus que descendent les Jules et nous sommes une branche de cette famille, qui gagnait ainsi la sainteté des dieux, de qui relèvent même les rois [21] ». A cette ascendance divine répond l'affirmation qu'il avait reçu de Vénus elle-même la fleur de jeunesse [22] : sa naissance avait bien été entourée de surnaturel et cette légende a sans doute comme source, César lui-même ; il fera tout pour passer pour le favori de la déesse qui lui donnera la maîtrise du monde, car elle lui avait accordé un visage et un corps divins [23].

Ce double héritage, politique et religieux, qui l'accompagne dès son berceau va-t-il peser sur lui, va-t-il l'entraîner vers un conformisme étroit perpétuant le modèle de l'aristocrate patricien [24], ou bien César ne va-t-il pas être tenté de s'émanciper autant des hommes que des dieux, même si, dans ces deux héritages dont il doit s'affranchir, il dispose déjà des leviers qui vont soulever le monde ? César ne va-t-il pas chercher avec opiniâtreté et intelligence à être lui-même, un César fils de personne ?

---

20. PLUT., *Marius*, 46, 8.

21. SUET., *Divus Iulius*, VI, 2.

22. *ID.*, *ibid.*, XLIX, 7, avec la lecture *ortae* à la place de *orti*. CASS DIO., XLIII, 43, 3.

23. VIRG., *Énéide*, I, 589 *sq.*

24. C'est la vision qu'en donne Y. LE BOHEC, *César* (Que sais-je ?, 1011), Paris, 1994, p. 44.

CHAPITRE II

COURSE AUX HONNEURS

De 78 à 59, soit en vingt ans, César parcourt la route des « honneurs » qu'un patricien, un homme de la classe sénatoriale, pouvait légitimement espérer obtenir. A la nouvelle de l'abdication de Sylla, il avait quitté l'Orient où depuis 80 il recueillait des lauriers en combattant pirates et séides de Mithridate. Il pouvait d'autant mieux engranger popularité et suffrages que l'oligarchie allait se montrer incapable de gérer la succession du dictateur et n'accumulerait que des victoires à la Pyrrhus sur ses ennemis traditionnels, ouvrant, par des brèches faites à la pratique constitutionnelle, à ce *mos majorum* qu'elle aurait dû incarner et défendre, la voie aux *imperatores*, où saurait un jour se faufiler cet homme alors dans tout l'éclat de son insolente jeunesse : il avait vingt-trois ans. César est donc aux aguets de tous les faux pas du Sénat et sait rechercher un *consensus* social et politique pour éviter que les fractures d'une société déchirée deviennent irrémédiables.

LE CRÉPUSCULE DE L'OLIGARCHIE

En empruntant ce titre à J. Carcopino, nous ne perdons pas de vue César qu'il nous appartient de situer par rapport aux diverses crises qui secouent l'État romain.

La première victoire à la Pyrrhus : la victoire sur Lépide

Les querelles des deux consuls de 78

Les deux consuls entrant en charge en 78 étaient Q. Lutatius Catulus et M. Æmilius Lepidus. On ne pouvait imaginer couple plus dissemblable. Catulus, comme nous l'apprennent les sources [1], était un homme intègre et doux, capable de sacrifier sa tranquillité à la défense des intérêts du groupe social auquel il appartenait – la *nobilitas* – et, protestant contre les proscriptions syllaniennes, les nobles se reconnaissaient en lui et l'avaient élu pour que la légalité sénatoriale fût respectée. Au contraire, Lépide, turbulent et sans repos, n'avait eu de cesse au travers des troubles de la République de constituer une fortune scandaleuse, passant du parti sénatorial aux démagogues extrémistes, épousant Appuleia, la fille de leur chef Appuleius Saturninus, puis aux côtés de Marius marchant contre son beau-père, quittant ensuite les marianistes pour profiter des proscriptions syllaniennes et proposant enfin ses services aux nobles pour n'avoir plus à craindre un monarque. Il espérait ainsi effacer son collègue Catulus et s'approprier la République. Lui seul, le 1er janvier 78, décida qui serait désigné pour présider à la célébration des féries latines [2]. C'était pour leur entente nécessaire dans un système collégial un début de mauvais augure.

Quand les tribuns de la plèbe vinrent le trouver pour recouvrer leurs prérogatives abolies par Sylla (*veto* suspensif et initiative législative), il réunit une *contio* où il fit repousser leur demande politique mais annonça qu'il s'engageait à faire passer une loi frumentaire et, devant l'enthousiasme de la foule, une *lex Æmilia* accorda à qui les réclamerait cinq *modii* de blé (43,75 l.) par mois. Il allait plus loin que ses prédécesseurs qui avaient tant inquiété la *nobilitas*, C. Gracchus, Saturninus : il n'était plus question

---

1. Broughton, *MRR*, II, p. 85.
2. Sall, *Hist.*, I, fr 54 Maur.

d'une vente à bas prix [3] mais de la gratuité ; la cité tout entière, d'autre part, devait en bénéficier. Ainsi, il se conciliait les masses, se débarrassait de l'écran politique éventuel du tribunat et ne ménageait pas sa fortune pour entretenir pour sa propagande des agents qu'il recrutait dans les bas-fonds.

Catulus et la *nobilitas* profitèrent de la mort de Sylla en mars 78 pour affirmer, en accordant à sa dépouille des funérailles nationales, l'alternative à tout essai de tyrannie démagogique. Sylla mort devenait leur allié contre l'agitateur. Les vétérans de Sylla, présents avec les soldats de Pompée, paraissaient constituer le rempart de l'oligarchie. On comprend qu'après la cérémonie les deux consuls se soient séparés en s'injuriant [4].

La rébellion de Lépide

Lépide ne pouvait guère reculer : il multiplie les attaques contre le Sénat par ses harangues au Forum, promet aux tribuns cette fois de les rétablir dans leurs prérogatives, de rappeler les proscrits et de leur rendre les biens confisqués et vendus. Ses discours eurent au moins un effet direct sur les gens de *Faesulae* (Fiesole) qui massacrèrent les nouveaux propriétaires, vétérans de Sylla, et récupérèrent leurs terres. Le Sénat ne pouvait laisser ce crime impuni et décida de charger les consuls de réprimer la sédition, mais il pouvait paraître dangereux d'offrir une armée à Lépide, volontaire pour cette besogne. Le Sénat lui adjoignit Catulus et fit jurer aux consuls que, pendant les opérations, ils n'entreprendraient rien l'un contre l'autre. La situation une fois rétablie, Lépide fit la sourde oreille aux injonctions sénatoriales qui lui demandaient de rentrer à Rome pour présider les élections. Il espérait garder au moins son armée et la grossir quand il serait proconsul en Gaule cisalpine, que la *sortitio provinciarum* (tirage au sort des provinces) lui avait attribuée à sa sortie de charge. Il

3. PLUT., *C. Gracchus*, V, 1.
4. APPIAN., *BC*, I, 107, 501.

fallut à la fin de 78 nommer un *interrex*. Lépide glissa à la rébellion ouverte, accueillant ceux qu'il avait eu mission de combattre, des Étrusques, des bannis de toute espèce, des marianistes tels Perpenna, M. Iunius Brutus. Lépide adressa au Sénat un ultimatum où il demandait le droit de cité pour les Cisalpins, la restauration de la puissance tribunicienne, la réintégration des proscrits dans leurs honneurs et son élection immédiate à un second consulat.

La défaite de Lépide

Le sursaut du Sénat fut énergique, après un moment de tergiversation, au reçu des nouvelles d'Espagne et d'Asie Mineure. A la demande de L. Marcius Philippus, qui avait brisé la sédition de Livius Drusus, le Sénat vota le *senatus consultum ultimum* (décret qui suspend les lois de la république) dont il arma l'interroi Appius Claudius, le proconsul Catulus et ceux qui détenaient l'*imperium* [5] : Lépide fut déclaré ennemi public. Le jeune Pompée achemina ses vétérans du Picenum vers la Cisalpine ; les colonies syllaniennes donneraient à Catulus une autre armée qui couvrirait Rome. Les légions allaient devoir l'emporter. Pompée met le siège devant *Mutina* (Modène) qui, après quelques jours de résistance, capitule [6] ; il poursuit sa marche le long de la *via Aemilia*, prend *Rhegium Lepidum* (Reggio d'Émilie), poursuit les fuyards en Ligurie, jusqu'à *Alba Pompeia*. Donc, la menace qui pesait sur la Cisalpine était écartée, celle qui risquait d'inquiéter Rome fut aisément contrecarrée. Lépide ne put rien faire contre les avant-postes de Catulus au Champ de Mars et, pris entre les deux mâchoires d'une tenaille (Pompée venant de Cisalpine, Catulus s'ébranlant vers le nord), il subit deux défaites successives près de Cosa et s'embarqua pour la Sardaigne où il échoua devant toutes les villes ; sans espoir, brisé par les nouvelles qui ne lui

5. SALL., *Hist.*, I, 77, 22, MAUR ; BROUGHTON, *MRR*, II, p. 89.

6. M. Iunius Brutus fut exécuté le lendemain de la capitulation : PLUT., *Pomp.*, 16, 6 ; BROUGHTON, *MRR*, II, p. 99.

laissaient rien ignorer de son infortune conjugale [7], il s'alita et mourut tandis que ses derniers compagnons, sous la conduite de Perpenna, s'enfuyaient vers l'Espagne.

Une victoire à la Pyrrhus

Dès l'été 77, finit ainsi, par la victoire des *Patres,* l'aventure folle de Lépide où César n'avait point trempé, malgré les offres de l'insurgé. Notons sa prudence avisée [8] mais, après la victoire sénatoriale, il crut possible de manifester son opposition légale en accusant de concussion Cornelius Dolabella [9], personnage de la majorité conservatrice. Il échoua et partit pour l'Orient où, à Rhodes, il allait affiner sa culture en suivant les cours d'Apollonios Molon, le maître d'éloquence le plus célèbre de l'époque [10]. Il laissait le Sénat jouir d'une victoire à la Pyrrhus car, au mépris de la règle, on avait reconstitué en Italie l'*imperium* militaire des consuls et, surtout, le Sénat avait sanctionné le commandement extraordinaire de Pompée.

LA DEUXIÈME VICTOIRE A LA PYRRHUS : LA VICTOIRE SUR SERTORIUS

Le Sénat pour lutter contre Lépide n'avait eu que peu de moyens car se développait dans la péninsule Ibérique une insurrection beaucoup plus grave pour sa souveraineté.

Sertorius jusqu'en 79

Il apparaît comme le successeur tout désigné de Marius, dont il aurait dû recueillir l'héritage militaire [11] : vigueur, bravoure, sens du renseignement qui permet de sauver des attaques celtibères la garnison de *Castulo* en 98 ; dans la guerre sociale, il met sur pied les cohortes de

7. PLIN., *NH*, VII, 122 ; PLUT., *Pomp.*, 16, 9.
8. SUET., *Divus Iulius*, III, 2.
9. BROUGHTON, *MRR*, II, p. 89.
10. SUET., *Divus Iulius*, IV, 2.
11. PLUT., *Sertorius*, 3, *passim.*

Cisalpine et maintient par une discipline inflexible Rome à l'abri des pillages en 87, 86, 85; cependant, en 84, il est écarté du consulat, en raison de la médiocrité de ses origines – simple chevalier de *Nursia* (Norcia) –, de ses variations politiques et de la rudesse de son caractère. Les marianistes l'éloignèrent de l'Italie en l'envoyant en 83 en Espagne citérieure. Sylla ayant nommé en même temps un autre gouverneur, il lui barra la route achetée aux *Cerretani* (Cerdagne) et tint le passage du Perthus grâce à son lieutenant L. Livius Salinator ; il s'installa dans la vallée de l'Èbre où, par son administration bienveillante, il put recruter neuf mille hommes ; toutefois, ce ne fut pas suffisant pour résister, au printemps de 81, aux deux légions commandées par C. Annius Luscus qui bouscula C. Livius Salinator et contraignit Sertorius et trois mille soldats à s'embarquer près de Carthagène à la recherche d'une place de sûreté. Alors commence une étonnante odyssée : Maurétanie Tingitane, côtes de l'Espagne, *Ebusus* (Ibiza), golfe de Valence, île de *Planeria* (Plana) entre le cap de la Nao et le cap Palos, embouchure du Guadalquivir, où des matelots le font rêver des « îles Fortunées » (Madère ?). Il redescend en Maurétanie Tingitane, s'empare de *Tingi* et y règne un moment jusqu'au jour où, au printemps 80, il se rend à l'appel des Lusitaniens, débarque à *Baelo* avec ses 2 600 Romains et 700 Maures et rencontre 4 000 fantassins et 700 cavaliers que les Lusitaniens avaient envoyés à sa rencontre. Il devenait alors le chef de Barbares révoltés contre Rome et lui-même signifiait sa rupture avec la mère patrie. Le propréteur d'Ultérieure, Fufidius, fut incapable d'arrêter sa marche. Sertorius recruta, disciplina, subjugua, laissant croire aux Lusitaniens crédules qu'il recevait d'une biche blanche – pour eux incarnation de leur grande divinité chasseresse – conseils et prédictions si bien qu'en 79 le nouveau propréteur d'Espagne, Metellus Pius [12], se trouve devant des troupes aguerries et animées d'une foi exceptionnelle.

12. BROUGHTON, *MRR*, II, p. 83.

Les succès de Sertorius

Metellus Pius passe du *Baetis* (Guadalquivir) au bassin de l'*Anas* (Guadiana), se dirige vers la sierra de Guadarrama (*Carpetania iuga*) ; il installe des camps : *Metellinum* (Medellín), *Castra Caecilia* (Cáceres El Viejo) à deux kilomètres et demi au nord de Cáceres, *Vicus Caecilianus* (Baños) ; plus au nord, il prend *Olisipo* (Lisbonne), met le siège devant *Lacobriga* (Lagos) [13]. Ces premiers succès avaient conduit Metellus loin de ses bases et ne lui permettaient pas de combiner ses mouvements avec ceux du propréteur de Citérieure, M. Domitius Calvinus [14]. Celui-ci descendait le Tage quand il fut attaqué en 78 par Hirtuleius, lieutenant de Sertorius, et tué près de *Consabura* (Consuegra) ; Hirtuleius progressa jusqu'à *Ilerda* et rejeta en Aquitaine les forces amenées par le propréteur de Narbonnaise, L. Manlius[15]. Sertorius put alors débloquer *Lacobriga* et anéantit six mille hommes de Metellus; les assiégeants reculèrent alors jusqu'au *Baetis* [16]. En 77, Hirtuleius passa en Lusitanie tandis que Sertorius rejoignit le secteur de l'Èbre ; là, il fit la jonction avec les renforts que lui amenait de Sardaigne Perpenna. En 77, Sertorius disposait de 70 000 hommes ; il dominait, outre la Lusitanie, les hauts plateaux de Castille et d'Aragon et toute la frange côtière au nord de Carthagène, sauf *Lauro* (Laury) et Sagonte. Sertorius gouvernait un véritable royaume qu'il organisa par une sorte de paradoxe à la romaine [17]. Il s'entoura d'un sénat [18] composé de Romains réfugiés ; les troupes indigènes furent encadrées par des Romains qui les entraînaient selon la tactique et la discipline des légionnaires ; Sertorius leur promettait qu'une fois acculturés ils pourraient commander à leur tour. Une telle perspective ne

13. Plut., *Sertorius*, 12, 3-4, et 13 ; Sall., *Hist.*, I, 113, 114 et 199 Maur.
14. Broughton, *MRR*, II, p. 84.
15. *Id.*, *ibid.*, II, p. 87.
16. Plut., *Sertorius*, 13, 10-12.
17. *Id.*, *ibid.*, 14.
18. *Id.*, *ibid.*, 22, 5.

pouvait qu'entretenir une émulation efficace et, à *Osca* (Huesca) il ouvrit une école pour les fils de chefs de « grande tente » qu'on élevait dans les lettres grecques et latines et ces sortes d'otages étaient les garants d'une fidélité hispanique inébranlable, fortifiée par la *devotio* de son entourage.

La réaction romaine

Le commandement de Pompée

Devant cette dissidence, le Sénat de Rome ne pouvait que s'inquiéter et même s'effrayer. A *Dianium* (Denia) (Hermeroskopeion), les pirates trouvaient un abri dans son arsenal et les *Patres* pouvaient craindre un débarquement en Italie et le soulèvement des marianistes. Pour conjurer le péril, ils conférèrent à Pompée en 77 [19] un *imperium* proconsulaire indéfini, lui un simple particulier, devant qui s'effaçaient les deux consuls. En quarante jours, il leva les soldats dont il avait besoin ; avant la fin de l'été 77, il franchit les Alpes, par le Petit Saint-Bernard vraisemblablement, et débouche en Narbonnaise qu'il doit pacifier avant de reconquérir l'Espagne citérieure : il avait reçu en charge les deux provinces. Au printemps de 76, il délégua ses pouvoirs à Fonteius pour la Narbonnaise et pénétra en Citérieure par le Perthus, entra à *Emporiae* (Ampurias), soumit *Iacetani* et Ilergètes, mais échoua devant *Lauro.* Alors il se replia vers les Pyrénées, sur le site de ce qui sera plus tard *Pompaelo* (Pampelune). Metellus ne peut que réoccuper provisoirement ses positions du *Baetis* sans pouvoir exploiter sa victoire d'*Italica* (Santiponce) sur Hirtuleius. La jonction entre les armées des deux généraux s'opéra en 75, dans la vallée inférieure du *Sucro* (Júcar). Pompée bouscula Herennius et Perpenna sur le *Turia* (Guadalaviar), Metellus tua Hirtuleius à *Segovia* (Ségovie) et Sertorius ne peut que faire des commentaires rageurs sur cette jonction qui sonnait pour lui le glas de la défaite.

---

19. BROUGHTON, *MRR*, II, p. 90.

Le grand dessein de Sertorius

C'est sans doute à l'automne de 75 que Sertorius commença à prêter l'oreille aux propositions des pirates ; en effet, les victoires sénatoriales l'obligeaient à chercher des appuis extérieurs chez les pirates et surtout auprès du roi du Pont, Mithridate. Plutarque [20], quand le traité fut signé à *Dianium*, atténue la responsabilité de son héros, montre un Sertorius hautain, n'abandonnant au roi du Pont que la Bithynie et la Cappadoce, qui n'appartenaient pas à Rome. Or Appien [21] affirme qu'il aurait ajouté la province d'Asie elle-même, ce qui est vraisemblable, sinon on ne voit pas ce que pouvait gagner Mithridate à aider Sertorius pour reconquérir le pouvoir. Au total donc, le pacte était fondé sur la trahison du Romain. Sertorius, en échange, recevait quarante navires et trois mille talents, soit quatre-vingt-dix millions de sesterces. Pendant ce temps, Metellus faisait reposer ses soldats en Narbonnaise et Pompée installait ses quartiers d'hiver chez les Vaccaeens. Il réclama au Sénat des renforts en hommes et en argent : deux légions débarquèrent et en 74 les deux généraux conquirent les hautes terres de l'Aragon et de la Vieille Castille. La vallée du *Durius* (Duero) est encerclée par Pompée : Cauca tombe, Palencia est assiégée, Metellus emporte *Bilbilis*, Cuenca. Les déserteurs de l'armée de Sertorius affluent : Metellus est salué du titre d'*imperator*, rentre triomphalement dans sa province et met la tête de Sertorius à prix ; son justicier recevra cent talents et deux cents arpents de terre.

La fin de Sertorius

Au printemps 73, Pompée, après avoir hiverné en Gaule, soumet les villes du nord : Palencia, *Clunia, Uxama* (Osma), assiège *Calagurris* ; *Tarraco, Valentia, Dianium* se rendent. Alors Sertorius pratique une politique d'épouvante : il fait exécuter les fils de chefs à *Osca,* il se

20. PLUT., *Sertorius*, 23, 6.
21. APPIAN., *Mithr.*, LXVIII.

désintéresse de son commandement, se jette dans la débauche et l'ivresse. Perpenna le fait exécuter dans sa maison [22], au début de 72. Il essaie de renouer avec une politique favorable aux indigènes, mais il échoue sur le champ de bataille et il est fait prisonnier ; il implore son pardon et tente de le monnayer par la promesse de livrer les archives qui compromettaient bien des sénateurs de Rome. Pompée le fit exécuter et brûler ses papiers. Il ne pouvait que bénéficier de cette discrétion : il apparaissait comme un sauveur non seulement sur le champ de bataille, mais en politique. Resté en Espagne tandis que Metellus allait à Rome recueillir le premier les honneurs du triomphe, il reprend la politique coloniale commencée par Sertorius. Il jouissait déjà de la faveur qui s'attachait à la mémoire de son père, distributeur sur le champ de bataille de la citoyenneté à des cavaliers hispaniques ; il rend à *Osca* ses libertés municipales, chez les Vascons, il fonde *Pompaelo* (Pampelune), distribue le droit de cité et multiplie les Pompeii. Quant aux rebelles, il les transporte à *Lugdunum Convenarum* (Saint-Bertrand-de-Comminges). Sur le chemin du retour, en 71, il sut ériger un trophée [23] où il se vantait d'avoir conquis six cent soixante-seize villes ou châteaux du pied des Alpes aux extrémités de l'Espagne ultérieure.

La seconde victoire à la Pyrrhus des Patres

Pompée apparaissait alors comme le pacificateur de la Péninsule, à part le secteur des Astures et des Cantabres, mais à quel prix ? Le Sénat sortait amoindri d'une victoire qu'il devait à un chef illégal et ce d'autant plus que Pompée avait reçu, en 72, le droit de conférer la cité romaine aux combattants de son armée, et il allait récolter la gloire de consommer la déroute des partisans de Spartacus.

---

22. Appian., *BC*, I, 113, 526.
23. Plin., *NH*, III, 18 ; VII, 96.

La troisième victoire à la Pyrrhus : la victoire sur Spartacus

Le bellum spartacium *et ses causes*

C'est ainsi que Florus [24], l'historien du IIe siècle de notre ère, nomme la guerre qui ensanglanta l'Italie de 73 à 71 en l'absence de Pompée. Ce fut l'une des plus dures guerres civiles [25] que Rome eut à soutenir. En quelques semaines, une poignée d'esclaves fugitifs, formée en Campanie, grossit, fait boule de neige et pendant dix-huit mois ravage, pille, incendie et fait trembler l'*Urbs*. Cette révolte va jouer le rôle de mythe pour le monde moderne, symbolisant le sursaut des opprimés contre leurs exploiteurs.

Les causes du succès de la révolte viennent de ce que les meilleures troupes étaient occupées à l'extérieur, contre Sertorius et Mithridate, et que les pouvoirs de police du Sénat étaient dans ce cas difficiles à exercer. En outre, les meilleures terres avaient été laissées aux grands propriétaires que la colonisation syllanienne avait peu touchés, car les colons avaient souvent revendu leur lot et les *familiae* d'esclaves encore plus nombreuses avaient été employées sur des terres encore plus vastes. Surtout l'évolution de la propriété, qui s'accroît de terrains de parcours [26] et de vastes pâtures, touche les Pouilles, la Basilicate et le Bruttium, où justement Spartacus ancrera sa résistance. De plus, les esclaves ont afflué après les victoires sur les Cimbres, en Asie, en Grèce, du fait de la contrebande et de la piraterie. Marius avait montré le mauvais exemple en enlevant leurs chaînes aux esclaves d'Étrurie [27]. D'autre part, le goût se développe pour les jeux de l'amphithéâtre et un métier fleurit, celui de laniste. Dès 160, la représentation de l'*Hécyre* de Térence avait été interrompue parce que les

24. Florus, II, 8, 1.

25. Plut., *Cato min.*, VIII, 1.

26. Varro, II, *praef.*, 6, en dehors de l'Italie, comme par exemple en Épire.

27. Appian., *BC*, I, 69, 305-306 ; Plut., *Mar.*, XLI.

enfants de Paul Émile offraient un *munus* (combat de gladiateurs) aux Mânes de leur père. Issu d'occasions exceptionnelles et funèbres, le jeu à partir de 105 devint annuel [28]. Sylla y ajoute des chasses au lion et, en 100, les magistrats prennent l'habitude de les commémorer par des peintures qu'ils exposaient jusque dans les sanctuaires. Les gladiateurs pouvaient eux aussi – étant la force – avoir envie de quitter leur condition au prix de la subversion de l'État.

C'est au début de l'été 73 que les deux cents gladiateurs du *ludus* dirigé à Capoue par Cn. Lentulus Baliatus résolurent de s'échapper. L'âme du complot était un *myrmillo*, Spartacus, ancien berger thrace, originaire de la tribu des Mèdes [29]. Doué d'une force athlétique, éduqué à la grecque, enrôlé comme auxiliaire, déserteur, brigand, repris et vendu comme esclave, devenu gladiateur [30], il acquiert vite de l'ascendant sur ses compagnons. Sa concubine, devineresse thrace initiée aux mystères de Bacchus, prône une sorte d'évangile de liberté au nom de *Liber pater*. Elle s'échappe avec lui quand il se sent démasqué. Avec soixante-treize compagnons, ils dévalisent une boutique de rôtisseur de ses broches et de ses couteaux. Ils s'emparent d'un convoi d'armes destinées à un autre *ludus* et désarment de ses glaives la milice de Capoue ; ils échangent alors leurs armes de gladiateurs contre des armes jugées plus nobles. Ils se réfugient sur les pentes du Vésuve et Rome envoie le préteur C. Claudius Glaber [31] avec trois mille hommes d'infanterie : ce fut le début de la guerre.

---

28. Sur ce développement des *munera*, voir G. VILLE, *La gladiature en Occident des origines à la mort de Domitien* (BÉFAR, 245), Rome, 1981, p. 42-51, et J.-C. GOLVIN, *L'amphithéâtre romain. Essai sur la théorisation de sa forme et de ses fonctions* (Publications du Centre Pierre Paris, 18), Paris, 1988, p. 15-25.

29. Ce peuple habitait la vallée moyenne du Strymon.

30. FLORUS, II, 8, 8.

31. BROUGHTON, *MRR*, II, p. 109.

La panique romaine [32]

Les premières opérations ne furent pas favorables au préteur romain. Les assiégés lui échappèrent au moyen d'échelles improvisées faites de sarments et ce succès des rebelles leur attira des centaines d'esclaves fugitifs : bouviers et pâtres des domaines, puis des gladiateurs avec leurs chefs Crixos et Œnomaos ; Spartacus groupa vite sept mille hommes. Rome eut tort de diviser ses forces et le préteur P. Varinius ne fit qu'accumuler les erreurs tactiques : il doit rétrograder et réclamer au Sénat des renforts pour faire face à ce qui manifestement est une guerre civile et sociale.

Spartacus occupe les hauteurs entre Campanie, Samnium et Lucanie. Il lance des coups de mains sur Nole, Nuceria et il attire à lui une foule d'esclaves qu'il arme sommairement de bâtons durcis au feu, leur offrant des fonds de panier en guise de boucliers. Mais, pour se ravitailler, ces troupes multipliaient pillages et maraudes pour s'emparer des fruits de l'automne. Spartacus aurait songé alors à les conduire vers leur patrie respective (Gaule, Thrace) ; mais certains, avec Crixos, à la tête de dix mille hommes, refusèrent et se dirigèrent vers l'Apulie, tandis que Spartacus avec trente mille hommes remonta vers le nord.

Cette division profita aux armées romaines qui, fortes de six légions levées en 72, tuèrent Œnomaos et refoulèrent Crixos vers l'Adriatique, tandis que ses hommes succombèrent au *mons Garganus*. Il suffisait alors de prendre en tenaille Spartacus pour en avoir terminé. Or, par deux fois, ce dernier écrasa les Romains et, en immolant dans un combat à mort deux cents paires de prisonniers romains, transformés en gladiateurs pour la circonstance, il rendit hommage aux Mânes de Crixos et de ses compagnons.

Il remonta vers le nord mais, devant *Mutina* (Modène) qui lui avait fermé ses portes, il renonça à son projet car, même s'il avait retrouvé une cavalerie, le manque de

---

32. PLUT., *Crassus*, 9, 8.

ravitaillement se fit sentir pour les cent mille hommes qui l'accompagnaient. Il décida de redescendre vers le sud où il pouvait compter sur les ressources des villes qu'il avait conquises. Le Sénat, en pleine panique, envoya les deux consuls pour s'opposer à cette marche ; ce fut peine perdue et Spartacus rejoignit ses bases lucaniennes : Rome ne pouvait pas laisser cette masse d'esclaves fugitifs porter les espoirs d'une masse laborieuse encore plus vaste et menacer la sécurité et l'économie de toute la péninsule ; il fallait redresser la situation.

Le commandement de Crassus

En 72, parmi les promagistrats [33], figurait M. Licinius Crassus, le capitaliste le plus riche de Rome et qui méritait le surnom de *Dives*, attaché dans sa famille depuis cinq générations. Il avait hérité d'une immense fortune : 1 800 000 deniers [34]. Grâce aux proscriptions de Sylla, il avait acquis dans le Midi de nombreux domaines. On se souvint longtemps de son avidité meurtrière. Après un temps de disgrâce, il vit dans cette répression du mouvement de Spartacus l'occasion d'une réhabilitation autant que la fin de ses soucis économiques. Sa richesse financerait les enrôlements. Il fut le porte-parole des propriétaires, le garant de leur future sécurité. Les consuls sont destitués et, à l'automne 72, Crassus a dix légions, dont six nouvelles. Il mène cette campagne comme une lutte de classes. Au début, il cherche à interdire à Spartacus le retour en Lucanie. Les troupes de son lieutenant Mummius se débandent, il inflige à cinq cents soldats la décimation. Alors galvanisée, l'armée romaine bat Spartacus en de sévères défaites. Spartacus amène son armée jusqu'à Reggio et espère passer en Sicile avec l'aide des pirates ciliciens : ceux-ci le trompent, Verrès met le détroit en défense et Spartacus doit se réfugier sur les hauteurs de la Sila (Aspromonte). Crassus décide de l'y emprisonner et il

33. Broughton, *MRR*, II, p. 118.
34. Plut., *Crassus*, 2.

barre la pointe de la botte d'une palissade continue, précédée d'un fossé sur cinquante-cinq kilomètres de long et 4,50 mètres de large. Assiégé, Spartacus devait percer le blocus pour éviter la famine de l'hiver. Une première tentative échoua ; il aurait voulu négocier, en vain. Alors un tiers de l'armée spartaciste put passer et Crassus fut obligé d'abandonner le siège et de renoncer à son plan d'opérations. Il écrivit au Sénat, en février 71, pour qu'on appelât les légions chevronnées de Pompée ; il devait vite se repentir de cet appel car les troupes de Macédoine de M. Terentius Varro Lucullus lui redonnèrent la supériorité. Spartacus était traqué dans les gorges du Bruttium, près de *Petelia*. La guerre fut intensifiée et Spartacus tomba au milieu des siens. Ainsi se terminait une dure guerre qui avait vu mille Romains tués, dix légions mobilisées, autant qu'en aura César pour conquérir les Gaules ; en mars 71, Crassus avait gagné définitivement la partie, sans en retirer seul toute la gloire. Il eut beau supplicier six mille prisonniers, cinq mille lui échappèrent et remontèrent vers le nord : les troupes de Pompée les massacrèrent en Étrurie. Il pouvait avec orgueil annoncer que si Crassus avait vaincu le mal, il en avait extirpé la racine [35].

La troisième victoire à la Pyrrhus

Menée en dehors des règles constitutionnelles par un Crassus investi d'un *imperium* absolu, cette guerre aboutissait à exalter deux *imperatores* que les sénateurs pouvaient espérer opposer, en tout cas cette fois neutraliser. Crassus eut l'*ovatio* (le triomphe à pied), Pompée le triomphe et le Sénat les accepta comme candidats au consulat de 70 [36], alors qu'ils n'y avaient droit ni l'un ni l'autre : Crassus, qui n'avait déposé la préture que depuis un semestre, Pompée parce qu'il ne l'avait jamais eue. Les deux *imperatores* se réconcilièrent pour renverser définitivement cette oligarchie qui subsistait depuis Sylla

35. PLUT., *Pompée*, 21, 3.
36. BROUGHTON, *MRR*, II, p. 126.

pour s'ouvrir à eux-mêmes – ou à un troisième larron – les avenues du pouvoir.

LA DÉMOLITION DU RÉGIME OLIGARCHIQUE

Le Sénat n'avait pas pu résister aux ambitions des généraux et s'était très tôt engagé dans une politique d'accommodements.

Les premières concessions

En effet, un an seulement après la mort de Lépide, un tribun, Cn. Sicinius, réclama la restauration plénière du tribunat au milieu d'une agitation populaire entretenue par la hausse des prix, conséquence de la guerre de Sertorius. Un tribun, ayant revendiqué le droit à l'*intercessio*, fut condamné à la confiscation de ses biens. Le consul de 75, C. Aurelius Cotta [37], cousin d'Aurelia, mère de Jules César, fut responsable de ce durcissement sénatorial ; mais il mena ensuite une politique de conciliation avec la plèbe en décidant que les consuls prendraient toutes mesures pour renouveler les marchés de l'État et transféreraient à Rome la mise aux enchères des impôts siciliens : double satisfaction pour la plèbe dont le ravitaillement était assuré, pour les chevaliers parce qu'ils trouveraient une source de profits et que le marché des dîmes d'Asie réouvert leur donnerait existence légale. Il fit même passer une loi qui réintégrait le tribunat de la plèbe dans le *cursus honorum* normal : première brèche dans le système syllanien. L'apaisement se produisit et un pur oligarque, L. Licinius Lucullus, put bâillonner un tribun qui déclamait contre les lois cornéliennes et réussissait, avec l'aide d'un autre tribun, à se faire donner le commandement de la guerre contre Mithridate en 74 ; mais la trêve dura peu devant la conjugaison renouvelée des intérêts de la plèbe et des chevaliers.

---

37. BROUGHTON , *MRR*, II, p. 96.

En 73, les consuls M. Terentius Varro Lucullus et C. Cassius Longinus [38] durent garantir un minimum de constante application du principe de distributions gratuites de cinq *modii* (= 43,75 l) de grain par tête et par mois, en l'assortissant des conditions d'indigence la légitimant. Pour remplir les greniers de l'État, ils levèrent une contribution exceptionnelle sur toutes les cités de Sicile – 800 000 *modii* (70 000 hectolitres) – remboursée au tarif de trois sesterces le *modius.* Ainsi, par la *lex Terentia Cassia* [39], 40 000 bénéficiaires pouvaient compter sur le versement de 33 000 médimnes, soit 16 000 hectolitres que comportait cette assistance. Autre reculade du Sénat : l'amnistie des partisans de Lépide ; les tribuns l'adoptèrent sur l'intervention du jeune patricien C. Iulius Caesar qui ainsi se faisait le champion de la conciliation ; et aussi, en 72, les acheteurs de biens confisqués vendus à crédit devraient, sous peine de les perdre, en verser tout le prix au trésor.

Le train de mesures de 70

Quand parut Pompée, auréolé de sa victoire sur les dernières bandes de Spartacus, sous la pression de la foule venue l'accueillir, le Sénat promit le rétablissement total de la puissance tribunicienne ; ce fut fait par une *lex Pompeia Licinia* qui rendit aux tribuns la totalité de leur *intercessio* et la liberté de leurs initiatives législatrices. César avait appuyé l'action des consuls [40]. Le frère du consul de 75, L. Aurelius Cotta, autre petit-cousin de Jules César, préteur en 70 [41], confirma la *lex de vi* sur la brigue, jadis portée par Sylla, selon laquelle tout candidat convaincu de brigue illégitime, resterait dix ans inéligible. N'était-ce pas une épée de Damoclès suspendue au-dessus de la tête de nombreux sénateurs ?

---

38. BROUGHTON, *MRR,* II, p. 109.
39. CIC., *In Verr.*, II, III, 70, 163; V, 21, 52.
40. SUET., *Divus Iulius,* 5.
41. BROUGHTON, *MRR,* II, p. 127.

Les deux consuls rétablirent la censure, ce qui entraînait la résurrection des *censoriae locationes* (adjudications censoriales) permettant aux publicains de retrouver la ferme de la dîme d'Asie. Les censeurs exercèrent avec sévérité leurs pouvoirs récupérés. La censure de Cn. Cornelius Lentulus Clodianus et de L. Gellius Publicola [42] fut rude [43]: soixante-quatre *Patres* furent exclus ; dans le recensement, ils inscrivent à côté de la plèbe urbaine la plèbe rurale, si bien que le nombre des citoyens romains doubla (900 000) et ils procèdent à la *lectio equitum.* Pompée put alors répondre avec fierté, quand on lui demanda s'il avait accompli les campagnes réglementaires : « Toutes, et sous mon commandement [44] ».

La réforme judiciaire devait inéluctablement suivre car les *quaestiones perpetuae* aux mains des *Patres* n'avaient rendu qu'une justice de classe, couvrant abus, concussions et complicités diverses de gens liés à leur milieu. Pompée, avant son consulat, avait déjà flétri cette justice sénatoriale, mais il fallut l'énorme scandale provoqué par l'accusation des Siciliens contre leur ancien gouverneur, Verrès, pour déclencher la réforme.

Or Verrès, parmi tant d'autres, n'est qu'un aristocrate politicien, jouisseur et homme d'affaires qui ne cherche qu'argent et voluptés. Déjà illustré par quelques scandales ou attitude douteuse, il était parti, après sa préture urbaine de 74 [45], en 73 vers la Sicile [46] où, pendant trois ans, il pilla les collections d'art privées et publiques, il rançonna et pratiqua les extorsions les plus diverses : adjudications des dîmes à des hommes de paille, partageant avec eux le blé perçu en trop, l'expédiant sans verser les droits de douanes, « refusant le blé remboursable pour toucher en espèces le prix fort, quand les cours étaient au plus haut, le racheter pour rien quand ils s'étaient effondrés, empocher la

---

42. Broughton, *MRR*, II, p. 126.
43. *Aspera censura* : Liv., *Per.*, XCVIII.
44. Plut., *Pompée*, 22, 8.
45. Broughton, *MRR*, II, p. 102.
46. *Id.*, *ibid.*, II, p. 112.

différence et la faire fructifier à des taux usuraires », à suivre le résumé de l'accusation fait par J. Carcopino. Au total, une gestion inhumaine allant jusqu'au crime : sa conduite fut dénoncée à Rome ; lui mettait en avant les nécessités de l'ordre public, les besoins de l'État en argent et en grain. Il ne put quand même se soustraire à un procès que les nobles firent tout pour étouffer : Q. Hortensius accepta de le défendre et de préparer sa candidature au consulat pour 69. Mais alors se leva Cicéron, qui avait été un questeur intègre en 75 [47] et qui se sentait fort de la puissance et des ambitions de Pompée. Cicéron remplit le rôle de ministère public, d'accusateur. Il ménageait les chevaliers impliqués dans les trafics siciliens et, au travers de Verrès, c'est le système judiciaire qu'il espérait renverser. Le procès [48] en première instance s'ouvrit le 5 août, après cinquante jours d'enquête menée par Cicéron en Sicile de façon exemplaire : son dossier était bourré de faits accablants contre l'administration sénatoriale. Les *Patres* n'avaient pu empêcher l'élection de Cicéron à l'édilité [49] mais avaient fait élire Hortensius au consulat [50] et, le soir des élections, ce dernier avait embrassé Verrès. Les *Patres* multiplièrent les récusations et espéraient faire traîner les débats. Cicéron se borna à introduire ses témoins. Hortensius ne fit pas de contre-interrogatoire et Verrès quitta la ville. Le 14 août, il était condamné à payer quarante millions de sesterces. Verrès renonça à une seconde *actio*, paya et jouit en paix de ses richesses jusqu'en 43 où il retrouva Cicéron sur la même liste de proscription, décidée par Antoine !

Un tel verdict sonnait le glas de la justice sénatoriale : Cicéron avait montré dans son bref discours d'introduction qu'il y avait un lien entre la conduite indulgente des jurys sénatoriaux et l'oppression des provinces, alors qu'au temps où les chevaliers siégeaient dans les *quaestiones*, les provinces étaient prospères. Alors le préteur L. Aurelius

---

47. BROUGHTON, *MMR*, II, p. 98.
48. La source essentielle est constituée par les *Verrines* de Cicéron.
49. BROUGHTON, *MRR*, II, p. 132.
50. *ID., ibid.*, II, p. 131.

Cotta [51] déposa sa *rogatio* qui disqualifiait de tels jurys et Cicéron s'en fit l'ardent propagandiste. Il écrivit en quelques semaines les cinq discours de l'imaginaire seconde *actio* contre Verrès. Hortensius ne pouvait pas lui répondre. Cicéron y campait les vices de la classe sénatoriale et il y défendait l'honnêteté équestre jamais compromise sur place, taisant les adjudications de vin et d'huile. La verve de Cicéron fut irrésistible et emporta la décision : la *lex Aurelia* créait à l'automne 70 des tribunaux mixtes où les *Patres* étaient en minorité.

En effet, il y avait un tiers de sénateurs, un tiers de chevaliers pris parmi les dix centuries équestres, un tiers comprenant les *tribuni aerarii*, gens fortunés qui avaient été dépouillés de leur fonction (levée du *tributum,* paiement des soldes). Ils prolongeraient l'ordre équestre et donc celui-ci disposait de deux voix contre une. On revenait à la composition des jurys telle qu'elle avait été imposée par C. Gracchus et on renforçait la primauté politique de la classe équestre ; le cens des *tribuni aerarii* était de 300 000 sesterces et, pour cette seconde classe, l'écart était faible entre chevaliers et *tribuni*. Ainsi, la réforme est considérable. Le Sénat est neutralisé sur le plan judiciaire et le capitalisme peut contrôler l'appareil de l'État.

On pourrait avancer une interprétation idéaliste et optimiste de cette loi : élargissement des cadres directeurs de l'État, garanties offertes aux justiciables, indépendance de la justice, liens entre ordre équestre et plèbe, entre ordre équestre et noblesse. D'où une atmosphère de liesse et de concorde en 69, qui accompagne la dédicace du temple capitolin, présidée par Q. Lutatius Catulus, mais le procès de Fonteius montrera bientôt la vanité de ces espoirs et le creux des paroles de Cicéron. En effet, Fonteius en Narbonnaise avait violé les règles d'une juste administration, avait réquisitionné, spolié et massacré des nations gauloises. Alors Cicéron tourna sa toge, selon la jolie expression de J. Carcopino. Or Fonteius avait été l'auxiliaire de Pompée ; les chevaliers reconnaissent Pompée comme

---

51. BROUGHTON, *MRR,* II, p. 127.

chef et c'est lui le grand profiteur du train de 70 : il s'est assuré les suffrages de la plèbe en vue de nouveaux commandements extraordinaires, a débridé les appétits des chevaliers, générateurs de l'impérialisme. Ainsi, le jeu politique sert l'ambition non d'un *imperator* mais des *imperatores*. Par la brèche faite dans le système syllanien, Pompée, puis César, allaient s'engouffrer.

L'ACCÉLÉRATION DE LA CARRIÈRE DE CÉSAR, 71-59

De 71 à 59, César chemine vers l'honneur suprême, le consulat, dans un parcours sans faute cette fois, mais sans toujours dévoiler la finalité de certaines manœuvres : il agit encore dans l'ombre, en raison de son âge certes, mais aussi du fait qu'il doit grandir à l'ombre de Pompée. Il a surtout compris qu'une plateforme électorale est insuffisante pour réussir : il faut à l'homme politique des troupes, c'est-à-dire des clients et des fidèles. C'est à la naissance d'un « parti césarien » que nous assistons dans cette période, tremplin pour une future carrière qui lui donnera le premier rang dans la république.

CÉSAR DANS L'OMBRE DE POMPÉE

Tribun militaire

Lui qui ne s'est pas compromis par tactique avec Lépide et qui n'a pas trempé dans les troubles provoqués par le consul de 78 [52], il se range, durant son tribunat militaire, auquel il a été élu en 74, le premier parmi les partisans de la restauration tribunicienne. Puis il se fait le champion d'une loi d'amnistie, la *lex Plautia,* qui permettait à son beau-frère L. Cinna et aux anciens partisans de Lépide, réfugiés auprès de Sertorius, de rentrer. Il y gagne des fidèles et renforce sa position de

52. SUET., *Divus Iulius,* III.

leader des *populares*, et Plutarque [53] parle d'une popularité gagnée par une « habileté au-dessus de son âge ».

Questeur

En 69, à l'âge légal de trente-deux ans, César pose sa candidature pour le premier degré du *cursus honorum* et il est élu pour 69 [54], soutenu par les suffrages des populaires. En effet, à la mort de sa tante Iulia, la veuve de Marius, il prononce son éloge et déchaîne l'enthousiasme populaire quand le peuple reconnaît dans le convoi les images de Marius, qui apparaissent pour la première fois depuis Sylla. Il prononce aussi l'éloge funèbre de sa femme Cornelia, fille de Cinna, ce qui lui vaut un surcroît de popularité : il apparaissait comme un homme plein d'affection et de sensibilité. Mais autant il était d'usage à Rome de prendre la parole aux funérailles de personnes âgées, autant cette coutume n'existait pas pour les jeunes femmes ; César est le premier à intervenir aux funérailles d'une jeune épouse [55]. Il sait donc à la fois suivre la tradition et innover. Il accompagne alors le préteur d'Hispanie ultérieure, L. Antistius Vetus [56], et connaît un premier contact avec la péninsule Ibérique ; ici se place l'historiette, forgée après coup, de sa visite à Gadès du temple d'Hercule Melqart et de son rêve de monarchie universelle [57]. A son retour à Rome, il épouse Pompeia, fille de Q. Pompeius Rufus, consul en 88 [58], et de Cornelia, fille de Sylla. Il se rapproche ainsi habilement de l'*imperator* qui « monte » et à qui le tribun du peuple A. Gabinius [59] vient de faire attribuer le commandement extraordinaire contre les pirates avec des pouvoirs et des crédits exorbitants, faisant pour trois ans de Pompée un monarque sans que ni le Sénat ni le peuple

53. PLUT., *César*, 4.
54. BROUGHTON, *MRR*, II, p. 132.
55. *ID.*, *ibid.*, II, 55.
56. *ID.*, *ibid.*, II, 133.
57. DIO CASS., XXXVII, 52, 2 ; XLI, 24, 2.
58. BROUGHTON, *MRR*, II, p. 39-40.
59. *ID.*, *ibid.*, II, 144.

puissent exercer le moindre contrôle sur ses actes [60]. La *rogatio Gabinia* ne pouvait soulever que des craintes au Sénat parmi les membres les plus puissants et les plus influents, sauf chez César qui, en appuyant la loi, se soucie fort peu de Pompée ; il veut s'insinuer par là dans la faveur du peuple et la *rogatio* est votée en janvier 67. Auparavant, César, en rentrant d'Hispanie ultérieure, était passé par les colonies latines [61] de Cisalpine et il essayait par ses discours de leur faire miroiter qu'elles pourraient obtenir le droit de cité et qu'ainsi le Sénat serait exclu du gouvernement de la Cisalpine. De tels discours rencontrèrent un tel écho que les consuls redoutèrent un soulèvement et jugèrent prudent de retenir pendant plusieurs jours les légions qu'ils venaient de recruter pour la Cilicie. Donc, César dépassait l'horizon urbain ; il voyait plus loin, vers l'Italie, surtout il guignait le réservoir d'hommes qu'était la Transpadane.

César appuie la rogatio Manilia en 66

César savait bien qu'il n'avait rien à attendre du Sénat et qu'il lui fallait, pour élargir la brèche dans le système constitutionnel, renforcer la position de Pompée et soutenir les initiatives des tribuns. En janvier 66, fut affichée la *rogatio Manilia* [62] qui donnait à Pompée le commandement contre Mithridate et perpétuait sa quasi-monarchie. La coalition des chefs du parti populaire, des chevaliers et d'une partie des sénateurs liés par la conquête à l'ordre équestre, qui étaient rejoints par l'ancien questeur Jules César, appuya la *rogatio*. César était heureux de dénoncer une fois de plus l'incapacité sénatoriale, mais son discours a disparu. En tout cas, sa rencontre avec Cicéron, alors préteur [63], qui prononça son premier grand discours politique, le *De Imperio Cn. Pompei,* ne manque pas de piquant, car les événements vont vite les séparer.

60. PLUT., *Pompée*, 25.
61. SUET., *Divus Iulius,* VIII.
62. BROUGHTON, *MRR,* II, p. 153.
63. *ID., ibid.*, II, p. 152.

CÉSAR MANŒUVRIER : DE L'ÉDILITÉ CURULE AU GRAND PONTIFICAT

César pour lutter contre le Sénat avait aidé à renforcer la position de Pompée. Pourrait-il se contenter d'une position de brillant second ? C'était mal le connaître, d'autant que Pompée, occupé en Orient, lui laissait le champ libre en Italie. Par ailleurs, le Sénat n'avait pas encore renoncé à ses pouvoirs et, en jouant l'un contre l'autre ces obstacles à ses ambitions, César pouvait espérer se frayer un chemin vers le pouvoir suprême.

L'édilité

Sa participation à la première conjuration de Catilina ou le complot de Crassus

Dans l'été de 66, les scrutins pour 65 avaient favorisé les adversaires de l'aristocratie[64] : M. Licinius Crassus Dives, censeur, Jules César, édile curule ; deux de leurs hommes étaient les *consules designati* : P. Cornelius Sulla, un inconditionnel de César, et P. Antonius Paetus, agitateur et libertin, si bien que tous deux, condamnés pour brigue, furent remplacés en novembre 66 par L. Manlius Torquatus et L. Aurelius Cotta, petit-cousin de Jules César, le réformateur des tribunaux.

Aussitôt Crassus convoqua, vers le 5 décembre, dans sa maison ses débiteurs dont il pensait pouvoir faire ses complices. On y reconnaissait Jules César, un aristocrate décavé, C. Antonius Hybrida, un intrigant de Nucérie, P. Sittius, un jeune noble endetté, C. Calpurnius Piso, et surtout un transfuge du parti syllanien, un ancien préteur, rayé pour concussion des listes de candidature au consulat pour 65, L. Sergius Catilina. Salluste[65] l'appelle à tort première conjuration de Catilina, c'est plutôt le « putsch » de Crassus. Les conjurés devaient assassiner les consuls au

---

64. BROUGHTON, *MRR*, II, p. 157-161.
65. SALL., *Cat.*, XVIII, 1.

Capitole le 1er janvier 65 et poignarder ceux des *Patres* qui leur apporteraient des secours [66]. Les deux consuls évincés reprendraient leurs faisceaux, nommeraient Crassus dictateur ; celui-ci recommanderait Catilina pour le consulat l'année suivante, prendrait César comme maître de la cavalerie pour qu'il annexe l'Égypte, Piso recevrait un commandement extraordinaire sur les Espagnes et Sittius, qui avait des relations bancaires avec les rois de Maurétanie, rallierait l'Afrique au nouveau dictateur. Tel était le projet mirifique d'un magnat millionnaire, aveuglé par sa haine.

Le secret transpira : la garde autour des consuls fut renforcée et rien ne se passa le 1er janvier 65. L'enquête sénatoriale, qui aurait abouti à des inculpations majeures, fut arrêtée par l'*intercessio* d'un tribun. Les *Patres* se débarrassèrent de Piso en l'envoyant en Hispanie citérieure et il y fut assassiné par un « commando » de Pompéiens sans doute [67]. Sittius ne pouvait pas alors passer en Afrique et le projet fut abandonné. César, qui avait appuyé Crassus, ne partageait ni toutes ses illusions ni son désir de vengeance qui l'aurait conduit à faire périr son petit-cousin, L. Aurelius Cotta. Il avait fait retarder à février les exécutions pour qu'un synchronisme règle le soulèvement des Hispaniques et celui des Cisalpins du lac de Côme. La mort de Piso lui fournit l'excuse de ne pas agir. César retira alors l'appui qu'il avait donné à Crassus contre le Sénat et Pompée. Sa défection réconforte les nobles, rassure la Ville et il s'apprête à reprendre les projets de Crassus à son compte.

L'affaire d'Égypte (65)

César demanda que lui fût décernée une magistrature extraordinaire pour réduire l'Égypte en province romaine. Ptolémée XIII Aulète n'avait jamais été reconnu comme souverain *de iure* par le Sénat romain. Ainsi César espérait

66. R. SEAGER, The First Catalinian Conspiracy, dans *Historia*, XIII, 1964, p. 338-347.

67. SALL., *Cat.*, 19, 3, 5 : la mutinerie des cavaliers hispaniques a pu être provoquée par les Pompéiens.

compenser les victoires de Pompée en Orient et ouvrir aux démocrates la route des richesses de la vallée du Nil. Mais cette proposition, qui cachait mal ses ambitions personnelles, se heurta à l'opposition des *Patres* et de l'ordre équestre dévoué à Pompée. La *rogatio* fut combattue avec acharnement par les *optimates*[68] et par le porte-parole des chevaliers, Cicéron, qui aurait à cette occasion prononcé son discours, *De rege Alexandrino*, aujourd'hui perdu.

La question des Transpadans

Crassus, n'ayant pas pu faire passer dans le cens les revenus d'Égypte, moyen détourné de pratiquer l'annexion, essaie alors de réaliser un autre point du programme de César, la naturalisation complète des Transpadans. Q. Lutatius Catulus[69], censeur en même temps que Crassus, l'en empêcha et leur *intercessio* mutuelle paralysait la censure. Les tribuns allaient présenter le texte à la plèbe quand un tribun, C. Papius [70], soudoyé par le Sénat, fit décider que seraient chassés de Rome tous les immigrés dont le territoire était situé hors d'Italie : c'était le cas des Transpadans qui, résidant au-delà du Rubicon, n'habitaient pas en Italie. César ajourna le dépôt de son projet.

Il conservait intact tout son prestige sur la foule, fascinée par le faste des jeux Mégalésiens d'avril 65, puis des jeux Romains qu'un édile curule se devait organiser en septembre 65 ; ayant fait bourse commune avec son collègue, M. Calpurnius Bibulus [71], il en fut le seul bénéficiaire [72]. Il allongea les *ludi Romani* d'un *munus* de gladiateurs, de trois cent vingt paires, et encore avait-il dû accepter une limitation. Il les avait dotés d'armures en argent ; il avait aussi fait réparer la voie Appienne en sacrifiant une bonne part de sa fortune. Enfin, il releva sur le Capitole des trophées de Marius, en violation de tous les

---

68. SUET., *Divus Iulius*, XI.
69. BROUGHTON, *MRR*, II, p. 157.
70. *ID., ibid.*, II, 158.
71. *ID., ibid.*, II, p. 158.
72. SUET., *Divus Iulius*, X.

interdits et, malgré les protestations indignées de Catulus, son acte resta impuni. Par cette audace, par son faste, il était devenu l'idole irrésistible de la plèbe.

Les manœuvres de César

Ne pouvant briguer que dans deux ans une magistrature supérieure, César allait pouvoir manœuvrer pour entraver la carrière de consurrents éventuels, accroître le désarroi de l'État républicain et pousser ses propres pions. Il réveille le souvenir des proscriptions syllaniennes en traînant devant la *quaestio de sicariis* au printemps 64 les plus compromis des meurtriers syllaniens. Il se fit nommer régulièrement *iudex quaestionis*[73] et réussit à faire condamner deux assassins. D'une part, il satisfaisait à la sensibilité populaire, d'autre part, il compromettait sans en avoir l'air la candidature de L. Sergius Catilina, impliqué dans une affaire de meurtre exécuté sur ordre de Sylla. On assiste donc à sa montée en puissance, il punit et écarte de sa voie un gêneur.

Devant la candidature de Cicéron au consulat pour 63, qui avec naïveté avait exprimé dans le *De petitione consulatus* ses espoirs de rallier tout le monde : les municipes et la jeunesse studieuse, les chevaliers et la plèbe, les tenants du Sénat et les admirateurs de Pompée. César et Crassus suscitent la candidature de L. Catilina et de C. Antonius Hybrida, syllanien repenti comme lui et endetté vis-à-vis de Crassus. Cicéron s'élève contre les deux candidats, flanqués d'un tribun, Q. Mucius Orestinus[74], et ce sursaut lui vaut le 29 juillet une majorité écrasante dans les trente-cinq tribus[75]. César avait bien manœuvré. Cicéron avait perdu son masque populaire et le nouveau consul, en face d'un Catilina « dévoré d'amertume et assoiffé de vengeance », serait condamné à l'inertie.

---

73. BROUGHTON, *MRR*, II, p. 162.
74. *ID.*, *ibid.*, II, p. 162.
75. *ID.*, *ibid.*, II, p. 165.

César suscita le premier obstacle en soufflant au tribun P. Servilius Rullus [76] les quarante articles de sa *rogatio*, affichée le 10 décembre 64. César plus tard la vivifiera pour l'essentiel : il s'agissait du lotissement intégral de l'*ager publicus* ; les distributions de terres seraient consenties à tous les citoyens pauvres pour la constitution de colonies. Le but était de déposséder les sénateurs, d'enlever les dîmes aux chevaliers, de ruiner le pouvoir politique du Sénat passé à des décemvirs. César voulait promouvoir le mythe du partage de la terre pour rallier le peuple. Il provoqua une réplique de Cicéron qui, dans le *De lege agraria,* dévoile bien de ses défauts : il s'est rapetissé au service des *optimates* et il a perdu la meilleure part de la considération de ses électeurs.

Le grand faux pas suscité par César est le procès du consulaire C. Calpurnius Piso [77], accusé par César, au retour de la Narbonnaise, de concussion et d'abus de pouvoir ; Cicéron assure sa défense et perd les sympathies d'une province romanisée. César se sent alors assez fort pour tenter un grand coup.

Le grand pontificat

Pontife depuis 73 [78] quand il prit la place de son petit-cousin C. Aurelius Cotta, consul de 75, César souhaita devenir pontife suprême pour remplacer Q. Caecilius Metellus Pius, qui occupait la charge depuis 81 [79] et qui venait de mourir. Or la législation sullanienne prévoyait l'élection par cooptation : dans ces conditions, en raison de la composition du collège des pontifes, César m'avait aucune chance.

76. BROUGHTON, *MRR*, II, p. 168.
77. *ID., ibid.*, II, p. 159.
78. *ID., ibid.*, II, p. 113.
79. *ID., ibid.*, II, p. 114 et 171. C. Aurelius Cotta est le cousin germain de sa mère Aurelia, donc il est son petit-cousin, si l'on accepte notre généalogie et non son oncle, comme J. Carcopino le qualifie.

Un tribun, T. Labienus [80], porta une loi qui restituait au peuple la désignation du grand pontife : on n'appelait que dix-sept tribus préalablement tirées au sort. Alors César posa sa candidature contre P. Servilius Vatia Isauricus et contre le prince du Sénat, Catulus. C'était une élection coûteuse car il fallait acheter trente-cinq tribus puisqu'on ignorait celles qui seraient tirées au sort. En général, le grand pontificat couronnait une longue carrière ; or César n'avait pas dépassé l'édilité curule. Son argent autant que sa popularité firent merveille ; il l'emporta aisément le 6 mars, totalisant plus de suffrages que n'en avaient récoltés ses rivaux dans leurs tribus respectives. Sa mère et le clan familial avaient dû « travailler » les électeurs, mais César jouait sur un coup de poker son destin : « Ce soir, vous me saurez grand pontife ou fugitif », aurait-il dit à Aurelia [81]. Cette élection brillante représentait pour lui certes une satisfaction d'amour propre, mais surtout un levier exceptionnel pour soulever la République. En assumant cette charge religieuse, il gagne une autorité inébranlable et perpétuelle. Il habite désormais la *domus publica,* abandonnant la maison paternelle de l'Esquilin. Cette *domus publica* se prolonge vers la Maison des Vestales, la *Regia,* ancienne résidence de Numa convertie en sanctuaire. Il se rapproche ainsi de la demeure des rois ; il établit alors sa légendaire généalogie en se rattachant à Ascagne-Iule, fils d'Énée et de Créuse, qui devint grand pontife et second roi des Latins, tandis que son demi-frère Silvius, fils d'Énée et de Lavinie, succède sur le trône à Énée. Donc, par cette interprétation, il propage une nouvelle conception de son sacerdoce qui ne peut qu'effrayer l'aristocratie. Et il va profiter de cette nouvelle majesté pour reprendre le combat contre les *Patres* et leur consul.

80. BROUGHTON, *MRR*, II, p. 167-168.
81. SUET., *Divus Iulius*, XIII. PLUT., *César*, VII.

César et Cicéron : la deuxième conjuration de Catilina en 63

Le Pro Rabirio

Dans le courant du printemps 63, César suggéra au tribun T. Labienus d'intenter à l'improviste, devant les comices centuriates (?), un procès pour meurtre à C. Rabirius : en 100, ce dernier avait participé aux journées qui virent le châtiment de Saturninus et de Glaucia. Il était accusé d'avoir versé le sang d'un citoyen romain sans jugement du peuple : les poursuites furent donc engagées pour l'exemple, dans la forme antique des causes de *perduellio* (haute trahison). César et Labienus s'en prenaient ainsi au *sc ultimum* qui donnait aux magistrats investis par les *Patres* droit de vie et de mort sur les citoyens, mais leur acharnement n'était qu'une comédie : on trouverait toujours un vice de forme pour éviter au condamné la potence. Ainsi, la sentence plus que son exécution importait à César. Cicéron, pour des raisons opposées, espérait en l'acquittement de Rabirius pour ratifier les pleins pouvoirs que le Sénat avait dévolus aux consuls sans que le peuple les eût pleinement reconnus. La procédure exige la nomination de *duoviri* [82] et c'est le consulaire L. Iulius César et C. Iulius César qui sortent des urnes et les *duoviri* condamnent Rabirius [83]. Cicéron pouvait attaquer toute la procédure devant le Sénat ; il préféra en appeler au peuple et ce fut une plaidoirie sur le fond de l'affaire : il saurait mater la sédition comme autrefois Marius, les comices centuriates se dispersèrent sans voter. César avait donc restauré une procédure surannée. Il est dans le droit fil du *mos majorum* et il s'en écarte, en laissant planer une menace contre ceux qui continueraient à se prévaloir du *sc ultimum*.

---

82. Broughton, *MRR*, II, p. 171.
83. Suet., *Divus Iulius*, XII.

Les élections de 63 pour 62

César postulait la préture, Catilina le consulat, en même temps que le grand jurisconsulte Servius Sulpicius Rufus, l'aristocrate nanti D. Iunius Silanus et L. Licinius Murena, bien vu des chevaliers et grand militaire. Catilina présenta un programme « tous azimuts » pour rallier petites gens et pauvres (dettes, réforme agraire, abolition des privilèges héréditaires). Un tel programme ne pouvait laisser les *populares* insensibles ; ils l'aidèrent, comme Crassus de son argent, tout en se méfiant de lui. César fit déposer un projet de loi pour rétablir dans leur dignité les fils de proscrits. Cicéron en combattit le texte ; ce faisant, César aggravait l'impopularité du consul et ranimait le souvenir des horribles proscriptions dont Catilina avait su profiter. Par ailleurs, César souffla à C. Antonius d'avoir à se réconcilier avec Cicéron : Cisalpine contre Macédoine où l'avidité de C. Antonius trouverait à glaner. La magistrature suprême sera d'autant plus forte pour résister aux entreprises d'un Catilina qui dépasse la mesure pendant sa campagne. César n'empêche pas Cicéron de reporter les comices à septembre, de faire voter une *lex Tullia de ambitu,* le triomphe à Lucullus, ce qui rend à l'électorat 1 600 « bons » électeurs votant contre Catilina qui est battu ; Silanus et Murena furent élus en septembre 63 [84]. César avait joué une partie difficile ; il fut élu à la préture [85] pour 62 à trente-huit ans et deux mois, soit au minimum d'âge requis par la loi.

César et Catilina

Au lendemain de son échec, Catilina prépare son complot en septembre 63 et envisage le soulèvement de l'Italie. Or les chefs des *populares* n'entendaient nullement mettre l'Italie à feu et à sang, ce dont profiterait en définitive

84. Broughton, *MRR*, II, p. 172.
85. *Id.*, *ibid.*, II, p. 173.

Pompée. Crassus apporta à Cicéron un lot de lettres qui l'avertissaient d'avoir à quitter Rome. César, de son côté, l'informa des troubles qui agitaient l'Étrurie à l'instigation surtout de C. Manlius de *Faesulae*, mais pour ne pas s'associer aux mesures contre les Catiliniens, il ne répond pas à la convocation du Sénat ; Cicéron, le 23 octobre, est nanti des pouvoirs que lui donne le *sc ultimum* ; or il hésite à agir et, quand il apprend la tentative d'assassinat préparée sur sa personne, il lance le 8 novembre 63 la première *Catilinaire* et Catilina s'exile volontairement. Mais ce n'est qu'une feinte avant la rébellion ouverte ; Cicéron le fait déclarer *hostis publicus* et le consul C. Antonius Hybrida [86] est invité à sévir. Les conjurés de Rome, à ce moment, préparent des exécutions, y compris celle de Cicéron. Alors les Allobroges, éconduits dans leur plainte contre leur ancien gouverneur de 64, L. Murena, s'abouchent avec les Catiliniens et Cicéron se rend maître de la preuve écrite de la trahison de ces derniers. C'est la troisième *Catilinaire*, après leur arrestation, qui vaut à Cicéron les plus grandes louanges. Que faire des prisonniers ? Statilius avait été confié à la garde de J. César. Le 5 décembre, après que D. Iunius Silanus eut réclamé contre eux la mort, Jules César montrait que le châtiment suprême serait contraire à l'esprit de la constitution romaine, que ce serait un précédent fâcheux et qu'il fallait les condamner à la prison perpétuelle et confisquer leurs biens [87]. Bien des sénateurs se rallièrent à lui, même Silanus, Q. Cicéron. Et Cicéron lui-même, ne partageant point cette opinion, laissa le Sénat juge des coupables. Caton s'éleva contre la mansuétude suspecte de César et fit voter le décret les condamnant à mort. A la sortie, César manqua d'être écharpé par les chevaliers qui avaient monté la garde autour du Capitole et fut sauvé par quelques amis. Il fut pris de peur et s'abstint de paraître à la Curie jusqu'à la fin de l'année [88]. Les cinq Catiliniens furent exécutés par strangulation : *Vixerunt* fut

86. Broughton, *MRR*, II, p. 165-166.
87. Sall., *Cat.*, LI ; Plut., *César*, VII.
88. Suet., *Divus Iulius*, XIV.

leur oraison funèbre aux nones de décembre. Le châtiment n'était pas accompagné de la confiscation des biens : Cicéron et César, sur ce point, étaient d'accord. Quel était le bilan de cette affaire ? César, en apparence vaincu, avait gagné sur tous les tableaux : homme attaché aux principes, il avait permis de sévir contre Catilina ; il avait condamné les menées des Catiliniens, mais il échappait à l'impopularité de la mesure finale. Cicéron mesura très vite la précarité de son succès quand le tribun Q. Metellus Nepos [89], dès le 10 décembre 63, annonça son désir de rappeler Pompée.

César et Pompée : de la préture au consulat (62-59)

Depuis que Rome avait appris en automne 63 la mort de Mithridate, tout se déterminait dans la capitale par rapport à Pompée : le Sénat voulait lui enlever toute raison d'intervenir dans les affaires italiennes, tandis que ses amis précipitaient son retour. César prenait le parti de Pompée pour épuiser les forces du Sénat et donc pour être à même de prendre la succession d'un *imperator* qu'il espérait pouvoir arrêter dans son ascension.

Préteur en 62 [90]

Le 1er janvier 62, César cite Catulus, prince du Sénat, devant le peuple pour n'avoir pas achevé à temps la reconstruction du Capitole ; il propose que le nom du grand Pompée soit substitué à celui de Catulus dans l'inscription du sanctuaire. Devant les protestations des *Patres*, il retire sa proposition : il se bat sans dommage pour Pompée. Il soutient le 3 janvier, de sa présence, la proposition de Metellus Nepos de rappeler Pompée. Or le Sénat avait pris ses précautions ; il avait dénoncé l'illégalité de la *rogatio* et surtout, pour se concilier les masses, pris une mesure

89. Broughton, *MRR*, II, p. 174.
90. *Id., ibid.*, II, p. 173.

démagogique faisant passer le nombre des assistés par distributions frumentaires de 30 000 à plusieurs centaines de mille ; le coût annuel de l'assistance s'élève à 7 500 000 deniers. Metellus Nepos ne peut occuper le Forum comme il l'avait souhaité et, le 3 janvier, en même temps que le Sénat décidait du *sc ultimum*, il suspendit de leurs magistratures Nepos qui s'enfuyait menaçant et César qui, lui, calma l'opinion et fut rétabli plus tard dans ses prérogatives [91].

Il peut alors s'occuper des calomniateurs qui, sentant le vent tourner, ont cru pouvoir le compromettre dans la conjuration de Catilina. Au Sénat, il invoque le témoignage de Cicéron pour confondre les imposteurs : Q. Curius, qui ne reçoit pas sa prime de dénonciation, L. Vettius qui va en prison pour échapper au lynchage et le questeur Novius Niger [92] l'imite pour s'en tirer à bon compte [93]. César affirme ainsi sa maîtrise de l'opinion, d'autant que Crassus, chef des *populares*, redoutant les représailles éventuelles de Pompée, son ennemi personnel, s'est réfugié avec sa famille et ses valeurs en Macédoine : il laisse César seul leader des démocrates. Il faut dire que l'affaire des Catiliniens avait été vite réglée dans la seconde quinzaine de janvier 62 par la défaite des troupes de Catilina et de Manlius à Pistoia. Pompée, informé du règlement de l'affaire, n'avait plus besoin de se presser, et c'est peu avant l'hiver qu'il débarqua à Brindes. Allait-il licencier son armée ou confisquer la république comme l'avait fait Sylla ? Sans pouvoir attirer la bienveillance du clan de Caton par une négociation matrimoniale, après avoir répudié sa troisième femme, Mucia, qui avait pris parmi ses amants l'irrésistible César, il licencie ses troupes et leur donne rendez-vous à Rome. A Rome où, en décembre 62, avait éclaté le scandale des *Damia*. Il s'agit de la fête nocturne de la Bonne Déesse que les matrones devaient seules célébrer dans la maison d'un magistrat *cum imperio*. Le sort avait désigné la *domus* de Jules César, préteur en même temps que pontife

91. PLUT., *Cato minor*, XXVII-XXIX.
92. BROUGHTON, *MRR*, II, p. 175 : *quaestor*.
93. SUET., *Divus Iulius*, XVII.

suprême, et sous la présidence de Pompeia, la petite-fille de Sulla, que César six ans plus tôt avait épousée en secondes noces. Or la fête avait été interrompue, car un homme s'était glissé parmi les femmes ; égaré, il avait demandé son chemin et sa voix l'avait trahi. Aurelia, la mère de César, avait arrêté la cérémonie et l'intrus avait été expulsé. Il s'agissait de P. Clodius qui se serait introduit pour courtiser la femme de César, qui aussi bien l'ignorait. César aurait préféré étouffer le scandale, par égard pour sa femme et pour sa réputation ; mais ce grave incident fut évoqué au Sénat qui ouvrit un débat et qui déclara qu'il y avait eu sacrilège, qu'il fallait recommencer les *Damia* et pousuivre le coupable. César ne pouvait que répudier Pompeia vers la mi-janvier 61. On se souvient de sa réplique si digne, lorsqu'on lui demanda au cours du procès fait à Clodius, qui fut d'ailleurs acquitté en mai 61 : « Pourquoi as-tu répudié ta femme ? Parce que les miens ne doivent même pas être suspectés [94] ». César sortait grandi de l'aventure et pouvait compter sur l'amitié indéfectible de Clodius qu'il avait sauvé. Il put alors rejoindre l'Hispanie ultérieure que la *sortitio provinciarum* lui avait attribuée ; ses créanciers, qui s'opposaient à son départ, furent désintéressés par un emprunt massif de huit cent trente talents [95], consenti par Crassus. César partait pour la péninsule sûr de son destin, car il savait que tôt ou tard Pompée devrait avoir recours à son appui pour maintenir son autorité, faire ratifier ses actes en Orient autant que nantir ses vétérans, questions qui restèrent en souffrance devant le Sénat au cours de l'année 60.

Le propréteur [96] d'Hispanie ultérieure : 61-60

Ce manœuvrier du Forum se révéla grand administrateur et habile général. Il connaissait déjà cette province où il avait été envoyé huit ans auparavant comme questeur.

94. PLUT., *Caes.*, X, 4 ; SUET., *Divus Iulius*, LXXIV.
95. PLUT., *Caes.*, XI, 1 ; *Crassus*, VII, 7.
96. BROUGHTON, *MRR*, II, p, 180.

L'administrateur

Il chercha à apaiser les antagonismes des cités entre elles, il essaya de faire disparaître les derniers vestiges de la « barbarie » en allégeant leurs charges fiscales et en instaurant une stricte justice. Il manifesta son humanité pour les pauvres, pour les provinciaux dont certains furent alors invités dans son entourage, tel Balbus [97] ; cependant, il n'hésita pas à accepter des cadeaux abondants pour éteindre ses dettes et parfois à attiser certaines haines pour augmenter sa popularité et son butin.

Le guerrier

César mena la vie rude aux paysans rebelles ou simplement suspects. Il aurait pu mettre fin au brigandage des Lusitaniens, il préféra une répression aveugle pour terroriser des ennemis éventuels. Avec trente cohortes dont dix de recrutement local, il se dirigea vers le *mons Herminius* (serra de Estrela) et sur le refus du transfert volontaire des populations vers la plaine, il entreprit d'exterminer ces montagnards, les poursuivant jusqu'à la côte, à l'île Berlanga, et fit venir la flotte de Gadès pour les réduire. Il rejoint ensuite la Gallécie par mer, débarqua à *Brigantium* (La Corogne) et là se forge la légende césarienne [98] ; on parle de son cheval prodigieux, aux sabots fendus comme des pieds humains : comment ne pas songer à Bucéphale et à Alexandre ? Informé des désordres de Rome, il décida, sans attendre la fin de son mandat, de retourner dans l'*Urbs ;* précédé d'une *aura* légendaire, il arrive aux portes de la capitale, attendu comme un homme providentiel.

Le premier triumvirat : juillet 60

Il s'agit là d'une véritable révolution, sous le couvert d'un acte généreux [99], César, en effet, s'employa à con-

97. CIC., *Pro Balbo*, XIX, 43 et XXVIII, 63 ; PLUT., *Caes.*, 12.
98. CASS. DIO, XXXVII, 52-53.
99. PLUT., *Caes.*, 13, 4.

vaincre Pompée et Crassus que leur intérêt commandait l'amélioration de leurs rapports, d'autant que c'était aussi son propre intérêt. Il y avait plusieurs solutions. En tout cas, celle qui prévalut fut que lui César obtiendrait le consulat qui deviendrait entre ses mains l'instrument de leur tacite entente. Les tractations se déroulèrent à la *Villa publica*, hors de la ligne pomériale. Et ce fut le premier triumvirat, expression amphibologique par rapport au second – celui de 43 – car le premier n'est pas une institution consacrée. C'est une association privée faite pour diriger la République, une conspiration permanente, comme le dit Tite Live [100], un cartel électoral destiné à conquérir le consulat, mais qui deviendra ensuite un cartel de gouvernement. On ne saurait préciser la date de sa conclusion. On n'a connu son existence que lorsqu'on a constaté ses premiers effets. Cicéron, en janvier 59, en fut informé, sans pouvoir y croire. En tout cas, il remonte à la seconde quinzaine de juillet 60 quand César s'est lancé dans la campagne des élections pour le consulat de 59. Il avait tout juste l'âge pour poser sa candidature. Ce fut un foudroyant succès à la fin de juillet ou dans le courant d'août 60. Il préféra renoncer au triomphe et posa au dernier moment sa candidature qui reçut l'appui de Crassus et de Pompée. Ce triumvirat clandestin avait confisqué la liberté.

Consul en 59

César mate les sénateurs par deux lois

Par la *lex Iulia de repetundis* et par la *lex Iulia agraria*, César laissa à des comparses le soin d'attaquer les nobles sur leur point faible : les attributions judiciaires. Il s'agirait de bien faire apparaître les partis pris et les responsabilités de l'aristocratie dirigeante. Ensuite, il porta lui-même la *lex Iulia de repetundis* qui allait désormais régir les rapports entre gouvernants et gouvernés : les administrateurs ne pourraient pas recevoir de leurs administrés des dons

---

100. LIV., *Per.*, CIII.

supérieurs à 10 000 sesterces. Les rôles des impôts seraient affichés dans deux villes par province, et un exemplaire serait placardé à Rome sur les murs de l'*aerarium* (trésor public). Elle dénonçait toutes les catégories de prévarication, les victimes d'extorsions de biens confiés en *usucapio* (gage) pourraient être remboursés par le captateur ou par ses héritiers, un an après le décès ; le captateur serait condamné à une amende du quadruple et éventuellement serait exclu des rangs du Sénat. Donc, au moins en théorie, cette loi était importante tant sur le plan moral que sur le plan politique : les personnes ne seraient plus exploitées par ceux qui avaient besoin de refaire leur trésorerie asséchée par les dépenses accrues occasionnées par les élections [101].

Deuxième mesure : la *lex Iulia agraria*. Les assignataires ne pourraient pas aliéner leurs lots avant vingt ans ; profiteraient de distributions les anciens soldats (vétérans de Pompée) et les prolétaires urbains sans travail. Mais, à la différence de la *rogatio* de Rullus, l'*ager campanus* échappait à la distribution. La *praeda* (butin) de Pompée, en compensation, serait consacrée à l'achat de terrains à l'amiable. Une commission de vingt membres [102], avec Pompée, Cn. Tremellius Scrofa, serait chargée de l'exécution. Caton au Sénat essaya l'obstruction. César le fit conduire en prison et décida de présenter la *rogatio* devant le peuple. Caton et Bibulus essayèrent encore d'invectiver César : ils furent jetés à bas de la tribune. Alors Crassus apporta sa caution, Pompée prononça un discours d'approbation qui fut acclamé et César invita le peuple à demander la protection de Pompée. Quand Bibulus voulut opposer son *intercessio*, il fut mis en déroute par la violence de ses adversaires. La loi passa comme César l'avait libellée et les *Patres* devaient la respecter sous peine de mort civile et tous lui jurèrent obéissance, même Caton. Bibulus s'enferma chez lui, tant il était écœuré par la lâcheté du Sénat. César alait alors « régner » seul. Il s'attaqua aux

---

101. DIG., XLVIII, 11, 1-10.
102. BROUGHTON, *MRR*, II, p. 191-192.

sénateurs : le proconsul Antonius Hybrida rentra de Macédoine, couvert de l'opprobe de ses concussions et de ses défaites. M. Caelius Rufus le traîna en justice. Cicéron le défendit et Antonius fut condamné. Cicéron avait commis la maladresse d'attaquer César le jour même où celui-ci fit passer Clodius à la plèbe ; ce dernier pourrait alors briguer le tribunat et combattre à son tour l'imprudent Cicéron.

César et ses atouts

Pour gagner les chevaliers, César abaisse les marchés censoriaux d'un tiers. Il se concilie en même temps les bonnes grâces de Pompée, de Crassus, des provinciaux dont les charges sont allégées.

Il fait ratifier les actes de Pompée : Lucullus, redoutant des poursuites en raison de ses exactions, s'abstient et désormais le statut de l'Orient est confirmé à la requête du consul.

Sur sa proposition, le Sénat accorde à Ptolémée Aulète le titre d'ami et d'allié du peuple romain. C'était préparer des motifs d'intervention. En tout cas, Ptolémée Aulète envoya six mille talents que se partagèrent César et Pompée, et dont indirectement profita Crassus, créancier de César.

En avril 59, une deuxième loi agraire prévoyait le lotissement de l'*ager campanus*.

Ainsi en deux mois, les *Patres* avaient vu leur puissance diminuée et bafouée. César, remarié à la fille de L. Calpurnius Piso, maria à Pompée sa fille unique, Julie, avant le 1er mai.

Alors qu'avant l'élection des consuls de 59, le Sénat avait attribué aux futurs consuls deux provinces insignifiantes, les Forêts (*Silvae*), soit l'extrémité du Bruttium, et les Sentiers (*Calles*) autour de Brindes, P. Vatinius [103] proposa d'attribuer à César et pour cinq ans consécutifs, avec la double possibilité de choisir lui-même ses légats et de déduire des colonies, le gouvernement de la Gaule cisalpine et de l'Illyricum, plus une dotation de trois légions.

---

103. Broughton, *MRR*, II, p. 190.

Appuyé par Pompée et Crassus, le plébiscite passa sans opposition. Les *Patres*, matés, renchérirent et ajoutèrent la Gaule transalpine et une quatrième légion. Cicéron vitupère ce *regnum* et, pendant trois mois, disparaît de Rome. Rien ne résiste à César qui recrute son « parti », fait élire Clodius tribun dans l'été 59 pour 58. Les consuls élus le 18 octobre 59 sont A. Gabinius, l'homme de Pompée, et un homme à lui, L. Calpurnius Piso, son nouveau beau-père. Pour réagir, on n'enregistre que des libelles, comme le *Tricaranus* (la grue à trois têtes) de Varron, on multiplie les allusions obscènes à la « reine de Bithynie », jusque sur la scène de théâtre ; les Curion se déchaînent dans leurs discours, Pompée est hué au Forum. On peut se demander si les Curion ne furent pas les agents provocateurs de César. Le jeune Curion avait fait croire à Cicéron que Clodius s'apprêtait une fois tribun à faire casser les actes de César. Cicéron tombe dans le piège, manifeste sa haine de César qui ainsi en est bien informé. Par ailleurs, L. Vettius se lança dans d'invraisemblables accusations contre des jeunes gens de l'entourage de Curion qui auraient voulu assassiner Pompée. Les *Patres* le firent incarcérer. César lui fit avouer à la tribune des confidences, des révélations sur deux de ses ennemis, Lucullus et Cicéron. Quelques jours après, il fut découvert mort dans sa prison. César faisait disparaître un témoin gênant mais aussi devait se servir de ses prétendus aveux : la République se mourait de ces calomnies et de ces provocations.

Ainsi, des triumvirs, à la fin de 59, le plus puissant est César, car il a l'*imperium* et, pour rester le seul maître de l'État, il dispose d'un commandement de cinq ans, d'une armée et d'une guerre en perspective, ce qui lui donne la possibilité de « marcher sur la tête de tout le monde [104] ».

---

104. SUET., *Divus Iulius*, XXII.

CHAPITRE III

COURSE A L'AMOUR

La course aux honneurs est toujours restée, à Rome, réglementée : conditions minimales d'âge pour briguer chaque magistrature, intervalle à respecter entre chaque degré et les accélérations de carrière marquent autant la notoriété d'une famille, sa richesse – les élections coûtent cher – qu'elles illustrent les qualités et le génie politique du candidat. Jules César fait ainsi entre 78 et 59, soit en vingt ans, un parcours sans faute et grimpe les échelons du *cursus* toujours à l'âge minimum : il ne se distinguerait pas de ses contemporains aristocrates patriciens. Mais dans cette même période, il défraye la chronique scandaleuse, mettant à mal sans retenue les alcôves de ses concurrents.

LE TABLEAU DE CHASSE

Un seul amant : Nicomède de Bithynie

Il faut tout d'abord régler un premier problème : César était-il homosexuel ? Faut-il accepter la formule trop bien frappée : « Il fut la femme de tous les maris et le mari de toutes les femmes », due à la mauvaise langue de Curion le père [1] ? Certes, on ne prête qu'aux riches, mais qu'y a-t-il derrière cette affabulation née de son séjour en Bithynie, chez le roi Nicomède [2], auquel il se serait prostitué en deux

1. SUET., *Divus Iulius,* LII, 6.
2. ID., *ibid.*, II, 1.

occasions ? Suétone, qui se fait l'écho complaisant de ce qui passe alors pour une turpitude, remarque que sa réputation de sodomite lui vient uniquement de son séjour chez Nicomède [3] et qu'il fut brocardé jusqu'au consulat du titre de « reine de Bithynie ». Des précisions sont données : en compagnie d'autres mignons, il aurait servi d'échanson à Nicomède dans un grand festin auquel prirent part quelques négociants romains. Certes, on ne peut échapper à la convergence des témoignages où l'on rencontre celui de Cicéron autant que celui de C. Memmius, préteur en 58 [4], qui attaqua les *acta* de César au sortir du consulat. Cette seule histoire a été colportée tout au long de l'existence de Jules César, au point que les soldats, au moment du triomphe des Gaules en 46 avant Jésus-Christ, chantèrent les vers satiriques suivants :

César a soumis les Gaules, Nicomède a soumis César,
Vous voyez aujourd'hui triompher César qui a soumis les Gaules,
Mais non point Nicomède qui a soumis César.

Et ce couplet populaire vaut absolution, car il est indéniable que sa sensualité poussait César à rechercher l'amour des femmes auprès de qui il ne s'économisa guère [5]. On peut dire que ses amours furent sélectives et qu'il ne séduisit que des femmes d'illustre naissance. Il restait ainsi dans son milieu et ne chercha nullement à s'encanailler : ne disposait-il pas d'un large éventail pour choisir ses amours adultérines ?

Ses trois femmes légitimes

Il est vrai qu'on a peine à invoquer ses trois ou quatre mariages dans cette course à l'amour. Prendre femme à Rome dans les familles sénatoriales faisait partie d'une stratégie politique et non de manœuvres amoureuses. Nous avons déjà envisagé ses fiançailles avec Cossutia comme

---

3. SUET., *Divus Iulius*, XLIX, 1.
4. BROUGHTON, *MRR*, II, p. 194.
5. SUET., *Divus Iulius*, L, 1.

une feinte pour échapper à son installation comme *flamen dialis.* En 84, il épouse Cornelia, fille de L. Cornelius Cinna, consul pour la quatrième fois [6], pour manifester son adhésion au parti marianiste ; mais la mort de son beau-père, à la fin de l'année, et le retour de Sylla anéantirent les espoirs qu'une telle union pouvait lui donner. Il refuse d'obéir aux injonctions du dictateur d'avoir à la répudier : attitude crâne et élégante à l'égard d'une épouse qui lui donne la seule enfant qu'il eut dans le mariage, sa fille Iulia. En 69, il prononce son éloge funèbre avec beaucoup d'émotion. Il épouse ensuite Pompeia, fille de Q. Pompeius Rufus, consul en 88 [7], et de Cornelia, fille de Sylla. Union éminemment politique pour se rapprocher de Pompée, « l'homme qui monte », et qui ne durera que six ans. Il la répudie en janvier 61, éclaboussée du scandale des *Damia* ; il épouse ensuite en 59, pour renforcer son « parti », Calpurnia, fille de Calpurnius Piso, qu'il fera élire consul pour 58 [8]. Ce troisième mariage sera le dernier, Calpurnia sera sa veuve aux ides de mars en 44 et Calpurnius soutiendra sans défaillance les entreprises de son gendre. A-t-il éprouvé de l'amour, de l'affection pour ses épouses ? Pour Cornelia sans doute, mais aussi pour Calpurnia qui partagea ses soucis et ses espérances des dernières années avec dignité pour échapper en tant que femme du pontife suprême à tout soupçon, alors qu'elle collectionnait les certitudes sur les multiples infidélités d'un époux volage.

Ses multiples liaisons adultérines

Suétone [9] ne prétend pas dresser le tableau complet de ses conquêtes adultérines : il signale qu'il séduisit entre autres Postumia, l'épouse de Servius Sulpicius [10], Lollia,

---

6. Broughton, *MRR*, II, 60.
7. Id., *ibid.*, II, p. 39.
8. Id., *ibid.*, II, p. 193.
9. Suet., *Divus Iulius,* L.
10. Broughton, *MRR*, II, p. 222.

celle d'Aulus Gabinius[11], Tertulla, celle de Marcus Crassus[12] et même Mucia, la femme de Cn. Pompée[13], qui trompa son époux pendant qu'il guerroyait contre Mithridate. Même si le retour de Pompée à Rome fut amer au Magnus et s'il répudia Mucia, il n'hésita pas à accepter de César sa fille Iulia, au grand scandale des deux Curion, le père et le fils. Sa grande passion, César la réserva dès 78 avant Jésus-Christ à Servilia, la mère de Marcus Brutus qui est bien le fils de César[14]. Il la comble de cadeaux de prix[15], lui fit adjuger d'immenses propriétés vendues aux enchères – dont les domaines de Pontius Aquila – et bénéficia sans doute des faveurs de sa fille Tertia !

César ne limita pas ses entreprises amoureuses aux seules femmes de la bonne société sénatoriale romaine. Il n'hésita pas à s'attaquer sans doute aux épouses de notables provinciaux, ce que ses soldats mirent en chanson en défilant lors du triomphe des Gaules en 46 :

Citadins, surveillez vos femmes : nous amenons un adultère chauve
Tu as forniqué en Gaule avec l'or emprunté à Rome[16].

Il eut aussi pour maîtresses des reines, entre autres celle de Maurétanie, Eunoé, femme de Bogud[17]. Il la couvrit de cadeaux et n'oublia pas le mari !

César et Cléopâtre

Ce fut avec Cléopâtre qu'il connut une aventure exceptionnelle, tellement liée à la politique que nous devons nous interroger sur une passion jugée à tort funeste.

11. BROUGHTON, *MRR*, II, p. 194.
12. PLUT., *Cic.*, 25, 5.
13. PLUT., *Pomp.*, 42, 13; CIC., *ad Attic*, 1, 12, 3.
14. Voir désormais la démonstration convaincante de D. PORTE, La perle de Servilia (note sur la naissance de Marcus Iunius Brutus), dans *REA*, 96, 1994, p. 465-484.
15. CASS. DIO, XLIII, 47 : il lui offre une perle de six millions de sesterces.
16. SUET., *Divus Iulius*, LI.
17. *ID.*, *ibid.*, LII, 1.

Cléopâtre ne fut pas cette femme fatale envoûtant un Jules César vieillissant, stéréotype dont J. Carcopino a fait à plusieurs reprises justice [18].

César aurait-il été victime, lors de sa première entrevue avec la reine d'Égypte, d'un coup de foudre qui l'aurait enchaîné à sa conquête ? Certes, il lui rend, ainsi qu'à son frère-époux, Ptolémée XIV, le royaume et, pour prix de sa générosité, il la reçoit dans sa couche. Le séducteur chauve, à cinquante-trois ans, ne manquait pas d'appétit pour un jeune tendron de vingt ans, ambitieux certes, mais ne méritant nullement l'appellation de « pute couronnée [19] ».

Contrairement aux sources postérieures, toujours tendancieuses, il ne semble pas qu'elle ait été pourvue de charmes qui méritassent l'admiration [20], ce que confirment les documents iconographiques nous présentant un visage banal, une physionomie « hommasse », rien pour enchaîner le dictateur.

Celui-ci avait décidé de l'accueillir à Alexandrie et ce n'est qu'avec sa complicité qu'elle a pu pénétrer à nouveau dans le palais royal. Plutarque a brodé sur ce fait et a imaginé l'épisode rocambolesque de la reine pliée dans un ballot de literie, amenée, comme par hasard, dans l'appartement de César !

En tout cas, la liaison du Romain avec l'Égyptienne ne devait en aucune façon infléchir sa politique à l'égard de l'Égypte. Il ne désirait nullement annexer ce royaume théocratique mais soumettre ses souverains à son étroit contrôle. Quand Ptolémée XIV, renvoyé le 25 mars (4 février 47), trouva la mort au camp des ministres égyptiens hostiles à César, Cléopâtre, sur son injonction, épouse le second de ses frères qui règne sous le nom de Ptolémée XV. Pendant trois mois, il remonte avec elle le Nil sur un thalamège, bâtiment de plaisance dont la chambre nuptiale forme le plus bel ornement. Il sait donner à ce voyage sentimental

---

18. En dernier lieu voir J. CARCOPINO, *Passion et politique chez les Césars*, Paris, 1958, chap. II : César et Cléopâtre, p. 10-64.

19. *Regina meretrix,* l'expression est de PLIN., *NH,* IX, 119.

20. PLUT., *Ant.*, XXVII, 2.

un caractère d'exploration utile. A la fin de juin (début de mai 47), il quitte Cléopâtre pour s'embarquer pour l'Asie où grondait la révolte de Pharnace. Ainsi, dans cette aventure, César n'avait pas uniquement succombé à l'embrasement de ses sens : il n'avait en tête que la dignité de l'Empire et l'utilité de l'État [21]. Les trois légions romaines laissées à Alexandrie étaient un gage de fidélité, volontaire ou involontaire, pour le couple royal.

C'est le même souci de l'État qui rend compte du séjour de Cléopâtre à Rome qui dura plus d'un an jusqu'à la mort du dictateur. Il a pris son temps pour la faire venir à Rome, soit après le 1er septembre 46, et ne montra pas davantage d'empressement quand il revint de Munda ; il ne l'avait pas installée à la *Domus regia* [22] où vivait son épouse Calpurnia, mais dans ses jardins de la rive droite du Tibre [23]. Ne serait-il pas déjà détaché d'elle ? Dans le premier semestre de 45, il a porté son dévolu en Hispanie du sud sur la reine Eunoé, épouse de Bogud de Maurétanie.

Voici la passion de César ramenée à une simple « passade » ; mais s'il l'a appelée à Rome, c'est que le dictateur voulait rendre évidente la mainmise de Rome sur le royaume d'Égypte. Prolémée XV l'avait d'ailleurs accompagnée dans la Ville. Comblée de cadeaux, elle ne pouvait pas retourner en Égypte, mise ainsi sous séquestre. Marc Antoine lui fera gloire de cet assujettissement [24].

Ainsi, une telle conception politique des rapports de César et de Cléopâtre interdit de croire que César avait eu de Cléopâtre un fils, Césarion. Déjà dès l'Antiquité, cette légende avait été niée par ses contemporains, aussi bien par Nicolas de Damas [25] que par Oppius, le secrétaire de César [26]. Il est aisé de refuser à César une telle paternité en examinant les documents authentiques, essentiellement

21. *Bell. Alex.*, XXXIII, 4.
22. Cass. Dio, XLIII, 27, 3.
23. Cic., *Ad Attic.*, XV, 15, 2.
24. Cass. Dio, XLIV, 46, 1.
25. Nicolas Dam., XX.
26. Suet., *Divus Iulius,* LII.

la correspondance de Cicéron qui permet de dater du 20 avril 44 au plus tard la naissance de Césarion, au débarqué de Cléopâtre fuyant Rome au début d'avril 44. Le vrai père serait vraisemblablement Antoine qui en 45 avait tout loisir et possibilité de rencontrer Cléopâtre en ses jardins du bord du Tibre. Né le 20 avril 44, Césarion aurait été conçu autour du 20 juillet 45, alors que César guerroie en Hispanie. Si Cléopâtre feint d'avoir eu de Jules César ce Césarion, c'est qu'elle suscitait ainsi à Octave, fils adoptif de César, la concurrence d'un fils prétendu de son sang ; au nom d'Antoine, par l'intermédiaire de Dolabella, elle partagea au début 43 avec cet enfant, né une dizaine de mois avant, la royauté en le dénommant Ptolémée XVI, à la place de Prolémée XV opportunément décédé au préalable. Les textes égyptiens ou grecs vont désormais citer dans les nomenclatures royales « Ptolémée, surnommé César », du moins tant que la reine d'Égypte avait besoin d'invoquer cette filiation apocryphe. A son tour, elle utilisait le fruit de ses amours coupables au gré des inflexions de sa politique, ballottée entre Octave et Antoine. Il est vrai que son « protecteur » César n'avait pas obéi aux seules impulsions de sa passion amoureuse : il sut les subordonner à la vision politique d'une Égypte vassale de Rome.

Ainsi, les soldats césariens exaltaient par leurs chants égrillards l'énergie vitale de celui qu'ils avaient acclamé *imperator*: rien ne pouvait lui résister. L'ennemi devait plier devant son génie militaire, les femmes ne pouvaient échapper à ses entreprises de séduction : il s'agissait de manifester une éternelle jeunesse et d'imposer un nouveau mythe qui se confondait avec l'éternité de Rome. Peut-on encore parler de sentiment amoureux tant chez César que chez ses partenaires féminines ? Caton [27] avait raison de proclamer : « Il est intolérable que l'on prostitue l'autorité publique par des mariages et qu'on se serve de femmes pour se distribuer entre compères provinces, armées et pouvoirs. » La conduite scandaleuse de Mucia relève du vaudeville : le mari, occupé à guerroyer au loin, est bafoué, ce qui n'empêche

27. PLUT. *César*, 14, 8.

pas Pompée, quelques mois après, de recevoir une nouvelle femme des mains de César, sa fille Julia, alors que celle-ci était déjà fiancée à Servilius Caepio. C'est sur l'avant-scène politique qu'est planté le décor et l'on ne saura jamais ce qui l'emporta chez César, de la raison d'État, des passions du coeur ou des pulsions de ses reins.

L'EXCEPTIONNEL POUVOIR DE SÉDUCTION DE JULES CÉSAR

Qu'est-ce qui en lui plaisait tant aux femmes ? Certes son visage, connu par des bustes et par des monnaies [28]. Ces documents sont loin de donner toujours raison à Suétone [29] qui lui attribue un visage trop plein ; en tout cas, à la fin de sa vie, un denier [30] nous transmet un visage émacié, cou décharné, nez bien dessiné, les lèvres fines et sensuelles, l'œil largement ouvert. Suétone rapporte qu'ils étaient noirs et vifs [31]. Les épreuves de la vie, ses dures campagnes militaires l'avaient buriné et l'avaient sans doute rendu plus expressif, plus nerveux : pressé, il semble vouloir toujours aller de l'avant ; impatient, il manifeste un incoercible désir de gagner, sans galvauder son corps parmi les prostituées ou les ivrognes, car il n'abusait pas du vin [32]. En bonne santé et soignant minutieusement sa personne, il réservait les élans d'un corps bien fait, aux membres proportionnés [33], aux femmes de ses amis ou de ses ennemis, belle façon de remporter une double victoire ! Il n'est pas jusqu'à sa calvitie, découvrant un large front, comme sur le buste de Copenhague [34], qui attira les regards,

---

28. Voir Appendice I.

29. SUET., *Divus Iulius*, XLV, 1.

30. Denier de 43 av. J.-C. (monétaire L. Flaminius Chilo). Collection Daincourt (Péronne).

31. SUET., *Divus Iulius*, XLV, 1.

32. *ID.*, *ibid.*, LIII.

33. *ID.*, *ibid.*, XLV, 1.

34. Ny Carlsberg Glyptotek, G 13. César essayait de dissimuler sa calvitie en ramenant en avant ses cheveux trop rares : SUET., *Divus Iulius*, XLV, 4.

car César resplendissait d'intelligence et de détermination. Plus d'une succombèrent sans qu'il se laissât dominer par Vénus, qu'il « banalisait » en passant des bras d'une amante dans ceux d'une autre. Mais ce pouvoir de séduction dépassait la seule sphère de la sensualité. S'il savait enchaîner les cœurs et les corps, il se préparait, grâce à son charisme, à dominer le monde et à y installer son *regnum*.

LIVRE II

FILS DE MARS ?

César, fils de Vénus, ne pouvait pas manquer de revendiquer Mars comme père, Mars ancêtre mythique des *Marcii Reges* dont descend sa grand-mère. Son génie militaire a en effet en apparence quelque chose de divin, que ce soit lors de la conquête des Gaules ou lors de ses campagnes menées pour mettre fin aux guerres civiles. Certes, il sait s'entourer de légats pleins de talent, mais c'est lui seul qui prend les décisions, tant sur le plan stratégique que sur le plan tactique, où éclatent son génie et ses intuitions pouvant laisser croire à une inspiration venue du ciel, favorisée en tout cas par les dieux : c'est du moins ce qu'il laisse croire à une opinion crédule.

Mais en proposant ce titre « Fils de Mars ? », ne succombons-nous pas à un désir de symétrie qui l'aurait beaucoup étonné, sinon courroucé ? Or, il n'invoque pas une seule fois, dans ses *Commentaires sur la guerre des Gaules* ou dans ses autres écrits, même dus au calame de son entourage bien renseigné sur ses désirs profonds et ses secrets desseins, son ancêtre « divin » ; il s'interroge seulement sur sa *Fortuna*, autre façon de rester autonome et de maquiller son indépendance.

Posons une question préalable : Jules César a-t-il privilégié dès le début le théâtre militaire gaulois ? Sa maîtrise de la Cisalpine, terre féconde en soldats et en grain, l'invitait à prendre soit la route de l'Illyricum, soit le chemin de la Gaule chevelue. Le secteur de l'Illyricum devenait à ce moment, au début de l'année 61, particulièrement dangereux : les tribus daces qu' avait fédérées le roi Burebistas risquaient de sortir de leurs cantonnements montagneux et de menacer Aquilée autant que *Iader* (Zadar). Rome – et donc César – se devait d'écarter les tribus daces de l'Italie du Nord et de la Dalmatie, et maintenir une province tampon entre l'Italie et le Danube. Or Burebistas abandonna sa marche, inquiétante pour les intérêts stratégiques et commerciaux des classes dirigeantes romaines, retourna vers ses « sanctuaires » de Transylvanie et se tourna en mars 59 vers un *Drang nach Osten* qui le conduisit en 43 à détruire *Olbia* (Odessa) sur la mer Noire [1].

Restait alors pour César un souci plus pressant du côté de la Narbonnaise, perle des provinces romaines d'Occident, champ privilégié des intérêts des chevaliers qui savaient même rudement la mettre en valeur, sinon en coupe réglée ; menacée par les migrations de peuplades germaines qui cherchaient à franchir le Rhin, elle devait être mise à l'abri de toute convoitise. Les dés en furent vite jetés : ce serait donc la Gaule chevelue – les Gaules – qui pendant huit ans serviraient de tremplin aux appétits césariens.

1. DION CHRYSOSTOME, II, P. 75 (REISKE).

CHAPITRE PREMIER

LE CHARISME DU CHEF MILITAIRE

Un profil de conquérant, César l'a-t-il acquis, ou chez lui était-il inné ? Certes, il a mené sa carrière avec brio et en a gravi avec décision les échelons, en sachant éviter les écueils d'une période difficile. Le voici chargé pour cinq ans du proconsulat de la Gaule chevelue, sans avoir mesuré tous les dangers qui le guettent et qui sont autant de périls qui menacent sa position dans l'État. Il va se trouver dans l'obligation de conquérir un pays qu'il connaît peu ; il va devoir se mesurer à un ennemi courageux qui a pour lui le nombre. Pris par un fatal engrenage, il apportera à Rome une province inespérée qui lui donnera la puissance et la gloire, les deux leviers nécessaires à la domination de l'État.

Un sénateur, par définition, a vocation de se charger d'une armée, doit répondre à l'invitation du Sénat d'avoir à châtier un soulèvement indigène, éventuellement de mener une guerre d'extermination même si son « bagage » militaire est quelque peu réduit. Le premier ordre politique de l'État reste le premier ordre militaire ; il est vrai que chaque promagistrat dispose d'un conseil (*consilium*) où siègent les tribuns militaires et les centurions, en général vieux briscards qui ont gagné leurs galons sur le champ de bataille et non dans les couloirs du Sénat ou les ruelles des alcôves. La décision peut donc être et même devrait être une décision partagée : César réunit certes son conseil, analyse devant lui la situation et l'informe de sa décision. Le conseil se contente d'approuver la parole du chef qui assume seul la responsabilité des opérations et charge ses légats de l'exécution de ses ordres [1]. Mais la plupart du temps, c'est lui qui agit, par exemple [2], il décide de marcher vers l'Escaut et cette primauté du chef s'exprime par la place que César occupe dans le texte des *Commentaires* sur la guerre des Gaules ; essentiellement sujet, il est le moteur de l'action, qu'il décide seul, ce qui ne signifie pas de façon irréfléchie.

Il prend le temps de s'informer au préalable, de faire une enquête sur les voies d'accès chez les Trévires [3], il donne mission aux Ubiens d'envoyer de nombreux éclaireurs pour en recevoir un rapport [4] ; à l'occasion, il interroge les prisonniers [5]. Ainsi, sa décision n'est jamais prise sur un coup de tête : il la rend logique et rationnelle. César avait maintes raisons de s'attendre à un plus sérieux soulèvement de la Gaule [6]. Il décide pour deux motifs de passer le Rhin [7]. Il sait se réserver du temps pour réfléchir [8], à l'occasion il décide de surseoir à la bataille [9], mais en général il n'hésite pas à prendre l'offensive [10] une fois sa pensée bien arrêtée ; il communique à ses légats et à son questeur sa résolution de ne pas différer d'un jour la bataille [11]; une action rapide est souvent le seul moyen de sauver l'armée [12] ; une fois engagé, le combat doit être vivement terminé [13], car le succès dépend de la rapidité [14] et de l'effet de surprise [15] ; César veut aller vite, ce qui lui

---

1. CAES., *BG*, VI, I.
2. *ID., ibid.*, IV, XVIII ; VI, XXIII.
3. *ID., ibid.*, VI, IX.
4. *ID., ibid.*, VI, X.
5. *ID., ibid.*, VI, XXXII.
6. *ID., ibid.*, VI, I.
7. *ID., ibid.*, VI, IX.
8. *ID., ibid.*, I, VII.
9. *ID., ibid.*, I, VII.
10. *ID., ibid.*, II, II.
11. *ID., ibid.*, IV, XIII.
12. *ID., ibid.*, V, XLVIII.
13. *ID., ibid.*, VI, III.
14. *ID., ibid.*,VII, XL.
15. *ID., ibid.*, VII, XLV.

a valu la plupart de ses succès [16] : il ne laisse jamais souffler un ennemi battu [17].

Cette rapidité, cette alacrité au combat exigent de César un effort physique exceptionnel. Excellent cavalier, il abat pour rejoindre ses troupes d'extraordinaires parcours ; infatigable marcheur, il ne cesse d'avancer de jour et de nuit [18] et, dans la bataille, il est le point de mire autant des ennemis que de ses troupes, son manteau rouge de commandement [19] le désignait aux coups des uns et aux espoirs des autres. Courageux jusqu'à la témérité, il s'engage personnellement pour galvaniser les courages ; il met en jeu sa propre vie pour montrer à ses troupes que leur vie est plus précieuse que la sienne propre [20]. Il n'hésite pas à prendre le bouclier d'un soldat et à s'avancer en première ligne [21]. Pendant la bataille de *Munda* [22], en Hispanie ultérieure, ne le voit-on pas s'élancer seul, la tête nue, parant de son bouclier les traits lancés par ses adversaires et s'approchant jusqu'à six mètres de la ligne ennemie ? Devant une telle folle bravoure, les légionnaires romains se ressaisissent et contre-attaquent. Exigeant vis-à-vis de lui-même et ne se reposant jamais [23], il peut réclamer d'autrui des sacrifices, tout en cherchant à ménager ses hommes pour éviter des pertes inutiles [24].

Comment un tel chef de guerre, si proche de ses hommes, ne serait-il pas populaire ? Il parle aux centurions en appelant chacun d'eux par son nom [25]. il les félicite individuellement ainsi que les tribuns [26] ; être distingué par le

---

16. CAES., *BG*, VII, XII.
17. ID., *ibid*, II, XII.
18. ID., *ibid.*, VII, IX et LVI.
19. ID., *ibid.*, VII, LXXXVIII.
20. ID., *ibid.*, VII, XIX.
21. ID., *ibid.*, II, XXXV.
22. CAES., *Bell. Hisp.*, XXVII, 6, XXXI, 9 ; PLUT., *Caes.*, LVI.
23. ID., *BG*, VIII, VI.
24. ID., *ibid.*, VII, LII.
25. ID., *ibid.*, II, XXXV.
26. ID., *ibid.*, V, LII.

général en chef crée l'émulation et chacun dans la bataille veut alors rivaliser de courage et d'audace ; chacun est persuadé de combattre sous le regard de César, comme si l'*imperator* voyait ce qui se passe [27]. Même en son absence, les soldats devaient être persuadés que César en personne, lui qui maintes fois les avait conduits à la victoire, assistait à la bataille [28]. Que rêver de plus efficace que ce charisme du chef ?

César manifeste le souci constant du ravitaillement des troupes, donc de leur bien-être et veut garder intactes leurs forces au combat. Certes, les alliés du peuple romain doivent fournir le blé officiellement promis, par exemple par les Éduens ; ils doivent le tirer de leurs greniers quand les moissons ne sont pas mûres [29] ; de la régularité de l'approvisonnement en blé pour les hommes et en fourrage pour les chevaux – songeons au train des équipages nécessaire à chaque légion – dépend le moral des troupes. La recherche des provisions revient comme un *leitmotiv* au détour de chaque chapitre des *Commentaires* : c'est Crassus qui en Anjou fait des provisions de blé [30] ; c'est la VIIe légion qui est envoyée moissonner [31], c'est Labienus qui en 54 est laissé sur le continent pour pourvoir au blé [32], c'est César qui fait des provisions de blé en 53 [33]. Cette recherche du ravitaillement est tellement essentielle que Vercingétorix s'emploie à guetter et à détruire les détachements qui vont chercher du fourrage et du blé autour d'*Avaricum* en 52 [34]. En 52, il faut à Alésia se procurer du blé [35]. Cette préoccupation reste donc constante, même après la reddition de

27. CAES., *BG*, VI, VIII.
28. *ID.*, *ibid.*, VII, LXII.
29. *ID.*, *ibid.*, I, XVI.
30. *ID.*, *ibid.*, III, VII.
31. *ID.*, *ibid.*, IV, XXXII.
32. *ID.*, *ibid.*, V, VIII.
33. *ID.*, *ibid.*, VI, X.
34. *ID.*, *ibid.*, VII, XVI.
35. *ID.*, *ibid.*, VII, LXXIII.

Vercingétorix, au moment des derniers soubresauts gaulois en 51 [36].

Que ce soient les alliés du peuple romain qui sont sollicités, volontairement ou par force, ou des détachements légionnaires, l'armée césarienne vit sur le pays. César décide du ravitaillement comme d'une bataille perpétuellement recommencée et nécessairement couronnée de succès : il y va de la santé des hommes, de la vigueur des bêtes et donc de l'efficacité de l'instrument militaire. Ce ravitaillement aurait pu donner lieu à un trafic des plus lucratifs de fournisseurs aux armées peu scrupuleux. On ne les aperçoit guère car blé et fourrage représentent une faible taxe à la valeur ajoutée, alors que les importations de vin italien étaient des plus fructueuses ; l'huile, le *garum,* le sel rapportaient aussi davantage. C. Fufius Cita [37], un honorable chevalier romain, fut chargé par César de l'intendance des vivres, Ventidius Bassus [38] trafiquait des mules et des véhicules. Ira-t-on jusqu'à parler d'un « lobby » des négociants romains installés en Gaule, qui aurait infléchi les desseins militaires d'un César ? Ce serait commettre une erreur, car même si l'*imperator* est sensible à l'argent, il a trop le goût d'exercer seul ses prérogatives de général en chef pour se laisser dicter sa conduite par une classe de marchands trop souvent haïs de la population indigène et qu'il lui suffisait de venger sur le champ de bataille.

Peut-on définir précisément les qualités de stratège et de tacticien de César ?

Contrairement à la thèse récente de Christian Goudineau qui fait dans le destin de César la part trop belle au hasard et à la méprise, rappelons cette affirmation du général [39] : « César avait prévu que Vercingétorix agirait de la sorte, c'est-à-dire quitter les Bituriges pour se rendre chez

---

36. CAES., *BG,* VIII, X et XI.

37. *ID., ibid.*, VII, III ; Cl. NICOLET, *L'ordre équestre à l'époque républicaine (312-43 av. J.-C.)* (BEFAR, 207), Paris, 1974 (= NICOLET, *Ordre équestre*), II, n° 157.

38. AULU-GELL., *NA*, XV, 4 ; NICOLET, *Ordre équestre*, II, n° 379.

39. CAES., *BG,* VII, IX.

les Arvernes. » Cette prévision n'était nullement le résultat d'une prescience divine, d'une intuition « supra-terrestre », mais d'observations et de réflexions nées d'informations. Donc, un plan stratégique était rationnellement établi et, pour être un excellent stratège, il faut être imaginatif, et Chr. Goudineau lui reconnaît une intuition fulgurante, même s'il lui dénie le plan machiavélique que lui prête Jérôme Carcopino : point de ruse, et pourtant...

César a le sens du terrain, il comprend les avantages que lui offre la topographie et il choisit un bon observatoire pour suivre l'action dans toutes ses parties. Le chef doit disposer d'une vision globale, même à l'occasion d'un engagement partiel [40]. Il conforme sa conduite aux enseignements tirés de l'observation [41] et souvent il décide d'être prudent [42].

Il a le génie obsidional et les sièges des capitales gauloises, telles *Genabum*, *Avaricum*, sans parler d'Alésia, sont des exploits autant que des morceaux de bravoure sous son calame. Quant aux ponts sur le Rhin, ils ont fait depuis longtemps l'admiration des spécialistes du génie militaire et l'objet de belles planches dans l'ouvrage de Napoléon III. César se révèle un remarquable amiral en chef, fait construire des flottes entières pour transporter les légions en Bretagne et, là pas plus qu'ailleurs, il ne laisse aucune initiative à un de ses légats : là aussi il décide, il ordonne [43], par exemple la concentration des bateaux à *Portus Itius* [44] ; sa présence galvanise et même sublime le courage des troupes.

Lucidité, courage, engagement personnel, sens des relations humaines, César est habité par toutes les vertus qui conduisent à la victoire ; dans l'adversité, il plie, il cède du terrain souvent volontairement [45] et repart aussitôt

---

40. CAES., *BG*, VII, LXXXV.
41. *ID.*, *ibid.*, VIII, XIV.
42. *ID.*, *ibid.*, VIII, XVI.
43. *ID.*, *ibid.*, V, I.
44. *ID.*, *ibid.*, V, II.
45. *ID.*, *ibid.*, V, L.

harceler l'ennemi. Par charisme, le chef présent est le plus sûr garant de l'espérance du soldat ; il est persuadé que sa bonne étoile ne peut l'abandonner, pas plus qu'elle ne trahit César ; absent, le général n'apporte plus la garantie de succès et l'armée romaine, en 54, se fait massacrer par les Éburons [46].

A aucun instant le monde des dieux – même les plus officiels de l'État romain – n'est sollicité pour donner encore plus de chances de victoire à l'armée césarienne. César ne cite que la *Fortune*, moins le hasard que la déesse qui règle le cours des destins humains [47] et qui confirme parfois les prévisions de l'intelligence humaine [48]. César privilégie l'intelligence qui, pour ainsi dire, forcera la main à la *Fortune*. « Aide-toi, le ciel t'aidera. » De cette façon, on conjure le pouvoir de la fortune, qui est grand dans les événements militaires [49], et César ne peut exclure l'action imprévisible du hasard à la guerre [50], surtout quand ce sont ses légats qui se font tailler en pièces, tel Q. Cicéron en 53 avant Jésus-Christ. Pour ne pas accabler ce malheureux et lui reprocher ses erreurs d'appréciation, il décharge son cœur en invoquant le rôle tout-puissant de la *Fortune*[51]. Le ciel reste vide de ses appels ou de ses actions de grâce. César ne compte que sur lui-même pour conjurer le sort et forcer le destin : la bonne fortune conduit à la *felicitas*[52].

Le ciel n'était d'aucun secours pour conquérir la Gaule ; mais César, en conquérant habile et prudent, ménager du sang de ses légionnaires, a accompagné les opérations militaires de campagnes diplomatiques, sans doute aux fortunes diverses, mais où il a su toujours s'assurer de solides et fidèles alliances.

---

46. CAES., *BG*, V, XXVI *et sq.*

47. *ID.*, *ibid.*, V, XXXIV. PLUT., *Œuvres morales*, V, 1ère partie, La fortune des Romains, CUF, Paris, 1990, 6.

48. CAES., *BG*, V, LVIII.

49. *ID.*, *ibid.*, VI, XXX.

50. *ID.*, *ibid.*, VI, XXXV.

51. *ID.*, *ibid.*, VI, XXX et XLII.

52. WEINSTOCK, *Divus Iulius*, p. 112-127 : *Fortuna Caesaris.*

Certes, la versatilité des peuples gaulois est dénoncée tout au long des *Commentaires*, la parole donnée est gagée sur la livraison d'otages, en général des notables ou leurs fils ; mais, à la première occasion, les alliances se défont, les trahisons d'abord secrètes éclatent au grand jour ; César apprend à jouer sur les divisions des tribus gauloises, les ambitions des uns, les amertumes des autres et il conduit ce jeu avec maestria. Il donne en apparence la parole à l'ensemble des tribus, en convoquant, selon une règle qu'il a établie [53], une assemblée générale de la Gaule (*concilium totius Galliae* [54]) et favorise un état de droit pour écarter les ambitieux, les puissants et les riches.

Il mène de ce fait avec opiniâtreté [55], puisqu'il recourt à ce *concilium Galliarum* à plusieurs reprises [56], souvent aux moments cruciaux de la guerre, une double politique : disposer d'un organisme représentatif des peuples gaulois et considérer les notables (*principes*) comme des interlocuteurs valables ; il signifie à cette assemblée ses intentions, ses directives et joue d'une certaine façon de la transparence pour mieux asseoir son autorité : n'est-ce pas à une autre échelle l'attitude qu'il manifeste auprès de son *consilium* ? L'autre versant de cette diplomatie est de pouvoir s'appuyer sur un parti césarien, plus encore que philoromain, et savoir favoriser un clan contre un autre à l'intérieur du même peuple. Diviser pour régner : il applique cet adage aussi vieux que l'histoire de Rome, dont il va jouer avec persévérance et réussite.

Il a essentiellement besoin de collecter des renseignements, avant d'établir un plan de campagne, et les peuples amis ou les fractions de clans qui lui sont favorables vont être à sa disposition comme autant d'indicateurs. Il dispose d'un réseau d'amitiés, tissé depuis longtemps, car Rome a prodigué le titre d' « amis du peuple romain » aux Éduens, aux Arvernes en Celtique, aux Nitiobroges et aux

53. Caes., *BG*, VI, iii.
54. Id., *ibid.*, I, xx.
55. Id., *ibid.*, VI, xlii, 2.
56. Id., *ibid.*, VI, iii.

Lactorates en Aquitaine. César, d'autre part, en exigeant des otages à chaque fois qu'un peuple soulevé implore son pardon, interdit toute trahison ou même une tiédeur suspecte. Il prévient par ces livraisons systématiques d'otages tout soulèvement ultérieur, surtout lorsque les otages sont les fils des notables, comme chez les Rèmes [57]. Quand les Bellovaques ralliés sont épargnés à la prière des Éduens, il exige six cents otages [58]. Souvent ces otages sont les garants d'une paix obtenue par un geste de clémence de César qui a tout à gagner à laisser croire que les peuples fidèles à Rome jouiraient en Gaule d'une autorité supérieure. Les Atuatuques ne font pas appel en vain à sa mansuétude [59] et cette diplomatie du pardon lui vaut maints ralliements. En 55 [60], il rallie les chefs trévires à Cingétorix, un à un ; il avait intérêt à renforcer le crédit d'un homme en qui il avait trouvé un exceptionnel dévouement et à rabaisser celui d'Indutiomaros à la fidélité douteuse.

César, pour maintenir dans la zone d'influence romaine les peuples tentés par la trahison ou coupables d'actes inamicaux, n'hésita pas enfin à recourir à la terreur : il fit mettre à mort tous les sénateurs vénètes puisque les Vénètes n'avaient pas respecté le statut des ambassadeurs romains [61]. Il fit exécuter l'Éduen Duannorix qui le trahit en 54 au moment de l'expédition en Bretagne [62], le Sénon Acco en 53, instigateur de la conjuration des Sénons et des Carnutes [63] ; plus tard, il condamna à mort le Carnute Gutuater [64].

Une telle diplomatie, souple et diverse selon les peuples et selon les moments, rejoignait l'art de la guerre.

---

57. CAES., *BG*, II, V.
58. *ID.*, *ibid.*, II, XI.
59. *ID.*, *ibid.*, II, XXXII.
60. *ID.*, *ibid.*, V, IV.
61. *ID.*, *ibid.*, III, XVI.
62. *ID.*, *ibid.*, VII.
63. *ID.*, *ibid.*, VI, XLIV.
64. *ID.*, *ibid.*, VIII, XXX, VIII.

Pour manifester leur bonne volonté, les peuples gagnés à la cause romaine devaient collecter des renseignements : César était alors bien éclairé sur les intentions de chacun et pouvait à l'occasion modifier un plan primitif de campagne. Ainsi, il est des batailles qui se gagnèrent par ambassadeurs interposés et qui firent beaucoup pour le prestige de César. Son analyse politique de la situation doublait ses intuitions militaires et ajoutait encore à son charisme. Malgré quelques revers – auxquels souvent il fut étranger – sa réputation d'invincibilité lui attacha et ses soldats et les opinions publiques tant en Gaule qu'à Rome.

CHAPITRE II

LE CONQUÉRANT DES GAULES

Nous ne disons pas « la conquête des Gaules », chapitre d'histoire tant de fois écrit et qui vient d'être renouvelé par le talent de Christian Goudineau. C'est l'homme – Jules César – que nous suivrons pendant ces moments dramatiques qui couvrent cent dix mois de guerre et cent dix mois de manœuvres politiques, où il est bien le seul à décider et à modeler son destin politique autant que son destin militaire [1].

PREMIÈRES VICTOIRES DE CÉSAR (58-57) [2]

César entre le double danger, gaulois et germain

Le soulèvement des Allobroges (Vienne) avait donné le signal des mouvements des peuples de la Celtique qui, dans leur marche, risquaient de bouleverser la carte politique et sociale de la Gaule et, pour parer à ce danger, les *Patres* étendirent à la Gaule le champ d'application du plébiscite Vatinien à la fin d'avril 59.

Derrière les peuples gaulois se profilent surtout les ambitions d'un chef germain, Arioviste, qui commande les Suèves. Du Brandebourg, il les a conduits en Souabe qui reçoit d'eux son nom, il a pénétré au cœur de la Germanie par les vallées du Neckar et du Main et profite désormais

1. Notre découpage chronologique suit l'ordre de publication des livres des *Commentaires de la Guerre des Gaules* (= *BG)* par paire.

2. Livres I et II des *BG*. Voir fig. 1.

de toutes les occasions pour franchir le Rhin et surtout des divisions des Gaulois pour s'installer chez eux. La fédération arverne vient de sombrer. Celtil, un noble clairvoyant, a été mis à mort car on l'accusait d'usurpation royale. Pour ressaisir leur hégémonie, les Arvernes s'allient aux Séquanes du Jura, contre les Éduens du Nivernais et du Morvan, et s'appuient sur des mercenaires suèves demandés par les Séquanes à Arioviste. Ceux-ci en tirèrent profit, puis Arioviste leur réclama un tiers de leur territoire. Refusant, ils furent battus à l'automne de 61 ; en compagnie des Éduens, au début de 60, ils connurent la débâcle qui livra à Arioviste toute la haute Alsace. Devant ce péril, le Sénat affecta aux deux consuls [3] les territoires sensibles : L. Afranius reçut la Cisalpine, Q. Metellus Celer la Transalpine. Impressionné par cette détermination, Arioviste n'alla pas plus avant et même César, au début de son consulat, lui faisait reconnaître le titre de roi et d'ami du peuple romain. Par ces avances, César préférait temporiser et jouer des deux périls, germain et gaulois, l'un contre l'autre pour intervenir.

Les Gaulois lui en fournirent l'occasion. Pour opposer un front commun gaulois aux ambitions d'Arioviste, l'Éduen Dumnorix décida son peuple à se rapprocher des Séquanes. Chez ceux-ci, le fils de l'ancien roi détrôné entra en pourparlers avec l'Helvète Orgétorix. Les trois complotèrent de rétablir chez eux la monarchie pour s'opposer en commun aux Suèves. Or un druide éduen, Diviciac, frère aîné de Dumnorix, rapporta tout à Rome. Orgétorix, devant ses plans éventés, se donna la mort et le dessein gaulois s'effondra. Rome ne pouvait pas supporter que la Gaule se sauvât toute seule ; elle désirait intervenir pour lui apporter le salut. Les Helvètes, désemparés par le suicide d'Orgétorix, pensèrent faire le vide devant les Suèves et, au printemps 58, le bruit se répandit à Rome que les Helvètes, après avoir mis le feu à leurs 12 400 bourgs et villages, allaient partir en un exode massif vers l'ouest, accompagnés

---

3. BROUGHTON, *MRR*, II, p. 182-183.

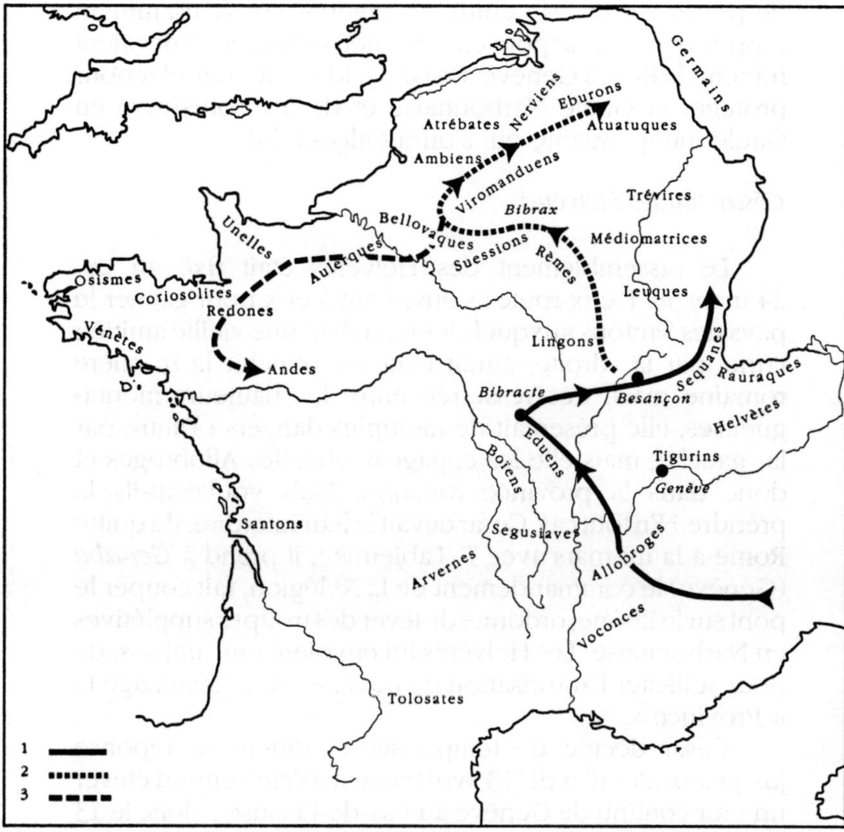

Fig. 1. – *Les campagnes de César en Gaule : années 58 et 57.* 1. Marche de César en 58. 2. Marche de César en 57. 3. Marche de P. Crassus en 57.

de Boïens, Rauraques et même de Germains Latoviques et Tulinges, au total 368 000 personnes, dont 18 000 en état de porter les armes : chiffres exagérés, complaisamment rapportés par César pour encore mieux effrayer. Ils devaient franchir le Rhin à Genève. César décida de les refouler pour protéger la Gaule Narbonnaise et de les poursuivre en Gaule indépendante qui s'offrait alors à lui.

César bat les Helvètes

Le rassemblement des Helvètes était fixé au 28-24 mars 58. Deux routes s'ouvraient à eux pour gagner le pays des Santons auxquels les rattachait une vieille amitié ; l'une, par la droite, aurait évité de franchir la frontière romaine mais, très resserrée entre les hauteurs montagneuses, elle présentait de multiples dangers ; l'autre par la gauche, mais elle les engageait chez les Allobroges et donc dans la province romaine. Mais voulaient-ils la prendre ? En tout cas, César devait la leur interdire. Il a quitté Rome à la mi-mars avec T. Labienus [4], il prend à *Genaba* (Genève) le commandement de la Xe légion, fait couper le pont sur le Rhône, ordonne de lever des troupes supplétives en Narbonnaise. Les Helvètes lui envoient une ambassade pour solliciter l'autorisation de traverser sans dommage la « Province ».

César décide de temporiser et diffère sa réponse jusqu'aux ides d'avril (13 avril) pour avoir le temps d'élever un mur continu de Genève au Pas-de-l'Écluse ; alors, le 13 avril, il leur refuse le passage : il les a joués avant de les tailler en pièces. Les Helvètes demandent aux Séquanes de les laisser passer par le nord. César décide de ne pas laisser échapper une aussi belle occasion d'intervenir et il cherche un mauvais prétexte, en prétendant que le territoire des Santons n'est pas loin de la cité des Tolosates, alors que deux cents kilomètres les séparent, et en inventant l'attaque par les Helvètes de sa ligne fortifiée. César quitte Genève,

4. Broughton, *MRR*, II, p. 198.

se rend à bride abattue à Aquilée où se concentrent les VIIe, VIIIe et IXe légions; il complète son armée par les deux nouvelles légions de Cisalpine, les XIe et XIIe, et franchit les Alpes au mont Genèvre, traverse le pays des Voconces, puis celui des Allobroges pour enfin franchir le Rhône, chez les Ségusiaves, au confluent de la Saône.

Les Helvètes avaient finalement obtenu gain de cause pour traverser le pays des Séquanes et se dirigèrent par le Pas-de-l'Écluse vers le territoire des Éduens ; or ceux-ci étaient divisés entre Dumnorix, le vergobret Lisc et Diviciac, revenu de Rome à Bibracte (Mont-Beuvray). Les pillages des Helvètes retournèrent l'opinion contre Dumnorix qui abandonna la direction des affaires. La nouvelle « majorité » implore la protection de Rome. César ne peut qu'être joyeux : il dispose d'un prétexte tout trouvé de poursuite et il peut en espérer des facilités de ravitaillement ; surtout le prétexte est légitime d'aller au secours de ceux qui s'énorgueillissent du titre de « frères et consanguins du peuple romain ».

César ne peut pas empêcher les Helvètes de franchir la Saône; seuls les Tigurins en arrière-garde sont surpris le 6 juin 58. César fait passer son armée sur ce pont, essaie de négocier, puis lance la cavalerie éduenne à leur poursuite ; or elle manque de mordant et pour cause : elle est commandée par Dumnorix ! Diviciac dénonce la traîtrise de son frère qui est simplement privé par César de son commandement. Alors César déploya contre les Helvètes une grande activité et les écrasa à Montmort (?), dans une bataille où le courage rejoignit l'intelligence. Le général avait tué 80 000 Helvètes dont 37 000 Tigurins. Il laissa échapper les autres, intima l'ordre aux Lingons de ne pas les ravitailler. Après une vaine tentative de résistance, les Helvètes acceptèrent ses conditions : offrir des otages et retourner chez eux. Dix mille Boïens seront installés chez les Éduens, entre Loire et Allier, et ravitaillés en blé par des prélèvements sur les stocks allobroges. César y gagne une réputation de clémence et, surtout, les Helvètes vont désormais faire écran entre les Suèves et la Narbonnaise.

César bat Arioviste (août-septembre 58)

Cette victoire ne faisait pas oublier à César que les Suèves représentaient le véritable danger. En libérant les Éduens du danger helvète, il pouvait espérer les affranchir aussi du péril suève. A Bibracte fut réunie une assemblée de tous les peuples de la Celtique. A l'unanimité, ils décidèrent de résister à Arioviste qui réclamait aux Séquanes de nouvelles concessions. Diviciac, au nom de tous, implora le secours de César. Il fallait convaincre le Sénat de rompre avec une politique ancienne d'amitié avec les Suèves, donc retourner l'opinion romaine. Surtout, l'intervention romaine ne pouvait être déclenchée que par une provocation suève.

Arioviste refusa le rendez-vous offert par les Gaulois, annonça qu'il agirait envers eux selon son bon plaisir ; il fit envahir le pays trévire, poussa les Harudes chez les Séquanes et s'avança lui-même de Souabe en haute Alsace. De Bibracte, César accourt à *Vesontio* (Besançon) chez les Séquanes, promet à ses troupes une ultime tentative de négociation ; en août 58, dans une entrevue théâtrale, Arioviste propose à César un partage du monde, lui Arioviste gardant la Gaule. César ne pouvait que refuser ; Rome, ayant apporté la liberté aux Gaulois, ne pouvait pas se renier. Quelques légionnaires de son escorte ayant été lapidés, César rompit l'entretien. Il ne restait plus qu'à se battre ; les Suèves furent enfoncés et 80 000 morts furent dénombrés en Alsace. Les Suèves repassèrent le Rhin qui désormais sera la frontière où s'arrête la barbarie. Rome pouvait exercer sur les peuples qui avaient imploré son secours une pleine suzeraineté. César rentre en Cisalpine, auréolé de cette double victoire sur les Helvètes et sur Arioviste ; il laisse le commandement à Labienus chez les Séquanes qui pourvoient au logement et à la subsistance des troupes : c'était déjà se conduire en conquérant, ce qui ne pouvait manquer d'exciter les rancœurs d'autres populations, comme les Gaulois de Belgique.

César soumet les Belges

La faveur de César pour les Éduens avait réveillé les convoitises d'autres peuplades. Les Arvernes et les Séquanes avaient le sentiment de n'avoir fait que changer de maître, et certains cherchaient du secours pour s'en débarrasser. Labienus avertit César que les Belges étaient en train de rassembler contre les Éduens et contre Rome les Atuatuques de Namur, les Éburons de Tongres, les Condruses entre Huy et Liège. De plus, les Bellovaques du Beauvaisis avaient dénoncé le pacte d'amitié les unissant aux Éduens.

Au printemps, César lève en Cisalpine les XIIIe et XIVe légions et en mai les rejoint en haute Marne. Deux notables des Rèmes assurent qu'ils désavouent l'assemblée belge ; ils offrent otages et réquisitions, au moment où César bénéficie de la neutralité des Leuques (Toul), des Médiomatrices (Metz) et des Trévires de Moselle. Alors César lâche les Éduens sur les Bellovaques et prend l'offensive : il disperse les confédérés vers Craonne et les poursuit jusqu'à la capitale des Suessions, *Noviodunum* (à 3,5 km de Soissons). Les Bellovaques capitulent, les Ambiens (Amiens) déposent les armes.

A la fin de l'été, César attaque les Nerviens du Hainaut et de Brabant, les Atrébates de l'Artois, les Viromanduens du Vermandois, les atteint par la Sambre et les détruit ; il marche contre les Atuatuques et les Éburons, investit Namur (?) par un retranchement de 4,5 kilomètres qui les incite à se rendre ; s'étant ravisés, les assiégés tentent une sortie et 4 000 se font massacrer, tandis que 33 000 habitants sont vendus comme esclaves. A la même époque, P. Crassus [5], fils du triumvir, parti sur l'ordre de César avec une légion chez les Vénètes, les Unelles, les Osismes, les Coriosolites, les *Esuvii*, les Aulerques, les Redons, put annoncer au proconsul que tous ces peuples riverains de l'Océan avaient été soumis à Rome.

5. Il n'a sans doute pas le titre de légat, n'ayant pas encore obtenu la questure : BROUGHTON, *MRR*, II, p. 204.

Ainsi, à l'automne de 57, la Gaule était conquise sans l'être ; même les peuples de l'Armorique s'inclinaient devant la majesté du peuple romain et envoyaient une ambassade à Crassus. Certes, César reconnaissait avec intelligence qu'elle n'était pas mûre pour l'annexion, mais ses marches militaires visaient à nourrir ses légions et à remplir les caisses des triumvirs. Il édite alors les deux premiers livres de ses *Commentaires,* où la dramatisation du récit élève encore plus haut sa gloire et sa vaillance. Revenu hiverner en Cisalpine, il reçoit du Sénat en son honneur quinze jours de supplications aux dieux, chiffre jamais atteint. Il va pouvoir encore mieux affermir son pouvoir à Rome.

CÉSAR CONSOLIDE SES SUCCÈS A L'INTÉRIEUR ET A L'EXTÉRIEUR (58-54) [6]

Manœuvres et contre-manœuvres des Patres

César, absent de Rome, était pris entre deux nécessités contradictoires : d'une part, maintenir contre les *Patres* la force du triumvirat et, d'autre part, empêcher les triumvirs restés à Rome de l'employer en son absence à l'affaiblir lui-même. Heureusement, le tribun Clodius [7] a contribué à renforcer contre toute attente sa prépondérance dans un triumvirat revigoré.

César sut éloigner Caton en l'envoyant à Chypre et il se débarrassa de Cicéron par la *lex Clodia de capite civis Romani* (février-mars 58), qui prévoyait que tout Romain qui aurait exécuté un citoyen romain sans jugement préalable du peuple serait frappé de mort civile et interdit d'eau et de feu. Cicéron ne pouvait que se sentir menacé et chercha un appui auprès de César qui lui proposa de l'emmener comme légat dans une de ses provinces ; c'était

---

6. Livre III pour les événements de 56, livre IV pour ceux de 55 et livre V pour ceux de 54. La figure 2 illustre les opérations de 56 et 55.

7. BROUGHTON, *MRR,* II, p. 195-196.

le neutraliser et, sur les conseils perfides de Pompée, Cicéron déclina l'offre et César lâcha la bride à Clodius ; celui-ci convoqua une *contio* exceptionnelle où César maintint ses positions favorables aux Catiliniens. Quand Cicéron rentre d'exil, ce n'est qu'avec la bienveillance de César (4 août 57) et il sait « renvoyer l'ascenseur » quand il obtient des *Patres* le sénatus-consulte qui prévoit quinze jours de supplications aux dieux. Mais dans son aveuglement, après avoir isolé Pompée et multiplié à son égard les avanies, il favorisait les visées d'un ennemi de César, Domitius Ahenobarbus [8] qui, une fois consul en 55, abrogerait l'*imperium* des Gaules. On parlait de réviser la *lex Iulia* de 59 sur l'*ager Campanus* et Cicéron prit la parole en faveur de son abrogation ; c'était une erreur grossière de manœuvre, car les vétérans de Pompée y étaient lotis. Donc, quand Pompée apprit que Crassus était parti pour Ravenne, quartier général du proconsul des Gaules dès le 6 avril 56, il se résigna à l'aller retrouver.

Les accords de Lucques (15 avril 56) : la prééminence de César

Pompée se rendit à Lucques, au rendez-vous fixé par le proconsul [9]. César était accompagné de Crassus, du propréteur de Sardaigne, Appius Claudius [10], du proconsul d'Hispanie, Q. Metellus Nepos [11]. Voici quelles furent les bases de l'accord : Crassus et Pompée occuperaient ensemble le consulat en 55 et évinceraient ainsi l'ennemi de César, L. Domitius Ahenobarbus. Contre la prorogation du commandement de César, Pompée obtenait les deux Hispanies, Crassus la Syrie. César, en semblant partager sa position, renforce habilement la sienne, ce qui lui donne la prééminence dans ce faux partage égalitaire. Crassus s'engagerait en Syrie dans une campagne difficile et, aller

8. Broughton, *MRR*, II, p. 194.
9. *Id.*, *ibid.*, II, p. 211.
10. *Id.*, *ibid.*, II, p. 210.
11. *Id.*, *ibid.*, II, p. 211.

jusqu'à l'Euphrate l'éloignerait de Rome ; Pompée disposerait de deux provinces pacifiées dont il tirerait moins de gloire. Les affaires d'Italie et de Rome seraient ainsi à la portée de la Cisalpine et donc du proconsul des Gaules. Pompée va travailler pour César car il faut absolument éviter la répartition habituelle – et seule légale – des provinces en 56 pour 55, et la *lex Vatinia* expire à la fin de 55. La réconciliation des trois hommes entraîna la palinodie de Cicéron et il se fit le porte-parole du plan de César : son absence au Sénat entraîna la fin de la révision des lois agraires de 59. César, ayant enrôlé le double des légions, demanda que leur solde fût prélevée sur l'*aerarium* et sollicita dix légats. Cicéron intervint et rédigea le décret qui donnait satisfaction à César. Il demanda alors, à la stupéfaction générale, que les *Patres* prissent un sénatus-consulte exemptant l'*imperium* du triumvir de l'application des lois provinciales. Il fallait le maintenir dans son commandement puisqu'il avait aboli les « Alpes ». Le Sénat s'inclina. Cicéron tira quelques avantages de cette palinodie : son frère Quintus devint légat de César. D'autre part, les soldats en permission interdirent la candidature de Domitius et favorisèrent l'élection de Pompée et de Crassus [12]. Ceux-ci firent passer à la fin de mars 55 la *lex Pompeia Licinia* : l'*imperium* de César serait prorogé pour un temps égal à celui de leurs gouvernements respectifs. Jules César disposait ainsi de cinq nouvelles années, car ce sont ses troupes qui ont permis l'élection de consuls qui allaient se signaler par une activité législative médiocre et par une ostentation qui culmina avec la dédicace du théâtre de Pompée où furent égorgés cinq cents lions et dix-sept éléphants. C'était César qui en réalité commandait du fond des Gaules. Il s'entendit avec Pompée pour que Gabinius, son ancien lieutenant, ne se pressât point de rentrer de Syrie et s'employât à restaurer Ptolémée Aulète en Égypte, à la fin d'avril 55. César réalisait par personne interposée un de ses plus anciens désirs : le protectorat de Rome sur l'Égypte et il avait pu se passer de ses partenaires. Crassus

12. BROUGHTON, *MRR*, II, p. 214-215.

seul pouvait s'offusquer de l'opération égyptienne et, de connivence avec Pompée, César l'orienta vers la Syrie et la conquête des Parthes : Plutarque [13] affirme en effet que ce sont les lettres de César à Pompée qui recommandaient l'expédition.

Promenades militaires (56-54) : la gloire grandissante de César (fig. 2)

Pour sa part, César maintenait la pression sur l'opinion romaine en inondant la capitale de bulletins de victoires diverses : ce sont en 56 celles de son légat Titurius Sabinus [14] qui promène trois légions chez les Éburoviques d'Évreux, les Lexoviens de Lisieux, les Unelles du Cotentin ; ce sont les victoires de P. Crassus [15], le fils du triumvir qui, à la tête de douze cohortes et avec l'aide des Pictons, des Santons, des Nitiobroges de l'Agenais et des Lactorates (Lectoure), fidèles alliés de Rome, enfonce les milices du pays de Sos où s'étaient rassemblés Vocates (en réalité les Vasates) de Bazas et Tarusates de Tartas, ainsi qu'une ligue ibérique ; ce sont les victoires de Decimus Brutus [16] et de César sur les Vénètes du Morbihan. A la fin de l'été, César décide de mettre à la raison Morins et Ménapes, encore insoumis ; mais le mauvais temps le contraint à ramener son armée chez les Aulerques et les Lexoviens.

En 55 [17], la gloire de César grandit encore. Pendant l'hivernage en Cisalpine, une masse d'Usipètes et de Tenctères, balayés de Nassau par les Suèves, franchit le Rhin et se répandit sur les deux rives de la Meuse. César entreprit de les chasser ; il se présenta en sauveur des Ménapes qu'il avait châtiés l'année précédente pour leur manque d'enthousiasme philoromain. Dès que César apparaît, les envahisseurs implorent la permission de se fixer sur les

13. Plut., *Crass.*, XVI, 3.
14. Broughton, *MRR*, II, p. 213.
15. *Id.*, *ibid.*, II, p. 212.
16. *Id.*, *ibid.*, II, p. 213.
17. *Id.*, *ibid.*, II, p. 219.

champs des Ménapes. César refuse et ne leur accorde pas la trêve de trois jours qui aurait permis leur retour en Germanie. Profitant d'un échec de sa cavalerie qu'il attribue à un acte de traîtrise, il massacre toute la population du camp ennemi, soit 430 000 individus. Puis, au prix d'un labeur énorme, il jette sur le Rhin un pont de bois à tablier continu, monté sur pilotis. Il recherche des Suèves, mais ceux-ci ont fait le vide. Alors César repasse le Rhin et détruit ce pont, prodige d'intelligence et d'endurance ; enfin, il passe en Bretagne avec deux légions transportées par quatre-vingts vaisseaux. L'expédition dure du 27 août au 29 septembre et se solde par de durs combats victorieux contre les Bretons.

Ainsi, César étonne le monde et montre sa grande liberté de décision et d'action. Car ni la Bretagne ni la Germanie n'ont été nommées dans le plébiscite Vatinien ou dans la loi *Pompeia-Licinia* ; d'autre part, il soulage des populations gauloises en portant la guerre chez autrui et en se faisant le champion de leur liberté, c'est-à-dire de leur sécurité. Il forge le mythe du Barbare germain, face aux Gaulois civilisés et renforce ses liens de clientèle avec divers chefs gaulois. Il rétablit la monarchie en 56 chez les Carnutes ; la même année, il rend à Vercingétorix, fils de Celtil, l'autorité du père sur les Arvernes ; en 54, installe comme roi Cavarin chez les Sénons, Comm reçoit la double royauté sur les Atrébates et sur les Morins. Il préside à son quartier général l'assemblée des Gaules qu' il traite désormais comme sa province.

L'opinion romaine est fascinée par les communiqués qu'à la fin de 55 il réunit dans les livres III et IV de ses *Commentaires*. Il devient le chantre de l'impérialisme et le Sénat, subjugué par tant de gloire et de profits, décrète à la fin de 55 vingt jours de supplications, soit cinq jours de plus que la fois précédente. Cicéron salue ses exploits dans le *Pro Balbo* [18] en 56, dans *In Pisonem* [19] en 55. L'orateur défend des causes peu honorables, comme celle de

18. Cic., *Pro Balbo*, 64.
19. Id., *In Pisonem*, XXIII, 81.

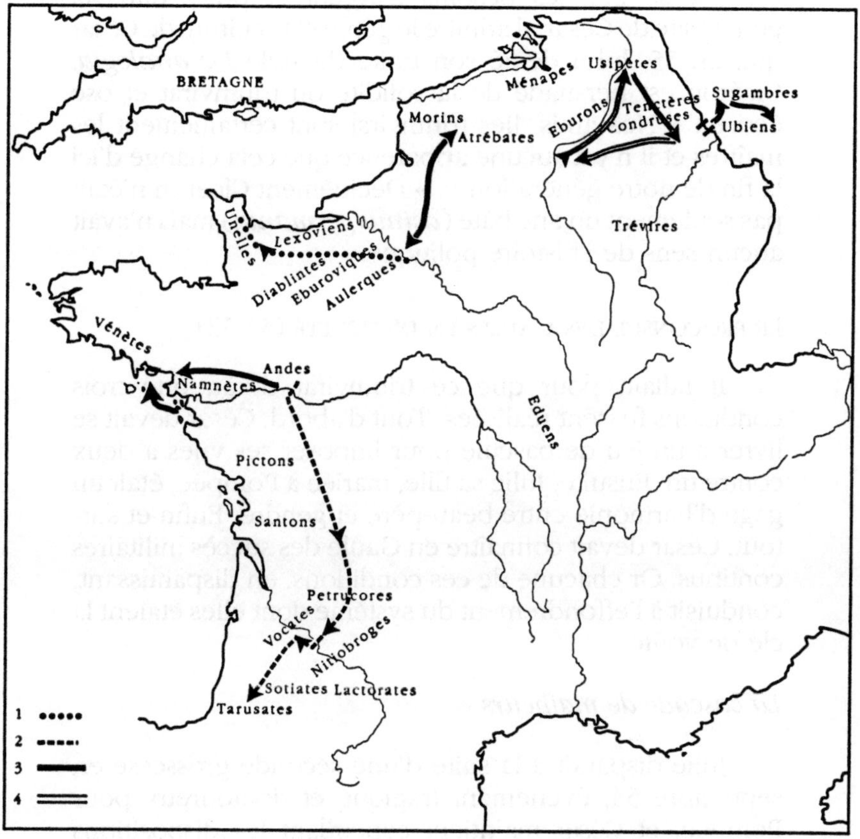

Fig. 2. – *Les campagnes de César en Gaule : années 56 et 55.*
1. Opérations de Titurius Sabinus. 2. Opérations de P. Crassus. 3. Campagne de César en 56. 4. Campagne de César en 55.

P. Vatinius, suppôt de César, accusé à juste titre de brigue illicite et qui retrouva son poste de légat de César. Cicéron est poussé par ses besoins d'argent et puise dans la générosité de César. Il admire le génie et la culture de César qui, en 55, lui a dédié son traité de style *De analogia*. Cicéron est persuadé de la solidité du triumvirat et ose écrire : « Nos amis [les triumvirs] sont certainement les maîtres et il n'y a aucune apparence que cela change d'ici la fin de notre génération [20]. » Décidément Cicéron n'était pas seulement un âne bâté (*asinus germanus*) mais n'avait aucun sens de l'histoire politique.

LE PROCONSUL DES GAULES EN DIFFICULTÉ (54-52)

Il fallait, pour que ce triumvirat durât, que trois conditions fussent réalisées. Tout d'abord, César devait se livrer à un jeu de bascule pour imposer ses vues à deux contre un. Ensuite, Julie sa fille, mariée à Pompée, était un gage d'harmonie entre beau-père et gendre. Enfin et surtout, César devait connaître en Gaule des succès militaires continus. Or chacune de ces conditions, en disparaissant, conduisit à l'effondrement du système dont elles étaient la clé de voûte.

La cascade de malheurs

Julie disparaît à la suite d'une seconde grossesse en septembre 54, événement tragique et douloureux pour Pompée, et César maintient cependant les dispositions testamentaires faisant de Pompée son légataire universel. Mais les honneurs funèbres que César lui fait rendre avec un tombeau au Champ de Mars séparent les deux hommes : Pompée aurait préféré qu'elle fût enterrée à Albe ; César, appuyé par des manifestations orientées de la plèbe, voulait diviniser sa descendance dans une sépulture consacrée : devant la mort d'une fille chérie, il ne pensait qu'à lui et se retrouvait encore une fois seul.

---

20. Cic., *Ad Fam.*, I, 8, 1.

En 53, c'est le tour de Crassus [21] d'être éliminé par les Parthes, au désastre de *Carrhae* (9 juin = 28 mai 53) où l'on dénombre 20 000 morts et 30 000 prisonniers ; il meurt le 12 juin (1er juin) 53 : l'équilibre du triumvirat est détruit.

La situation militaire en Gaule était devenue préoccupante à l'automne de 54. Pourtant, l'année avait vu César construire une flotte de six cents navires de transport, flanqués de vingt-huit longs vaisseaux de guerre, qui se concentre à *Itius Portus* (Boulogne). César prend quatre légions et mille huit cents cavaliers et va chez les Trévires comploteurs ; il règle un conflit politique, leur donne un roi qu'il s'attache. Puis il se dirige vers *Itius Portus* et, au début d'août, débarque en Bretagne. Il prend une place forte proche de Canterbury (?) ; une tempête détruit une partie de la flotte et César construit un camp ; il reprend l'offensive, connaît des fortunes diverses et s'empare de la place forte du roi Cassivellaunos, qui se soumet et paie tribut ; en deux convois, César rentre en Gaule le 20 septembre.

Il disperse pour l'hivernage les légions en plusieurs cités, en raison de la pénurie du blé. Alors éclata la révolte des Éburons contre le camp d'*Aduatuca* (Tongres) commandé par le légat Sabinus. Ambiorix lui offrit de le conduire chez les Rèmes, au camp de Labienus, car toute la Gaule était à ses dires en état de révolte. Sabinus, démoralisé, le crut et quinze cohortes furent massacrées, officiers et soldats confondus. Ambiorix investit Q. Cicéron dans son camp de la Sambre tandis que d'autres peuples se soulevaient : Armoricains, Sénons, Trévires. Celtes et Belges redressaient donc la tête contre César.

César, qui se reposait à *Samarobriva* (Amiens), fit face avec décision. M. Crassus, fils aîné du triumvir, reçoit l'ordre d'amener à *Samarobriva* la légion qui stationne chez les Bellovaques et il prend la légion de Trebonius pour secourir les assiégés de la Sambre ; il se fait rejoindre par la légion de C. Fabius, rappelée de chez les Morins ; il met en déroute les Éburons et délivre Q. Cicéron en novembre 54. Alors le

---

21. BROUGHTON, *MRR*, II, p. 230.

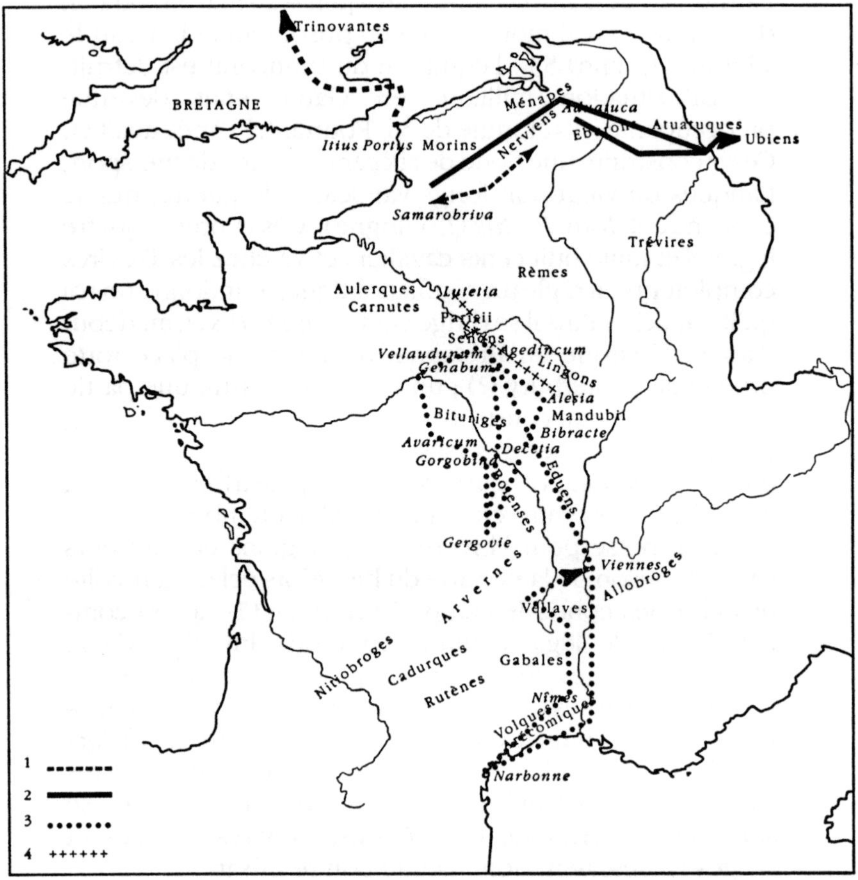

Fig. 3. – *Les campagnes de César en Gaule : années 54-52.*
1. Marche de César en 54. 2. Marche de César en 53. 3. Marche de César en 52. 4. Marche de Labienus : Agedincum, Lutetia, Agedincum.

courage des légions est galvanisé, celui des insurgés abattu ; Armoricains, Sénons se calment. Chez les Trévires, Indutiomar qui résiste est décapité : certes, César peut décompter de nombreux succès, mais les répressions sont incomplètes. Il décide de rester à *Samarobriva* tout l'hiver, décision exceptionnelle qui soulignait combien la situation restait précaire. Il sollicite des renforts pour tirer vengeance des six mille Romains massacrés à *Aduatuca* ; Pompée lui envoie les XIVe et XVe légions et, sur son contingent hispanique, il prélève une légion supplémentaire, qui devient la VIe de l'armée de Gaule. C'est une très puissante force militaire qui va mener des opérations infernales [22]. Chez les Nerviens, en mars 53, il convoque une assemblée générale de la Gaule à *Samarobriva*, d'où sont absents trois peuples qu'il châtie, Trévires, Sénons et Carnutes (avril 53). César va chez les Ménapes, passe le Rhin et arrive chez les Ubiens : il prépare une offensive contre les Suèves qui s'enfuient au loin. Il repasse le Rhin et construit sur la rive gauche une tour et un camp fortifié. Il installe à *Aduatuca* la réserve de ses forces et, pendant trois mois, trois colonnes vont saccager le pays des Éburons ; en septembre 53, il dicte à l'assemblée des sentences capitales, mais Ambiorix reste introuvable. Négligeant les rancœurs de la Celtique, César pouvait écrire que la Gaule était tranquille ; il pouvait regagner la Cisalpine, mais son dispositif militaire trahissait ses soucis gaulois : deux légions chez les Belges, huit en Celtique, deux chez les Lingons ; ainsi, il installait six légions chez les Sénons hostiles. Un tel dispositif suffirait-il à mettre César à l'abri d'une insurrection générale ?

L'insurrection générale de la Gaule [23]

Le 13 février (23 janvier) 52, à l'occasion de la solennité que les druides célébraient le sixième jour de la lune du solstice d'hiver, dans la forêt des Carnutes, ceux-ci donnaient le signal d'une insurrection générale de la Gaule

22. Sur les événements de 53 av. J.-C., voir le livre VI du *BG*.
23. Le livre VII est consacré aux événements de l'année 52.

proprement dite. Par serment, aux Carnutes s'étaient joints Aulerques, Armoricains, Andes et Turons, *Parisii* et Sénons, Arvernes, Cadurques, Lémoviques ; on égorge les résidents romains de *Genabum* (Orléans) pour créer, comme autrefois Mithridate, l'irréparable. Cette insurrection, destinée à recouvrer l'antique honneur militaire et la liberté, avait un chef élu, le roi Vercingétorix.

Vercingétorix

Nous ne sommes pas sûrs de ses traits, car la tête qui figure sur ses monnaies représente peut-être Apollon, peut-être Minerve ; nous ne connaissons guère son caractère, car César s'est servi de ses discours pour grandir son adversaire. Mais, grâce à Plutarque et Dion Cassius, il est aisé de tracer son portrait. Éloquent et brave, il n'éprouve que haine pour la servitude. Sa passion antiromaine l'amène à concevoir – encore que ce soit de façon vague – un patriotisme gaulois. Énergique, il manifeste une implacable autorité, sans qu'il fasse preuve d'une implacable constance. Son imagination lui dicte des plans parfois démesurés. Intelligent certes, parfois aveugle et mystique ; imprudent, il reste paralysé souvent par une incroyable inertie et reste découragé par les divisions des peuples gaulois. L'indigence de sa culture n'ôte rien au charme de sa personne. Au total un personnage contrasté, dont la grandeur essentielle est d'avoir balancé la fortune de César.

Dès le départ, Vercingétorix donne la mesure de ses facultés organisatrices. Il abat les opposants, dont son oncle Gobannitio, ou les oblige à s'exiler chez les Romains. Il prend des otages, fixe les contingents des alliés à 80 000 fantassins ; lui-même est fort de sa cavalerie. Il instaure une discipline de fer et veut surtout battre les Romains, avant que ceux-ci aient pu réagir. Voici son plan : en plein hiver, chose inhabituelle, à la fin de janvier 52, il pénètre chez les Bituriges. Drappès le Sénon bloquera Labienus dans *Agedincum* (Sens) avec six légions ; Lucter le Cadurque, écouté par les Rutènes, les Nitiobroges et les Gabales du Gévaudan, envahira la Narbonnaise et inquiétera directement *Narbo Martius*. Ainsi, le proconsul serait bloqué en Narbonnaise, tandis que Vercingétorix serait maître de ses mouvements en Celtique. La riposte de César à ce plan est foudroyante. Informé par Labienus, il quitte Ravenne, au début de février, il est chez les Allobroges à Vienne et s'élance avec de la cavalerie vers Narbonne. Lucter retourne sur ses pas. César alors, par les cols du Vivarais dégagés par la main-d'œuvre militaire de leurs six pieds de neige (1,70 m), tombe sur le Velay qu'il saccage. Les Arvernes appellent au secours Vercingétorix qui doit quitter le Berry. César revient à Vienne, où il trouve de la cavalerie fraîche, traverse le pays éduen et, ayant récupéré les deux légions du pays lingon (fin février-début mars), rejoint le gros des troupes à Sens, où il laisse deux légions.

Victoire césarienne à *Avaricum*

Vercingétorix n'avait pas eu que des résultats négatifs dans son offensive première, puisque les Bituriges s'étaient rangés à ses côtés ; ils allaient mettre le siège devant *Gorgobina*, au confluent de la Loire et de l'Allier, ville que les Éduens venaient de donner aux Boïens ; c'était une position clé pour les Arvernes proches, tandis que César, pour la secourir, serait loin de ses bases. Certes, c'était un plan logique mais qui allait faire perdre bien du temps à Vercingétorix qui aurait mieux fait, d'après J. Carcopino, de fortifier les Bituriges. Or César voulait faire expier aux Carnutes de *Genabum* le massacre initial des résidents romains. D'*Agedincum*, il fait fourrage à *Vellaudunum*, ville des Sénons proche du Loing (Montargis) et arrive sous les murs de *Genabum* que les habitants fuient ; il les capture, il pille et brûle la ville et pique sur *Avaricum* (Bourges). Vercingétorix doit alors renoncer au siège de *Gorgobina* et s'élancer au secours de Bourges. Or César, qui a pris *Noviodunum* (Neuvy-sur-Barangeon), taille en pièces son avant-garde. Vercingétorix décide alors d'opérer la politique de la terre brûlée, politique dangereuse tant sur le plan psychologique que matériel : les difficultés de ravitaillement seraient les mêmes pour tous à la longue, puisque dans l'immédiat César avait pu se ravitailler et que les greniers de Bourges furent épargnés. Au bout de vingt-cinq jours, *Avaricum* succomba ; pour la réduire, César avait construit une terrasse de 100 sur 300 mètres et sur 22 mètres de hauteur. Les soldats romains, exaspérés par ce long siège, n'épargnèrent que quelques centaines de vies humaines sur les 40 000 habitants que comptait la cité. Ils récoltèrent un immense butin dans ce qui était la place la plus forte des Bituriges et presque de toute la Gaule (mi-avril 52).

Échec de César devant Gergovie

Fort de ce succès, César décide de prendre l'offensive en sous-estimant la force des insurgés qui ne se sont guère manifestés pendant tout ce siège. Il remet quatre légions à Labienus pour occuper le territoire des *Parisii* et leur ville Lutèce, pour désorganiser les communications des Sénons Aulerques et Carnutes et tenir en respect les Belges. César, quant à lui, se porte avec six légions vers Gergovie, capitale de la Gaule insurgée.

Ce plan stratégique fut contrarié : Labienus se heurta aux ruses du vieil Aulerque Éburovique Camulogène dans les marais de l'Essonne et avait dû rétrograder vers Melun ; il traversa la Seine qu'il remonta par la rive gauche et établit son camp à la hauteur de l'actuel Saint-Germain-l'Auxerrois. César ayant été repoussé de Gergovie, Labienus fut contraint de retourner à Sens, mais sans pouvoir passer par le nord car les Bellovaques s'étaient soulevés ; il fit passer la Seine à trois légions et défit Camulogène, qui y périt, dans la plaine de Grenelle. Il réussit à gagner sans mal *Agedincum* (Sens) où César s'était installé après son échec devant Gergovie, à la fin de juin 52.

Cet échec, néfaste à la popularité de César chez les Romains et à son image de marque, redonna une vigueur nouvelle à la révolte gauloise. César s'était installé fin avril-début mai 52 au pied d'un plateau qui, au sud de Clermont-Ferrand, offrait à 700 mètres d'altitude une surface de 1 500 mètres d'est en ouest, et de 700 mètres du nord au sud, et portait l'*oppidum* fortifié des Arvernes que Vercingétorix s'employait à rendre inexpugnable. Peu importe que l'on situe Gergovie sur les hauteurs de Merdogne, comme le croyait Napoléon III suivi par J. Carcopino, ou sur les côtes de Clermont, ou encore sur le plateau de Corent. Je partage dans ce cas le scepticisme de Chr. Goudineau [24]. Avant d'engager la bataille, César attendait la cavalerie éduenne conduite par Litavic, un jeune noble secrètement gagné à l'insurrection. Quand il dévoila, à 45 kilomètres de Gergovie, ses plans pour débaucher les cavaliers, César dut, pour maintenir leur fidélité, s'ébranler avec quatre légions, ce qui n'empêcha pas Litavic de passer à l'ennemi : la fidélité douteuse de la cavalerie éduenne, retenue dans le parti romain, n'apportait pas à César le secours escompté. Il décida cependant de brusquer l'engagement. S'étant emparé d'une colline ennemie, la Roche blanche (?), il la relia à son camp principal par deux fossés parallèles de quatre pieds (1,20 m) et larges de six (1,80 m). Vers la mi-juin, il décréta l'assaut qui dans son esprit devait surprendre les Gaulois et les bousculer. L'effet de surprise fut complet, mais vite les défenseurs culbutèrent les assaillants : César fit sonner la retraite mais, dans un accrochage, l'armée romaine perdit 700 hommes et 46 centurions. Cette retraite équivalait à une sévère défaite et, en juillet 52, elle cristallisa encore mieux les haines : l'insurrection gauloise devenait quasi totale.

LE COUP DE GÉNIE D'ALÉSIA ET LA VICTOIRE DÉFINITIVE DE CÉSAR

Le choix d'Alésia

Il est de bon ton de ne pas croire au génie dominateur de César et de s'opposer ainsi au célèbre ouvrage de J. Carcopino, *Alésia et les ruses de César*. Il semble de bonne guerre d'imaginer Jules César à Bibracte, rédigeant son septième et dernier livre, en proie à une immense frousse

---

24. GOUDINEAU, p. 288.

rétrospective, quand Vercingétorix le menaçait de ses 15 000 cavaliers, pratiquait la politique de la terre brûlée et lui avait coupé toutes les routes vers l'Italie et vers le sud ; la situation aurait été renversée par un coup du destin et par une décision des dieux. La « fortune » de César vient au secours d'une image du chef qui ne correspond nullement à celle que nous retirons de la lecture même des *Commentaires*. Chr. Goudineau ne parle-t-il pas [25] du coup d'œil, de la promptitude de décision, plus valorisantes certes que la fuite éperdue vers la *Provincia* qu'il fallait à tout prix sauver ?

Seul maître de la stratégie et seul décideur, il a su dissimuler son plan réel, si bien que nos contemporains, comme les Gaulois d'autrefois, lui ont prêté des desseins qu'il n'a pas eus [26]. Il aurait invoqué la sécurité de Narbonnaise qu'il n'avait point secourue en 54, alors qu'il avait perdu trois légions et deux légats. Comment l'escarmouche de Gergovie l'aurait-elle incité à un repli général vers la Province, dans une période estivale où les cols étaient dégagés ? D'ailleurs, César en 53 l'avait mise en défense. Son légat, qui n'était autre que son cousin Lucius César, avait procédé à de nouvelles levées, jusqu'à disposer de vingt-deux cohortes. D'autre part, malgré les émissaires de Vercingétorix, les peuples restaient calmes : les Allobroges avaient fait la sourde oreille ; ceux qui avaient cru aux paroles des envoyés de Vercingétorix avaient dû vite refluer. Les Gabales du Gévaudan, les Rutènes indépendants, les Cadurques se bornent à des incursions chez les Volques Arécomiques sans jamais mettre Nîmes en danger ; bien plus, César tourne le dos au sud et rejoint Sens, où se trouvent Labienus et quatre légions pour lesquelles il réserve ses craintes véhémentes [27].

---

25. GOUDINEAU, p. 292.

26. Il est remarquable de constater que César agit en prenant consciemment l'opinion à contre-courant : CAES., *BG*, VII, LVI : *contra opinionem omnium*.

27. *ID., ibid.*, VII, LII, 6 : *vehementer timebat*.

Ses alarmes, prodiguées dans ses communiqués, avaient plusieurs fins : obtenir sans difficultés des secours de Pompée, la onzième légion qui arrivera pendant le siège d'Alésia, enflammer l'ardeur des Gaulois, surtout des Éduens prêts à trahir et inciter Vercingétorix à les rejoindre. César avait fixé le lieu où il pourrait se mesurer avec les Gaulois qui s'imaginaient déjà détruisant les légions dans leur marche forcée vers la Narbonnaise. Ainsi, César projette l'image du chef qui a la prémonition de ce qui se passera dans la réalité, parce qu'il a compris les mécanismes auxquels obéissent les pensées du chef gaulois. Pour César, il s'agissait d'amener Vercingétorix sur une position où celui-ci se croirait invulnérable et il y en avait une, Alésia, où de son côté César pouvait enfermer l'ennemi. Elle était située à mi-distance entre Éduens et Lingons, les meilleurs alliés du peuple romain, que la cavalerie mandée secrètement en Germanie pourrait rallier.

Nous voici sur l'un des plus hauts lieux de notre histoire. Qui ne se rappelle l'imagerie d'Épinal de son premier livre d'histoire à l'école primaire, représentant un Vercingétorix farouche jetant ses armes au pied du tribunal du proconsul ? C'est à Alésia que le destin de la Gaule fut scellé, et qui ne comprend les batailles de clocher pour l'identifer ! Aujourd'hui, la cause est définitivement entendue : c'est bien Alise Sainte-Reine, déjà désignée par les fouilles de Napoléon III [28] et éclairée par la rigueur philologique de J. Carcopino [29], qui doit faire taire les contestations. Les fouilles reprises en 1991 et 1992 par une équipe franco-allemande, dirigées par M. Reddé [30] et S. von

---

28. J. Le Gall, *Fouilles d'Alise-Sainte-Reine, 1861-1865* (Mémoires de l'Académie des Inscriptions et Belles-Lettres, IX), Paris, 1989.

29. J. Carcopino, *Alésia*, p. 219-233.

30. M. Reddé et S. von Schnurbein, Fouilles et recherches nouvelles sur les travaux du siège d'Alésia, dans *CRAI*, 1993, p. 281-312 ; voir désormais *L'armée romaine en Gaule* (sous la direction de M. Reddé), Paris, 1996 (=*Armée romaine en Gaule*). M. Reddé, S. von Schnurbein *et alii*, Fouilles et recherches sur les travaux de César devant Alésia (1991-1994), dans *BRGK*, 76, 1995, p. 73-158.

Schnurbein, les prospections aériennes de R. Goguey [31], depuis 1960 permettent de vérifier en majeure partie la vérité du texte de César autant que la validité de certaines conclusions de Napoléon III, tout en les corrigeant.

Le mont Auxois offrait une acropole faite pour la résistance, non sans qu'un expert averti n'en décèle les faiblesses. Elle pouvait d'autant plus attirer les Gaulois qu'Alésia constituait une métropole religieuse gauloise où étaient vénérés Alisanos, Ucuetis, Bergusia, Moristagus. Là habitaient les Mandubiens, soit les Séquanes de l'ouest de la Saône, constitués en peuplade autonome par le proconsul et voués à l'amitié du peuple romain. Donc, César en lâchant Gergovie pensait à Alésia.

Le plan fut parfaitement exécuté : il se dirige vers le pays éduen puis vers l'Allier. Il convoque les chefs éduens à Decize, s'assure de leur fidélité aussitôt après démentie par le massacre des marchands romains de *Noviodunum* (Nogent ?, à huit kilomètres de Decize). César traverse la Loire et décide de passer chez les Sénons. Il s'agissait essentiellement pour lui de persuader Vercingétorix qu'il se dirigeait vers *Agedincum* (Sens) où se tenait Labienus. En réalité, il demande à ce dernier de venir le rejoindre avec ses six légions. Il s'installa vers le Châtillonais où il attend le secours de la cavalerie germanique. On sait par César lui-même [32] que Labienus ne mit que trois jours pour le rejoindre, faisant trente kilomètres par jour et donc parcourant la centaine de kilomètres qui sépare *Agedincum* du sud du mont Lassois. César alors dévoile ses plans dans ses communiqués : il pense gagner les Séquanes de l'ouest, c'est-à-dire les Mandubiens d'où il pourrait éventuellement prêter main-forte à la Province. Vercingétorix est persuadé que César s'enfuyait et, sans attendre la concentration des

31. R. Goguey, *Alésia* : les travaux de César sur la montagne de Bussy, d'après les dernières révélations de la photographie aérienne, dans *CRAI*, 1991, p. 43-51, qui confirment, sous une forme souvent spectaculaire, l'exactitude d'ensemble des plans dressés par les équipes du Second Empire : *Armée romaine en Gaule,* p. 42.

32. Caes., *BG*, VII, LXII, 10.

contingents gaulois promis par les peuples gaulois, avance vers lui avec les contingents arvernes et éduens dont il dispose. En trois étapes, il se porte de Bibracte à la hauteur d'Alésia, vers Courceau et lance la cavalerie sans en prendre la tête. Or, César a doublé ses effectifs et les cavaliers germains n'ont pas de mal à tailler en pièces les Gaulois qui s'enfuient non sans laisser trois chefs entre les mains des Romains. La rencontre n'a pas eu lieu, comme le croyait C. Jullian, dans la plaine de Dijon, mais au nord d'Alésia ; deux options sont possibles : sur les bords de la Coquille, dans les environs d'Aignay-le-Duc ; ou près du ruisseau Seine, vers Baigneux-les-Juifs. Vercingétorix s'est réfugié à Alésia que César le lendemain rejoint et où refluent en désordre les Gaulois. César fait dresser les camps sur les collines voisines et exhorte les soldats à enfermer la ville par un formidable travail d'investissement (mi-août 52).

Le siège d'Alésia (fig. 4)

Pour César, installé à Flavigny, il n'était pas question de recommencer l'assaut de Gergovie mais de réduire Alésia par la faim, car Vercingétorix n'avait plus qu'un mois de vivres pour 80 000 hommes. Donc il fallait les abattre par un blocus impitoyable. Le plateau semble plus imprenable que celui de Gergovie. De forme elliptique et de grandes dimensions, il est encadré par deux affluents de la Bienne, l'Oze au nord et à l'ouest, l'Ozerain au sud ; des abrupts de 250 mètres l'isolent ; culminant à 418 mètres, il est dominé par les collines voisines. La plaine des Laumes s'étrangle à son approche sur quatre kilomètres ; au nord, se rencontre la montagne de Bussy, à l'est le mont Pennevelle atteint 405 mètres et la montagne de Flavigny, 421 mètres, où s'installe César. Un tel site [33] semblait fait pour être investi, selon le mot de C. Jullian.

33. CAES., *BG*, VII, LXIX.

Les travaux de siège selon César

César, avec ses dix, bientôt onze légions, dispose de cinquante mille paires de bras et il saura porter à un point de perfection les leçons enseignées par la poliorcétique grecque. Les cohortes sont disséminées en vingt-trois camps, fortins et redoutes ; un grand fossé de vingt pieds (6 m) est creusé entre Oze et Ozerain pour protéger les équipes de travailleurs. Il s'agit de cerner concentriquement Alésia par une contrevallation ininterrompue de quinze kilomètres de circonférence et une circonvallation interrompue aux endroits accidentés, de vingt et un kilomètres de tour, pour repousser les agresseurs qui du dehors viendraient briser le blocus ; entre les deux, s'étend un espace de deux cents mètres de large qui donne à l'armée romaine la liberté de ses mouvements. Ainsi triomphe le principe de la gémination des fortifications que l'empereur Hadrien appliquera en Bretagne.

Les données modernes de l'archéologie

La contrevallation ou ligne intérieure, qui avait pour finalité de bloquer Vercingétorix dans Alésia, a été rencontrée tant dans la plaine des Laumes que dans celle de Grésigny, au pied du mont Réa, et les recherches archéologiques permettent d'établir un schéma tout à fait nouveau de la structure de cette circonvallation.

Elle comprend trois fossés et non deux, et les défenses avancées, décrites par César, se trouvent non pas devant mais derrière les fossés 1 et 2. Derrière le fossé 3, à trois mètres, on a mis en évidence la présence de sept tours d'environ 2,50 sur 3 mètres, espacées de quinze mètres (cinquante pieds). Ce système défensif n'est pas général puisque, dans la plaine de Grésigny, les photographies aériennes montrent deux fossés successifs et non contigus, 7,50 mètres les séparant. Le fossé de défense était précédé de six, voire de sept lignes de « trous de loups », petites fosses argileuses d'environ 40 à 50 centimètres de diamètre, disposées en quinconce, système jusqu'ici inconnu dans

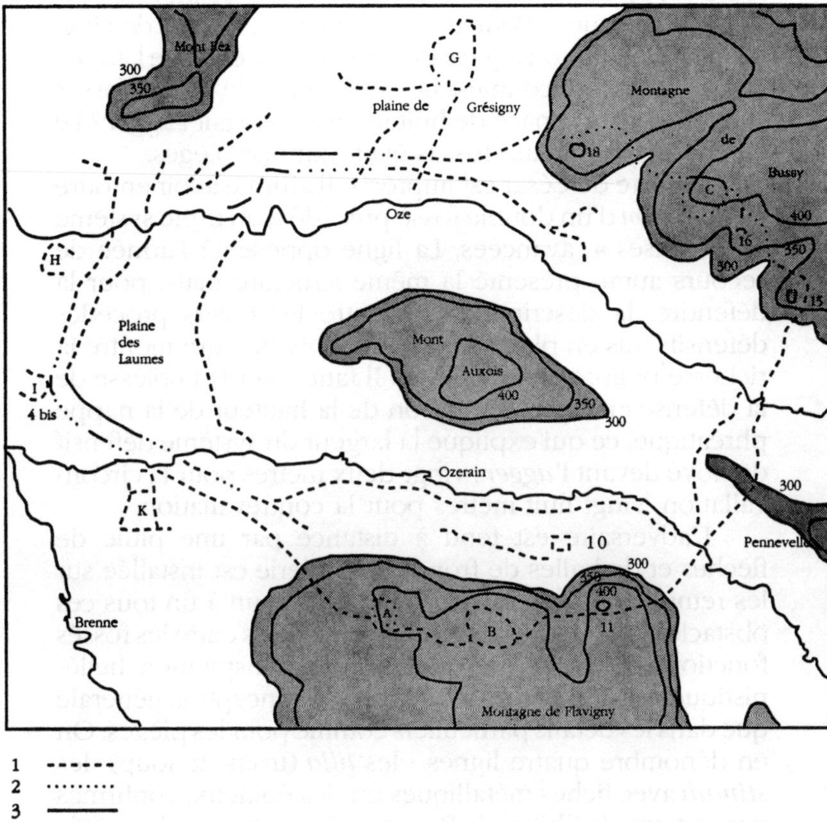

Fig. 4. – *Carte schématique du site d'Alésia.*
(d'après *Armée romaine en Gaule,* p. 49).
1. Résultats des fouilles de Napoléon III. 2. Segments des lignes observés en photographie aérienne. 3. Parties fouillées depuis 1991.

l'architecture de la contrevallation. Entre le fossé 2 et le fossé 1, apparaissent quatre ou cinq lignes de pièges, sans doute des piquets. Pour la circonvallation, longue de vingt et un kilomètres, ou ligne extérieure tournée contre l'armée de secours, on connaissait l'existence de deux fossés séparés par un espace de huit mètres. Où était l'*agger*? Le glacis entre les deux fossés était muni de pièges.

Le texte de César est imprécis. Il affirme avoir entouré « l'*oppidum* d'un double fossé précédé d'un triple système de défenses » avancées. La ligne opposée à l'armée de secours aurait présenté la même structure mais, pour la défendre, la description concentre les divers procédés défensifs mis en place autour de l'*oppidum* qui montre la richesse poliorcétique utilisée. Il faut noter la faiblesse de la défense en creux, en raison de la hauteur de la nappe phréatique, ce qui explique la largeur du système défensif déployé devant l'*agger*: vingt-deux mètres pour la circonvallation, vingt-huit mètres pour la contrevallation.

L'adversaire est tenu à distance par une pluie de flèches et de balles de fronde ; l'artillerie est installée sur les remparts. l'adversaire devait franchir un à un tous ces obstacles : battait-il en retraite que le glacis entre les fossés fonctionnait comme un piège. Donc l'inspiration hellénistique est bien présente tant dans la conception générale que dans les détails particuliers comme pour les pièges. On en dénombre quatre lignes : les *lilia* (trous de loup), les *stimuli* avec fiches métalliques ou des épineux, confirmés par un texte de Philon de Byzance, les *cippi* ou palis acérés et enfoncés dans le sol, les *tribuli* ou épines métalliques reposant sur trois pointes, la quatrième restant en l'air et constituant une arme redoutable.

Derrière cet ensemble, se dressait un *agger* de douze pieds de hauteur, muni d'un chemin de ronde de 1,80 mètre de large et le front de l'*agger* présentant avec la verticale un angle d'environ 65/70°, entraîne un empattement de six mètres. Une telle structure vaut pour la plaine des Laumes ; sur les plateaux, le rempart romain était construit en pierres sèches. Ainsi, les solutions architecturales, à Alésia, sont variées, adaptées au terrain et font écho aux enseignements traditionnels de la poliorcétique.

Les deux grands systèmes fortifiés autant que les pièges à hommes ne laissaient aux assiégés aucune chance de sortir ni d'être secourus.

Victoire de César : 27 (?) septembre 52

Les deux cent mille hommes attendus par Vercingétorix ne venaient guère. Il fallut rationner les quatre vingt mille hommes présents. Le chef gaulois avait congédié la cavalerie, expulsé femmes, enfants, vieillards que César repoussa à son tour. Le 20 septembre, les contingents apparaissent mais ils arrivent trop tard. Trois attaques sur le mont Réa échouent contre les lignes romaines. Les chefs gaulois sont pris ou tués. Les Éduens décident la retraite et César massacre leur arrière-garde les 25 et 26 septembre. Vercingétorix propose alors sa reddition que César accepte à condition que les armes et les chefs lui soient livrés : Vercingétorix réunit les chefs et s'offre comme victime expiatoire [34], ce que les autres refusent. Alors, revêtu de sa plus belle armure, monté sur son cheval d'armes, il descend s'agenouiller devant son vainqueur. Il est aussitôt jeté dans les fers et ne sera étranglé au *Tullianum* (prison) à Rome qu'à la suite du triomphe du 26 septembre 46. César, ayant réservé un sort spécial aux Éduens et aux Arvernes dans un but d'apaisement, asservit tous les autres ; chacun de ses soldats reçut ainsi un esclave. César ne pouvait manifester cette fois que cruauté et inflexibilité à l'égard du chef gaulois, car Vercingétorix avait compromis son œuvre et son avenir, faute capitale que seule la mort pouvait expier.

34. CAES., *BG*, VII, LXXXIX, 1-3.

CÉSAR FRANCHIT LE RUBICON (12 JANVIER 49 = 17 DÉCEMBRE 50)

L'éclipse de César

Uxellodunum

La renommée militaire de César ne pouvait pas être plus haute. A l'automne de 52, il publie les livres V-VII des *Commentaires*. Le Sénat lui offre vingt autres jours de supplications aux dieux. Toutefois, la prolongation du conflit avait miné son influence, car il restait absent de Rome et les affaires de Gaule le retenaient encore[35]. Il passe l'hiver 52-51 en Gaule, à Bibracte où, pour certains, il aurait rédigé les sept livres du *BG*, et il maintient la paix par plusieurs expéditions punitives : il mate en janvier-février 51 Bituriges et Carnutes au centre ; contre les Bellovaques, soulevés par Comm, il est occupé trois à quatre mois ; il ravage le territoire éburon ; Labienus remporte une grande victoire contre les Trévires. Il extermine les troupes armoricaines venues assiéger *Lemonum* (Poitiers) et surtout il assiège *Uxellodunum* (le Puy d'Issolu ou tout autre site d'*oppidum* voisin) où s'est réfugié Lucter le Cadurque, appuyé par le Sénon Drappès. Il n'en vient à bout qu'en captant l'eau qui alimentait les assiégés. Après une offre de reddition, César fait couper la main droite à tous les assiégés ; cruelle décision qui vouait au supplice du parricide ceux qui refusaient de le reconnaître comme père. Elle obéit à l'exaspération devant ce siège qui retarde la pacification définitive à l'année 50 ; or, dès le 1er mars 50, les pouvoirs de César pouvaient être mis en question et, avec ses pouvoirs, c'était peut-être sa vie elle-même qui se jouait à *Uxellodunum* : on comprend son implacable rigueur.

L'émancipation de Pompée depuis 54

Julie morte, César pensait ne pas avoir à se méfier de de son gendre : ses légions en Gaule s'interposaient entre

---

35. Les événements des années 51 et 50 sont connus par le livre VIII du *BG*, rédigé par son légat Hirtius.

Pompée resté en Italie et les forces de ce dernier en Hispanie ; à Rome, il conservait Clodius comme agitateur à sa dévotion. Mais Pompée s'émancipait peu à peu en repoussant les élections jusqu'en juillet 53 ; il fit mordre la poussière à L. Memmius, candidat de César, et fit élire son rival, M. Valerius Messala, un conservateur intransigeant et le césarien Cn. Domitius Calvinus [36]. César désormais se tint sur ses gardes et échoua en lui proposant, à la fin de 53, une alliance matrimoniale double ; sa petite-nièce Octavie deviendrait la femme de Pompée et la fille de celui-ci, la sienne propre. Or Pompée épouse Cornélie, veuve de Crassus. Pour les élections de 52, l'opposition entre Clodius, candidat à la préture, et Milon, qui vise le consulat, dégénère en luttes entre bandes armées, si bien que les élections ne peuvent avoir lieu [37]. Le 1er janvier 52, Milon fait assassiner Clodius à la suite d'une rixe sanglante à *Bovillae*. Fulvie, la veuve de Clodius, fait exposer le corps à la curie que la populace brûle. Le Sénat vote le *senatus-consultum ultimum* le 2 janvier 52. César à Ravenne ne bouge pas, partagé entre son désir de ne pas avaliser une procédure extrême qui lui répugne et celui de ne pas déplaire à Pompée, s'il sévissait contre Milon. Des négociations secrètes s'engagèrent et Pompée put enrôler des troupes dans la plaine padane contre l'engagement de poursuivre Milon. Quand César apprend à Ravenne la conjuration des Gaules, il n'a pas d'autre issue que de partir à bride abattue vers la Transalpine. Pompée reste donc seul ; fort de ses levées, il vient camper près de Rome et maintient l'ordre « républicain ». Il fallait rétablir la « constitution », c'est-à-dire essentiellement procéder aux élections pour que l'appareil judiciaire puisse se mettre en marche. D'autre part, aucune élection ne pouvait se faire sans l'aveu de Pompée. Aussi, par dérogation à la collégialité et aux lois annales de Sylla, le Sénat décréta-t-il que Pompée gérerait seul le consulat [38] alors qu'il avait été consul en 55 ; les

36. BROUGHTON, *MRR*, II, p. 227-228.
37. *ID., ibid.*, II, p. 234.
38. *ID., ibid.*, II, p. 233-234.

comices acceptèrent le 26 février 52 par haine de César, et Milon fut condamné à la peine capitale, à laquelle il échappa en s'exilant à Marseille. Désormais, Pompée va essayer de priver César de ses provinces et de ses troupes avant que n'expirent ses propres pouvoirs, puisque la pacification des Gaules est terminée. Se pose alors le problème compliqué des pouvoirs de César.

L'affaire des pouvoirs de César

Chronologie

Le plébiscite Vatinien, au départ, a donné à César des pouvoirs pour cinq ans du 1er janvier ou du 1er mars 55. Puis les accords de Lucques fixent à la même date la fin des pouvoirs des triumvirs : la *lex Pompeia Licinia* indique le 28 février 50. En fait, ils expiraient deux ans plus tard par la combinaison des lois de C. Gracchus et de Sylla. César ne pouvait être effectivement remplacé que le 1er janvier 48 par un homme dont la magistrature aurait précédé la désignation et suivi le 1er mars 50 ; César, en raison de l'espace de dix années qui devait séparer deux consulats, aurait pu en obtenir un second, puisqu'il avait été consul en 59. Or Pompée et Crassus, *cos* II en 55, ne pouvaient en briguer un troisième (*cos* III) qu'en 45 et ils connaîtraient, pendant trois années, une situation inférieure par rapport à César. Mais ils avaient une arme : la candidature au consulat implique la présence du candidat à Rome : César devrait donc abdiquer son *imperium* avant le leur et, pendant cette interruption, il serait à leur merci.

Une nouvelle péripétie vint bouleverser ce schéma « constitutionnel » : la suspension au profit de Pompée des dix années d'intervalle, puisqu'il est à l'unanimité élu consul pour la troisième fois en 52. César est d'accord avec cette entorse au fonctionnement régulier de la République – dont au demeurant il n'est pas responsable mais dont il peut à l'avenir tirer profit –, d'autant que Pompée s'engage à soutenir la loi dite des dix tribuns (52) par laquelle est abolie pour le proconsul des Gaules l'obligation de la présence à Rome des candidats au consulat. César pouvait manifester sa satisfaction, mais que voulait dire la disposition selon laquelle le privilège d'absence serait limité à la première année où celui-ci serait normalement habilité à faire de nouveau acte de candidature : serait-ce en 49 pour 48, ou 50 pour 49 ? Par ailleurs, une *lex Pompeia*, prévoyant que les promagistrats ne pourraient plus être désignés pour leurs gouvernements extérieurs que cinq ans après leur sortie de magistrature, permettait désormais en 52 de remplacer César dès sa sortie de charge ; mais, après Alésia, Pompée s'empressa de déclarer que la loi interdisant l'absence d'un candidat serait applicable à toutes les candidatures, celle de César étant la seule exceptée.

Les avanies en 51

César demanda que ses pouvoirs fussent explicitement prorogés jusqu'au dernier jour de décembre 49. Les nouveaux consuls ne transmirent pas aux *Patres* sa requête et l'un d'eux commença de parler d'un remplacement de César au 1er mars 50, ce qui provoqua une très forte émotion. Désormais, les avanies ne furent plus ménagées à César, Pompée déclara clairement qu'il ne pourrait jamais admettre que César cumulât le consulat avec le commandement de son armée. Il y aurait donc nécessairement un hiatus. En avril 50, le consul Marcellus suggéra que le gouvernement de César cessât dès que, le 15 novembre, lui aurait été nommé un successeur. On l'invitait à se présenter aux élections de 50 pour 49. César repoussa dédaigneusement l'invite, en avançant l'obligation de dix ans d'intervalle entre les deux consulats ; le tribun Curion opposa son *veto* et sauva César de cette première échéance. César renvoya, comme le Sénat les réclamait pour le front syrien, et la légion qu'il avait reçue de Pompée et la XVe qui stationnait à Ravenne. Or, une fois en Italie, elles furent dirigées vers Capoue, comme réserve éventuelle pour une guerre civile. César remplaça les vides de ses effectifs, dota les partants de deux ans de solde, gagnant l'estime de ses concitoyens par son obéissance aux prières du Sénat et la loyauté des troupes. Le Sénat maintenait son hostilité à César, le 1er décembre il décida de déposer César puis, à l'instigation de Curion, d'ôter leurs commandements en même temps à Pompée et à César. Le Sénat n'était pas à une incohérence près.

Le passage du Rubicon (12 janvier 49 = 17 décembre 50).

Le 2 décembre, le consul C. Marcellus fait annuler le vote; il annonce que César descend des Alpes avec dix légions et propose à Pompée de prendre la tête de toutes les forces armées contre lui. Pompée éluda sa réponse, mais quand Hirtius, le 7 décembre, quitta Rome sans avoir cherché à rencontrer Pompée, celui-ci partit pour la Campanie où stationnaient ses légions et Curion choisit la nuit du 9 au 10 décembre, où expiraient ses pouvoirs de tribun, pour s'échapper de la Ville et rejoindre César. Ce dernier prend ses quartiers d'hiver à Ravenne. Informé par Curion des événements de Rome, il rappelle les deux légions campées à *Matisco* (Mâcon) et les vingt-deux cohortes fraîchement recrutées en Narbonnaise. Il négocie par l'intermédiaire du tribun Marc Antoine [39], son ancien questeur, et par celui de Q. Cassius Longinus [40], tribun et frère de l'ancien questeur de Crassus à *Carrhae.* Il réclamait pour lui de garder la Cisalpine et deux légions jusqu'à son accession au consulat le 1er janvier 49 et reconnaissait la prorogation de Pompée dans son gouvernement d'Hispanie.

Le 1er janvier 49, à la séance inaugurale du Sénat, Curion [41] apporte un message de César dont Antoine et Q. Cassius obligèrent les consuls à donner lecture. César y faisait l'éloge de l'œuvre qu'il avait accomplie. Il fallait qu'ensemble lui et Pompée gardassent leurs armées ou qu'ensemble ils se démissent. Les sénateurs refusèrent de le suivre. Pendant deux jours, joua l'intercession tribu-

---

39. BROUGHTON, *MRR*, II, p. 258.
40. ID., *ibid.*, II, p. 259.
41. ID., *ibid.*, II, p. 249.

nicienne contre le remplacement de César par Domitius Ahenobarbus, son ennemi, et contre l'obligation de venir en personne présenter sa candidature au consulat. Les consuls passèrent outre et mirent aux voies l'adoption du *senatus consultum ultimum*. Antoine parut céder à la violence et partit avec Curion et Q. Cassius rejoindre le camp de César.

César, de tout temps, s'était opposé au *senatus consultum ultimum* et le *veto* des tribuns qui lui ôtait toute validité n'avait pas été pris au sérieux. Par ailleurs, la République semblait devoir, pour échapper à l'anarchie, se confier à la puissance d'un homme – que ce fût César ou Pompée –, c'est-à-dire s'en remettre à un tyran, comme le prophétisait Cicéron [42]. Pompée arriva à Rome le 4 janvier 49. Seule la guerre civile permettrait à César de réaliser son idéal révolutionnaire. D'ailleurs, les esprits étaient préparés pour une monarchie. Cicéron, dans le *De Republica* publiée en six livres au printemps de 51, ne voit-il pas le salut de l'État seulement dans une autorité monarchique, confiée à Pompée et destinée à protéger l'oligarchie sénatoriale ? Cependant, les esprits étaient plus disposés à une monarchie franche pour guérir le monde romain des maux qui l'accablaient. César surtout disposait de la force, d'une armée aguerrie par huit campagnes, fanatisée par le chef qui en 51 avait proclamé la Gaule chevelue province romaine, où il multipliait les gestes de clémence en distribuant généreusement le titre d'allié et d'ami du peuple romain, à laquelle il imposait un tribut peu élevé de quarante millions de sesterces et la livraison de petits contingents militaires ; le pays gaulois recélait encore de grandes réserves pour assurer la victoire finale.

Alors le débat constitutionnel tourna au rapport de forces. Le 12 janvier, César franchit le Rubicon, qui marquait la limite entre sa province et l'Italie, avec la XIIIe légion et occupa *Ariminum*. Pour franchir cette frontière symbolique, il sut par une habile mise en scène entraîner

42. Cic., *Ad Attic.*, VII, 3, 4 et 5, 4.

ses hommes derrière un homme d'une taille et d'une beauté extraordinaires, symbole même du *dux* et de l'*imperator*; le langage des dieux rejoignait la volonté des hommes : les dés en sont jetés – *alea jacta est* – formule qui trahit la mystique de la force autant que le charisme du chef.

CHAPITRE III

LE VAINQUEUR DE LA GUERRE CIVILE

Du début de 49 au printemps 46, à peine plus de trois ans suffisent à César pour anéantir les armées de Pompée et du Sénat et pour commencer à édifier une monarchie, ce régime où il régnera enfin seul. Quelle activité prodigieuse, où les actions militaires le disputent à l'activité législative ! Quel coup d'œil de stratège autant que d'intelligence dans l'analyse politique ! Comment ne pas évoquer Napoléon Bonaparte dans les deux premières années de son consulat ? Comment ne pas reconnaître la rapidité des décisions, l'entrain guerrier de celui qui continue seul à bâtir un monde à sa mesure ?

CÉSAR CONQUIERT L'ITALIE ET REJETTE POMPÉE A LA MER (1er JANVIER 49-17 MARS 49)

Le proconsul des Gaules sait parler aux troupes de la XIIIe légion et se faire acclamer par elles. Dès la prise d'*Ariminum* (Rimini) (fig. 5), après avoir franchi le Rubicon, entouré des tribuns, il se présente comme une victime persécutée ; il enflamme leur haine contre Pompée dont il a fait son héritier et il leur donne lecture de son testament ; il les alarme sur leur sort futur, inséparable du sien propre et il excite leurs convoitises. Assuré de leur fidélité, il ne garde que deux cohortes et en expédie trois autres le long de la côte pour occuper *Pisaurum* (Pesaro), *Fanum* (Fano)

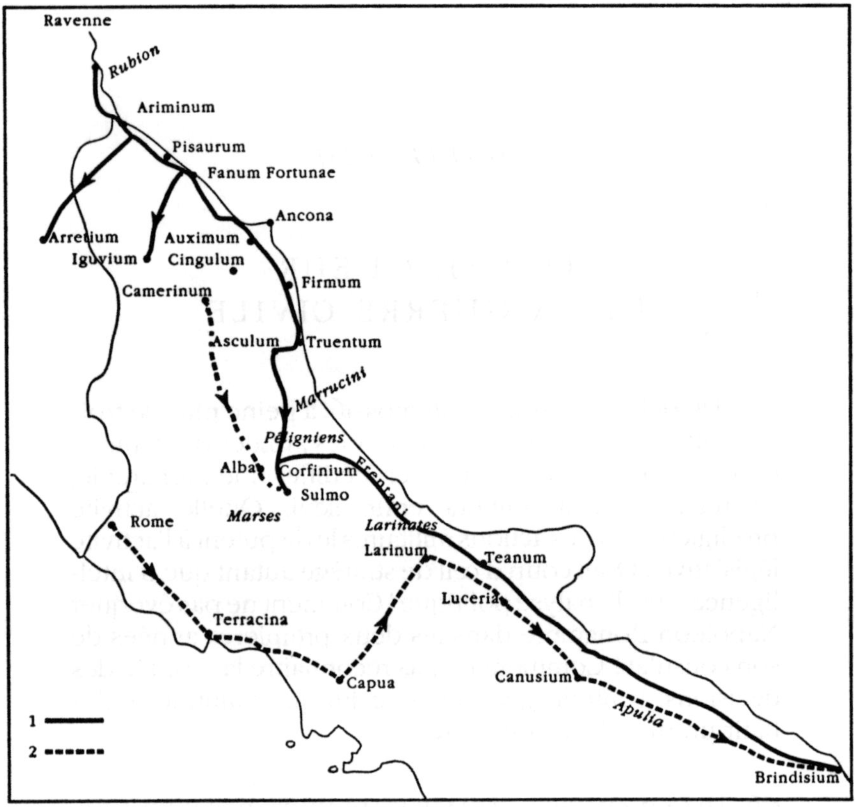

Fig. 5. – *La conquête de l'Italie par César (1er janvier-17 mars 49).*
1. Marche de César et des Césariens. 2. Marche de Pompée.

et Ancône, remet les cinq restantes à Marc Antoine pour occuper *Arretium* (Arezzo) qui commandait la *via Cassia* et la *via Aurelia* : il maintient ainsi ouvertes les liaisons avec ses provinces et le gros de ses armées.

Cette manœuvre militaire s'accompagne de tentatives de négociation qui ne sont sincères ni du côté du Sénat ni du côté de César. Ce dernier se présente comme voulant rétablir les tribuns dans leur pouvoir d'intercession et il veut rendre au peuple la liberté [1]. Devant le danger d'une telle propagande, le Sénat veut négocier et lui envoie une ambassade. Il la reçoit et se déclare prêt à obtempérer à la volonté du Sénat, sous certaines conditions, toujours les mêmes : suspension par Pompée de la mobilisation de ses troupes, départ de celui-ci pour prendre effectivement son commandement hispanique, autorisation pour lui de briguer le consulat aux prochaines comices. Il se déclare également prêt à rencontrer Pompée, ce qui est hautement improbable. Les événements alors se précipitèrent : apeurés par l'occupation césarienne des villes de l'Adriatique et d'*Arretium*, les *Patres* acceptèrent d'évacuer Rome le 17 janvier 49 (22 décembre 48) pour la Campanie où ils s'installèrent à Capoue, au milieu de deux légions césariennes récupérées. Le lendemain, 18 janvier, prit place l'exode désordonné et médiocre des nobles et de leurs familles. La panique et le désarroi à Rome sont tels que le consul Lentulus [2], pressé de s'enfuir, n'évacuera pas la totalité du trésor de l'*aerarium Saturni.* César décampe aussi et ce n'est que le 23 janvier 49 que l'ambassade qui lui est dépêchée peut faire au Sénat siégeant à Terracine son compte rendu. La situation militaire s'est aggravée pour les Pompéiens et le Sénat : Curion a pris *Iguvium* (Gubbio). Pompée n'est plus à même de maintenir ses exigences et pourtant il répond aux propositions de César en exigeant le retrait de ses troupes et leur licenciement, sans fixer pour lui-même la date de départ pour la péninsule Ibérique. Les

---

1. CAES., *Bellum civile* (= *BC*), I, XXII : *libertatem vindicaret.*
2. BROUGHTON, *MRR*, II, p. 256.

Patres, forts de la venue dans leurs rangs de Labienus [3] qui lâchait le camp césarien, se refusaient à tout compromis. César le comprit aussi et, marchant sur le Picenum, fief pompéien, s'empara d'*Auximum* (Osimo). L'heure n'était plus aux atermoiements mais à la guerre.

En face de cette détermination, Pompée [4] avait-il un plan ? Cicéron pensa vite que l'évacuation de Rome avait été une absurdité ; certes, les forces dont disposait Pompée n'étaient ni homogènes ni sûres. Il avait préféré la retraite pour transférer en Orient le théâtre de la guerre, attirer César loin de ses bases pour l'épuiser dans une poursuite sans issue : pouvait-il raisonnablement compter sur une « campagne de Russie » ? Dans son esprit, les légions d'Hispanie, pendant ce temps, réoccuperaient le terrain gaulois et l'Italie. On ne peut refuser à ce plan une certaine grandeur, mais il exigeait une unité de vues, un esprit de suite, un sang-froid que ne possédait pas la coalition disparate qui s'était constituée autour de lui. Mais Pompée cacha l'ampleur du plan qui ne faisait que démoraliser davantage les troupes. Le 25 janvier 49, il s'établit à *Larinum* (Larino) sans dire que c'était une étape vers Brindes ; au contraire, il laissa entendre qu'il voulait se rapprocher du Picenum ; or les troupes césariennes occupèrent le 5 février *Firmum* (Fermo), le 6 *Truentum* (La Cività), le 10 *Asculum* (Ascoli) : le Picenum était perdu pour Pompée.

La situation militaire empira pour les Pompéiens, au moment où leur chef se replia de *Larinum* sur *Luceria* (Lucera) le 6 février, en raison de la désobéissance de Domitius Ahenobarbus [5] qui refusa de retraiter avec toutes les troupes qu'il avait réunies autour de lui. Il s'était enfermé avec quatre mille recrues dans *Corfinium* (Pentima), vieille métropole des Péligniens, capitale de l'insurrection pendant la guerre sociale, et y retint d'autres troupes. Aux remontrances de Pompée, il fait la sourde oreille et avertit le quartier général qu'il surveille César ; or il affaiblit sa

3. BROUGHTON, *MRR*, II, p. 268.
4. *ID.*, *ibid.*, II, p. 263.
5. *ID.*, *ibid.*, II, p. 261.

capacité de résistance en divisant ses troupes entre *Alba Fucens* (à huit kilomètres d'Avezzano), *Sulmo* (Sulmona) et *Corfinium*, et il ne réussit pas à détruire un pont essentiel sur l'*Aternus* (Aterno). Dès le 15 février, César est là avec toutes ses forces : les XIIe et XIIIe légions, la VIIIe qui arrive de Norique, trois cents cavaliers du roi de Norique; se joignent vingt-deux cohortes nouvellement recrutées en Cisalpine. Son effectif est donc passé d'une à six légions, ce qui lui permet d'investir *Corfinium* le 18 février et de l'entourer sur huit kilomètres d'un mur pour l'assiéger, ce qui rappelle en partie la manœuvre d'Alésia. Domitius appelle en vain Pompée à son secours ; ses troupes capitulent, César lui laisse la vie sauve et lui restitue son trésor. Cette générosité inhabituelle fit une grosse impression et les municipes formèrent désormais des vœux pour la victoire de César ; les troupes de *Corfinium*, s'étant ralliées, furent destinées à conquérir la Sicile.

Il n'y avait plus pour Pompée qu'une seule possibilité, celle d'évacuer l'Italie. César n'avait qu'à attendre l'embarquement des Pompéiens : par ses marches italiennes, il ne leur avait laissé aucune autre alternative et les boutait hors du territoire de la mère patrie.

César persiste à laisser croire qu'il est prêt encore une fois à négocier et à rencontrer Pompée qui, de nouveau, se dérobe puisque les consuls partis pour *Dyrrachium* (Durrës) sont les seuls habilités à prendre une décision ; en même temps, il tente d'enfermer les Pompéiens – cinquante cohortes, trente mille hommes – dont une avant-garde comprenant les consuls et les sénateurs était partie pour *Dyrrachium*, dans un système de digues et de canaux. Pompée installe des tours à trois étages sur des vaisseaux embossés près du rivage, d'où il harcèle les troupes césariennes et les travailleurs obligés de se disperser. Il maintient donc libre la passe de Brindes et, au soir du 17 mars (17 février 49), il quitte le port avec ses vingt cohortes, débarrassant César d'un second front terrestre, mais apportant la preuve de sa maîtrise de la mer, ce qui risque de remettre en cause à plus ou moins longue échéance la domination césarienne.

LA CAMPAGNE HISPANIQUE ET LA PRISE DE MARSEILLE (7 AVRIL - 13 DÉCEMBRE 49)

En définitive, quel serait le meilleur plan stratégique ? Les risques étaient gros et partagés. Pompée pouvait espérer, à l'image de Sylla, s'appuyer sur la Grèce et l'Orient pour reconquérir l'Italie. Mais le retour en force des Pompéiens paraissait exclu à brève échéance et c'est le temps qui, dans l'immédiat, travaillait pour César. Toujours prompt à saisir l'occasion qui s'offrait à lui, il décida [6] d'asseoir son autorité sur Rome et sur un Sénat impuissant et neutralisé, fort de la dérobade des sénateurs à faire partir une députation qui proposerait à Pompée la concorde et la paix. Il pousse à la mobilisation, distribue à la plèbe argent et blé, envoie des troupes en Sardaigne, Sicile et Afrique pour assurer le ravitaillement de la capitale et de l'Italie ; une *lex Roscia* naturalise les Transpadans qui devront désormais le service légionnaire ; il met la main sur le trésor de l'*aerarium* enfermé dans les caves du temple de Saturne, soit quinze mille lingots d'or, trente mille lingots d'argent et trente millions de sesterces : il s'est donné, au mépris des lois, les moyens de sa politique pour ouvrir un second front en Hispanie. Quittant Rome le 7 avril (9 mars 49), il donne aussitôt l'ordre à C. Fabius [7] de passer les Pyrénées avec les trois légions qu'il commande en Narbonnaise, tandis que Trebonius [8] doit amener dans la *Provincia* les trois légions qui ont hiverné dans les vallées de la Saône et du Rhône, et que se dirigent vers la frontière gauloise les VIIIe, XIIe et XIIIe légions qui ont accompagné son irrésistible poursuite du Rubicon à Brindes.

LE SIÈGE DE MARSEILLE

Première anicroche à son plan de marche : Marseille lui ferme ses portes et refuse le passage ; la fidèle alliée de

6. BROUGHTON, *MRR*, II, p. 256-257.
7. *ID.*, *ibid.*, II, p. 267.
8. *ID.*, *ibid.*, II, p. 269-270.

Rome s'interdit de prendre part à une querelle où elle a tout à perdre, alors qu'elle est liée aux deux *imperatores*, tous deux ses « patrons ». Mais, pour légitimer cette rupture, les Marseillais n'avancent que des prétextes ; au fond, c'est le conquérant des Gaules qui ne recueille pas leurs suffrages car il les a éliminés des marchés celtiques, leur a interdit le Rhin et la Bretagne. César ne pouvait pas laisser passer cet affront car la sécurité de ses communications par la voie Aurélienne était en cause : il décida donc de construire une flotte de douze vaisseaux à Arles, d'assiéger Marseille et d'investir les murailles de la ville. Il espérait une reddition rapide avant de continuer son offensive sur les Espagnes : c'était oublier l'importance des réserves accumulées dans la ville, la puissance des murailles marseillaises construites selon les principes de la poliorcétique grecque comme l'ont révélé les fouilles récentes [9], la vaillance des mercenaires albiques descendus des hauteurs de la ville pour renforcer son potentiel défensif, accru par la présence des vaisseaux amenés par Domitius Ahenobarbus et surtout les avantages naturels du site : un triangle bordé par la pleine mer à l'ouest, au nord par des collines, au sud par le Lacydon, le Vieux Port d'aujourd'hui. Mais il pensait aussi que, n'ayant guère eu l'occasion depuis longtemps de manœuvres militaires, ils ne représentaient pas un obstacle sérieux dont viendrait à bout un blocus, mené par la nouvelle escadre d'Arles, et qu'avec six légions il lui serait aisé d'entourer la place d'une circonvallation continue et de la faire tomber comme était déjà tombée *Avaricum* (Bourges). Ces opérations ont occupé César un mois : les Marseillais déjouèrent l'attaque romaine, incendiant les boisages de la terrasse poussée contre le rempart et crevant la carapace de la tortue qui essayait d'enlever une porte de la ville basse. Cet échec,

---

9. H. TRÉZINY et P. TROUSSET, Les fortifications de Marseille grecque, dans *Marseille grecque et la Gaule*, Aix-en-Provence, 1992, Le rempart hellénistique, p. 98-105. M. Euzennat, que je remercie de sa généreuse communication, en descendrait la date jusqu'à la fin du IIe siècle et même le début du Ier siècle, et se sépare donc de Chr. GOUDINEAU, Le siège de Marseille, dans *Armée romaine et la Gaule,* p. 88-89.

accru par la présence des bâtiments de L. Domitius Ahenobarbus dans le Lacydon, obligeait César à se battre sur deux fronts, ce qu'il avait tenté d'éviter : un front marseillais, un front hispanique. La décision fut immédiate : il laisse Trebonius devant Marseille pour parfaire l'investissement terrestre, charge Decimus Brutus [10] du blocus en mer ; il passe les Pyrénées au col du Perthus avec ses VIIIe, XIIe et XIIIe légions et rejoint les troupes de C. Fabius, mises en difficulté près d'*Ilerda* par les troupes pompéiennes (début juin = mai 49).

Victoire dans les Espagnes

La chance de César vint de l'erreur des Pompéiens qui avaient divisé leurs forces (sept légions). L. Afranius [11], légat de Citérieure, n'avait rassemblé au sud de l'Èbre que cinq des sept légions disponibles : trois sous son commandement direct, deux avec le légat de l'Ultérieure, M. Petreius [12], qui les employait à maintenir l'ordre et la paix dans les régions montagneuses. Les deux dernières restaient à la disposition de M. Terentius Varro [13], légat d'Ultérieure, pour assurer la paix dans la province. Une seconde erreur des Pompéiens vint de leur attitude temporisatrice devant C. Fabius qu'ils auraient dû attaquer dès le passage du Perthus. Ils choisirent la montagne d'*Ilerda* (Lérida) qui dominait par un à-pic de 116 mètres la vallée du *Sicoris* (Segre) et qui contrôlait le seul pont de pierre sur le fleuve. Les Pompéiens s'étaient retranchés dans la ville et sur la colline proche de Gardeny et y avaient accumulé leurs approvisionnements : ils pouvaient, pensaient-ils, attendre avec confiance l'attaque ennemie (fig. 6).

---

10. Broughton, *MRR*, II, p. 267.
11. *Id.*, *ibid.*, II, p. 266.
12. *Id.*, *ibid.*, II, p. 268.
13. *Id.*, *ibid.*, II, p. 269.

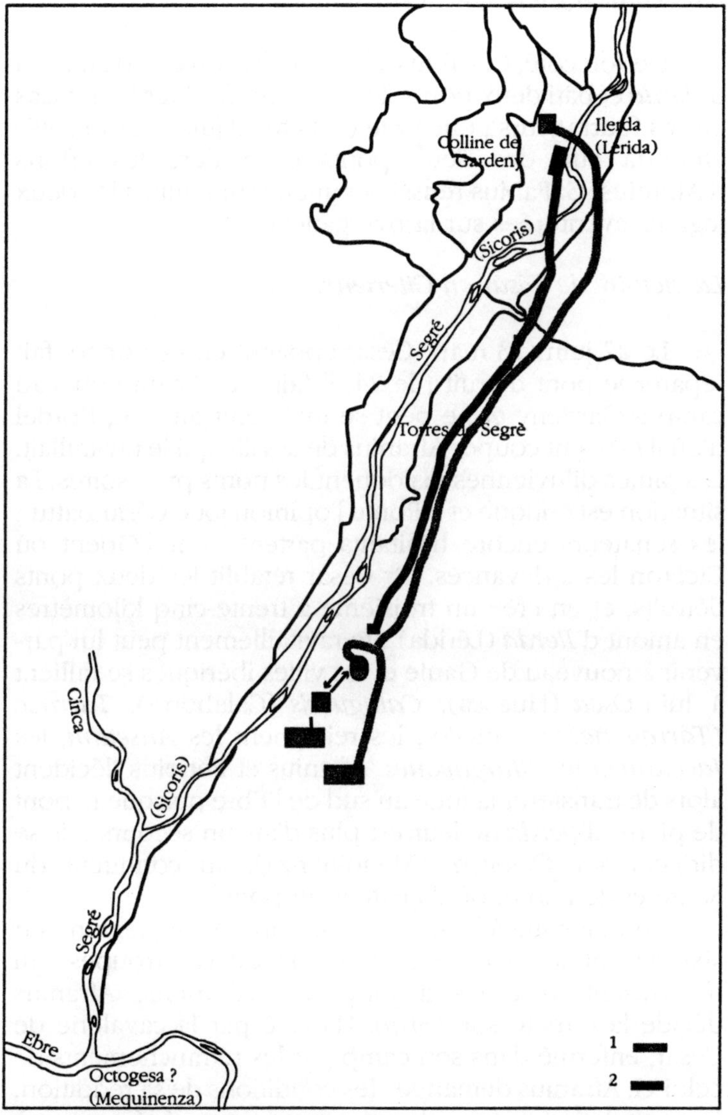

Fig. 6. – *La campagne hispanique autour d'* Ilerda.
1. Marche de César. 2. Marche d'Afranius.

Les débuts difficiles de l'expédition

De son côté, C. Fabius avait installé son camp au nord d'*Ilerda* et bâti deux ponts de bois pour faciliter les razzias de ses fourrageurs ; une crue (vers le 20 juin = 21 mai 49) emporta l'un des deux ponts et, malgré les efforts d'Afranius, C. Fabius réussit à ramener indemnes les deux légions aventurées sur la rive gauche.

La victoire de César en Citérieure

Le 22 juin (23 mai), César apparaît en personne, fait réparer le pont détruit ; le 24, il fait rétablir un nouveau camp à Gardeny et ne peut se maintenir au Puig Bordel d'où il espérait couper Afranius de la ville qui le ravitaillait. Les pluies diluviennes disloquent les ponts provisoires. La situation est critique et à Rome l'opinion joue César battu ; les sénateurs encore hésitants partent pour l'Orient où Cicéron les a devancés. Or César rétablit les deux ponts détruits, et en crée un troisième à trente-cinq kilomètres en amont d'*Ilerda* (Lérida) : le ravitaillement peut lui parvenir à nouveau de Gaule et les villes ibériques se rallient à lui : *Osca* (Huesca), *Calagurris* (Calahorra), *Tarraco (Tarragone)* la capitale ; les rejoignent les *Ausetani*, les *Iacetani* et les *Illurgavones.* Afranius et Petreius décident alors de transférer la lutte au sud de l'Èbre puisque le pont de pierre d'*Ilerda* ne leur est plus d'aucun secours : ils se dirigent sur *Octogesa* (Mequinenza), au confluent du Segre et de l'Èbre, où ils jettent un pont.

César les suit à la trace et leur oppose cinq légions sur six; devant les actes d'indiscipline de ses troupes qui fraternisent avec les avant-postes césariens, Afranius décide la retraite sur *Ilerda.* Harcelé par la cavalerie de César, enfermé dans son camp par les retranchements de celui-ci, Afranius demande les conditions de sa reddition. La capitulation se fait selon des conditions généreuses où éclate une fois de plus la *clementia Caesaris* : les chefs quitteraient la péninsule, ils licencieraient leurs troupes.

Les légats de Pompée se soumirent le 2 août (2 juillet) 49 ; le lendemain, les contingents hispaniques retournaient chez eux. Ainsi, en quarante jours, l'un des bastions de la République sénatoriale était tombé et la gloire de César n'en était que plus grande.

La soumission de l'Ultérieure

L'Ultérieure suivit le sort de la Citérieure. Varron, sur la foi de communiqués enflammés d'Afranius, avait cru en sa victoire et ne lui avait ménagé ni renforts navals et humains ni ravitaillement et argent. Pour couper court à toute velléité de résistance, César part avec seulement une escorte de six cents cavaliers : se rallient *Carmo*(Carmona), *Corduba* (Cordoue), *Gadès*. Varron vient faire sa soumission à *Corduba*, la capitale, et César fonce sur *Gadès*, restitue au sanctuaire d'Hercule le trésor confisqué par Varron, fait de l'ancienne ville phénicienne un municipe romain et donne à Q. Cassius [14] le gouvernement de la province. Il s'embarque pour *Tarraco* sur la flotte équipée par Varron, passe le Perthus où il installe un modeste autel de pierre à côté des anciens trophées de Pompée et retourne à Marseille (début octobre-début septembre 49).

La reddition de Marseille

En l'absence de César, seul le blocus est à l'ordre du jour. Decimus Brutus a équipé à Arles douze navires de haut bord, les abrite derrière les Stoechades et surveille les mouvements de la flotte marseillaise. Ainsi, à la bataille des îles du Frioul (Pomègues et Ratonneau), il leur coula neuf bâtiments légers et leur en prit six. Ce succès naval fut déterminant pour détacher au moment de la campagne d'*Ilerda* les cités hispaniques du nord (fin juin = fin mai 49).

Quand Pompée envoya aux Marseillais seize navires qui devaient rejoindre la nouvelle escadre marseillaise,

---

14. Broughton, *MRR*, II, p. 259 et 261.

Decimus Brutus réitéra sa manœuvre du Frioul au large des Stoechades [15]. Après son succès à *Tauroentum* (Six-Fours, entre Sanary et Toulon), la liberté des mers n'appartenait qu'aux Césariens.

Le blocus terrestre fut aussi efficace. Trebonius réédifia la terrasse incendiée en utilisant la forêt sacrée de la Sainte-Baume et les Marseillais la brûlèrent à nouveau. Se tournant vers le port, Trebonius ne connut pas davantage le succès : ses sapeurs furent noyés en creusant une galerie ; une tortue bélière (*musculus*) fut immobilisée. Alors Trebonius se contenta de maintenir un boulevard intérieur protégé par deux murs de brique et divisé par des piliers intérieurs d'où pourraient s'élancer les assiégeants qui auraient pratiqué des brèches dans la muraille adverse.

Donc un blocus naval et un blocus terrestre efficaces asphyxient peu à peu les Marseillais à qui la capitulation des Pompéiens en Hispanie ôte tout espoir de victoire. Ils décident de se rendre entre les mains de César qui, une fois de plus, montre sa clémence le 13 décembre (8 novembre) 49 ; il leur laisse l'indépendance mais Marseille est totalement privée des moyens de sa puissance : trésor, armes, machines, vaisseaux et, expression de son ancienne indépendance autant que de son prestige économique, la frappe monétaire lui est retirée. Deux légions l'occupent et, plus tard, César installe ses vétérans sur ses anciennes possessions. C'en était fini de l'hellénisme en Gaule : César assurait à jamais le triomphe de la latinité en terre gauloise.

César dictateur

A Rome, les partisans de César avaient la maîtrise de la situation ; le préteur Lépide [16] l'a créé dictateur dans les formes légales au moment où il doit faire face à la rébellion, à Plaisance, de quatre légions qui ont vaillamment combattu en Hispanie et qui ont reçu l'ordre de se

---

15. Les îles du Frioul et les Stoechades sont à tort parfois confondues.

16. Broughton, *MRR*, II, p. 257.

rendre à Brindes, escale pour une expédition d'Orient : la mutinerie s'accompagne de pillages. César, avec la rapidité de décision qui le caractérise, les réunit à Plaisance et retourne les esprits et les cœurs par un discours habile et sans concession. Il décide de décimer la IXe légion et ensuite de la licencier ; devant le repentir des mutins, il ne frappe que cent vingt coupables et ajourne le licenciement jusqu'à la concentration à Brindes : la IXe légion accompagnera les autres. César a redonné une âme à son armée en imposant les décisions implacables et en ouvrant la porte à l'espérance.

A Rome, pendant ce second séjour de onze jours [17], il amorce ses réformes et son œuvre révolutionnaire. Pour préparer sa future campagne contre les Pompéiens, il fait main basse sur toutes les offrandes monnayables des sanctuaires et, en les refondant, il frappe la belle série d'*aurei*, deniers et quinaires de 49, qui unit le type de *Pietas* au revers portant *Caesar* et au droit *IMP II.* Il attribue les provinces à ses fidèles parmi lesquels Lépide en Citérieure et Q. Cassius en Ultérieure. Les comices l'élisent consul [18] en compagnie de P. Servilius Isauricus. Il abandonne la dictature et, à partir du 1er janvier 48, il incarne la majesté du peuple romain et la légalité : il peut se mettre en route contre Pompée et les sénateurs, ses complices, désormais en rébellion.

LES ÉTAPES DE LA VICTOIRE COMPLÈTE SUR LES POMPÉIENS

Il fallait faire vite, car les forces de Pompée s'accroissaient sans cesse et leur combativité devenait de plus en plus efficace. On pouvait compter sur la promptitude de décision de César.

---

17. CAES., *BC*, III, I, 1.
18. BROUGHTON, *MRR*, II, p. 272.

Dyrrachium et Pharsale

Le débarquement des Césariens

Pompée avait concentré ses troupes à *Beroea* (Verria) en Macédoine ; elles étaient composées de cinq légions retirées d'Italie, de la légion « Gemella » résultant de la fusion de deux légions de Cilicie, d'une légion de vétérans de Crète et de Macédoine, de deux légions d'Asie. S'y ajoutaient les hommes d'Afranius, les volontaires, quinze cohortes enlevées par sa flotte dans le golfe de Fiume. Si l'on compte en plus une nuée d'auxiliaires, on dénombre 50 000 combattants qui allaient être renforcés à la belle saison de 48 par les deux légions que son beau-père, Metellus Scipion, lui amènerait de Syrie. Le ravitaillement de cette « Grande Armée » lui arrivait par une armada de cinq à six cents navires, commandée par M. Calpurnius Bibulus [19], l'implacable adversaire de César. Il avait enfin fait le choix de *Dyrrachium* (Durazzo, Durrës) comme place d'armes, au nord d'une vaste baie et à l'extrémité d'une presqu'île montagneuse, où il fit mouvement vers la mi-décembre pour prendre ses quartiers : c'était judicieux mais tardif.

Car César était décidé depuis longtemps à passer la mer, alors que les Pompéiens n'imaginaient pas qu'il se hasarderait à un débarquement. C'est cette incapacité d'anticipation qui paralysait les Pompéiens, alors que César était habité par une exceptionnelle intuition de la décision à prendre. Ainsi, Pompée ne se pressait pas, Bibulus répartissait ses bâtiments entre les ports méditerranéens, ne gardant que cent trente-huit galères, essentiellement concentrées à Corfou. Alors César fait passer, le 4 janvier 48 (28 novembre 49), sept légions qu'il débarque près d'*Oricum* (Eriko) qui se rend (fig. 8). Les autres villes de l'Épire du Nord accueillent le consul légitime du peuple romain. La réaction de Bibulus est immédiate : il détruit la flotte césarienne qui retourne à Brindes, mais Pompée

19. Broughton, *MRR*, II, p. 261 et 275.

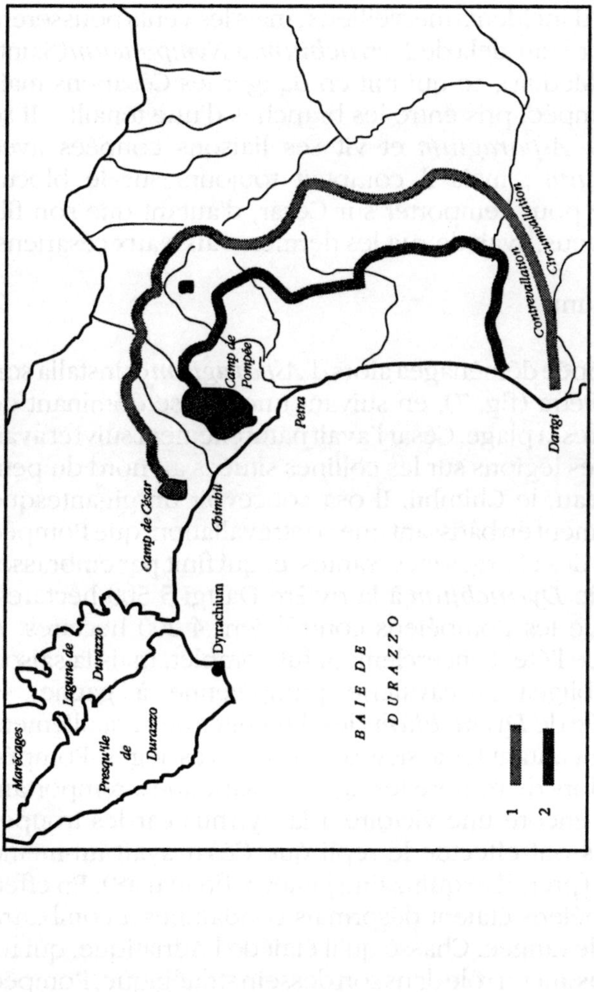

Fig. 7. – *Les opérations autour de* Dyrrachium.
1. Ouvrages de César. 2. Ouvrages de Pompée.

temporise, espérant affaiblir son ennemi par le blocus. D'autre part, César a besoin des troupes concentrées à Brindes sous le commandement de Marc Antoine ; malgré son impatience, il dut attendre deux mois jusqu'à la mi-avril (mi-mars 48) pour que les vents favorables du sud transportassent les troupes de Marc Antoine. La traversée fut émaillée d'incidents merveilleux, mais les vents poussèrent ce dernier [20] au-delà de *Dyrrachium*, à *Nymphaeum* (Saint-Jean de Medua), ce qui mit en danger les Césariens mais aussi Pompée, pris entre les branches d'une tenaille. Il se réfugia à *Asparagium* et vit ses liaisons coupées avec *Dyrrachium* ; mais il comptait toujours sur le blocus maritime pour l'emporter sur César, d'autant que son fils aîné, Cnaeus, avait détruit les derniers vaisseaux césariens.

Dyrrachium

Pompée déménagea alors d'*Asparagium* et installa son camp à Petra (fig. 7), en suivant une falaise dominant de cent mètres la plage. César l'avait naturellement suivi et avait installé ses légions sur les collines situées au nord du petit cours d'eau, le Chimhil. Il osa concevoir un gigantesque enfermement en bâtissant une contrevallation, que Pompée gêna par des charges incessantes, et qui finit par embrasser du sud de *Dyrrachium* à la rivière Dartgi 5 500 hectares, tandis que les Pompéiens contrôlaient 4 200 hectares. A l'entrée de l'été, l'encerclement fut complet, mais la saison sèche obligea la cavalerie pompéienne à gagner la presqu' île de *Dyrrachium* ; les difficultés de ravitaillement frappaient autant les assiégeants que les assiégés. Pompée décide alors de rompre les lignes césariennes, remportant une fois encore une victoire à la Pyrrhus car les troupes ennemies ont effectué le repli que César avait lui-même souhaité (première quinzaine juillet = fin mai 48). En effet, les Pompéiens étaient désormais condamnés à combattre en bataille rangée. Chassé qu'il était de l'Adriatique, qui ne jouait plus aucun rôle dans son dessein stratégique, Pompée

20. Broughton, *MRR,* II, p. 280.

devait partir pour l'Égée. Il prit la *via Egnatia,* préoccupé de joindre ses forces à celles que son beau-père, Scipion [21], lui amenait. Celui-ci s'était heurté à Cn. Domitius Calvinus sur l'Haliacmon et était redescendu vers la Thessalie ; Pompée rassuré sur son sort ralentit sa marche. César en même temps passait par le trajet le plus court (fig. 8) – la vallée de l'Aous (Voiousa) –, rejoignit à *Aeginium* (Kalabaka) les deux légions de Calvinus et déboucha dans la Thessalie du sud ; il enleva *Gomphi*, *Metropolis* et sa clémence lui rallia, sauf Larissa, les cités de Thessalie où il trouva les moissons qui assurèrent le ravitaillement de ses troupes pour plusieurs mois (juillet = juin 48) [22].

Pharsale (9 août = 28 juin 48)

Pompée alors se prépara à la bataille (fig. 9), se porte au nord-est de l'ancienne ville de Pharsale. Il dispose avec Scipion de cent cohortes, César de quatre-vingts ; celui-ci est handicapé par une position inférieure, ce qui ne l'empêche pas d'envoyer sa cavalerie fourrager de plus en plus près du camp pompéien. Pompée finit par accepter le combat. Le 9 août, avec comme mot d'ordre *Hercules Invictus,* il déploie ses troupes sur la rive gauche de l'Eripeus : à droite, les légions d'Hispanie et d'Orient sous le commandement de Lentulus [23] ; au centre, les troupes de Syrie et d'Italie (deux légions), qui obéissent à Scipion ; à gauche, Domitius Ahenobarbus [24] est à la tête de deux légions d'Italie et de deux vieilles légions de Gaule. Lui-même s'est placé derrière ces corps et, à l'extrême gauche, se concentrent les sept mille cavaliers aux ordres de Labienus [25]. Il voue à cette cavalerie le seul rôle offensif pour tourner les positions césariennes et les prendre à revers.

21. BROUGHTON, *MRR*, II, p. 275.
22. CAES., *BC*, III, LXXXI.
23. BROUGHTON, *MRR*, II, p. 276.
24. *ID.*, *ibid.*, II, p. 277.
25. *ID.*, *ibid.*, II, p. 281.

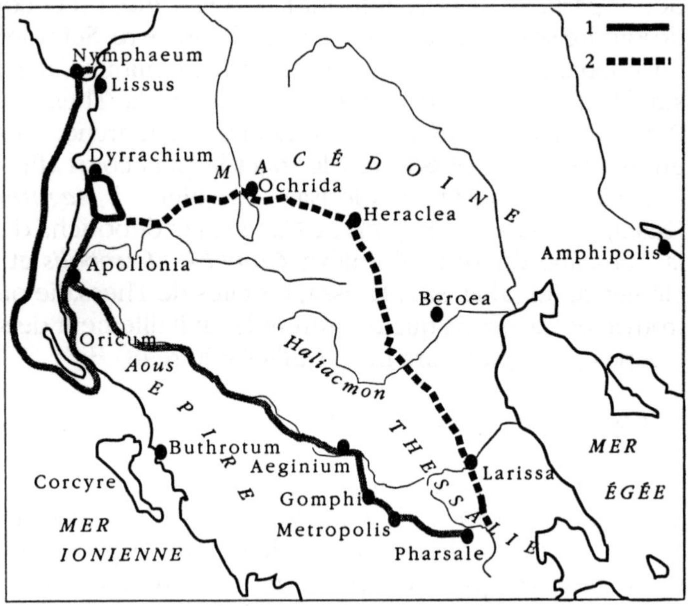

Fig. 8. – *La marche vers Pharsale.*
1. Marche de César. 2. Marche de Pompée.

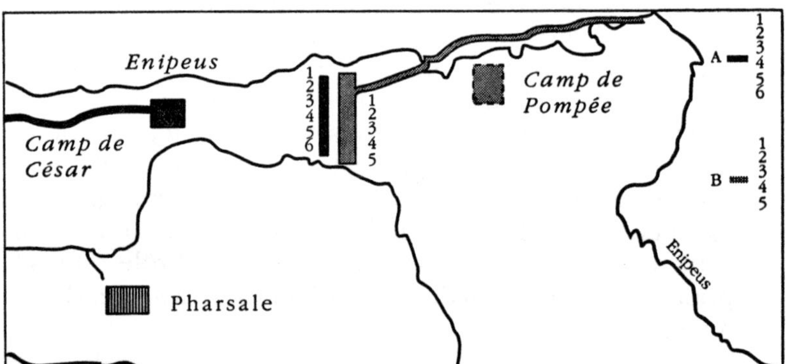

Fig. 9. – *Plan de la bataille de Pharsale.*
A. – Armée de César . 1. Marc Antoine. 2. Domitius Calvinus. 3. P. Sulla. 4. César. 5. Cavalerie de César. 6. Cohortes de manœuvre.
B. – Armée de Pompée : 1. Lentulus. 2. Scipion. 3. Domitius Ahenobarbus. 4. Pompée. 5. Labienus.

César devine ce plan et place les meilleures troupes à l'extrême droite. Avec le mot d'ordre *Venus Victrix*, il lance son infanterie et sait briser l'élan de la cavalerie de Labienus ; alors les fantassins de Pompée cèdent. Celui-ci ne peut pas défendre son camp et s'enfuit vers Larissa avec quelques compagnons. Ayant perdu 15 000 morts – et parmi eux on reconnut le proconsul Domitius Ahenobarbus – et 24 000 prisonniers. Pompée subissait une défaite sans appel ; César ne déplorait que la mort de trente centurions et de deux cents légionnaires, soit des pertes ici insignifiantes. Une fois encore, le génie militaire de César l'avait conduit à la victoire, sans que *Venus Victrix* volée à son adversaire ne soit rien d'autre qu'un bouclier publicitaire. Rappelons-nous plutôt que le centurion Crastinus ouvrit le combat avec le mot d'ordre « Pour la *dignitas* de César et la liberté du Peuple romain [26] ».

La mort de Pompée et les campagnes d'Orient

La mort de Pompée

César accorde un repos à ses vétérans que Marc Antoine conduit en Italie. Lui-même s'élance à la poursuite de Pompée qui passe le 10 août à *Amphipolis*, gagne *Mytilène* où Cornélie son épouse et son second fils Sextus s'embarquent. Il longe la côte d'Asie jusqu'à *Attalia* (Adalia) et songe à se réfugier en Égypte où règne Ptolémée XIV, âgé de treize ans, son allié fidèle ; il atteint la côte d'Égypte le 28 septembre (16 août) 48. Il s'arrête en vue de Péluse, car l'Égypte est déchirée par la guerre civile : Cléopâtre, sœur du roi, a été expulsée par les intrigues de cour menées par l'eunuque Potheinos et espèrent revenir à Alexandrie pour le contrer. Le petit roi et sa cour s'étaient installés sur un promontoire voisin de Péluse, le Kasion. Pompée leur demanda asile et, pour ne pas déplaire à César, la cour décida la mort de Pompée. Achillas, stratège, vint le

26. Appian., *BC*, III, 9, 1, 2.

chercher sur un bateau de pêche où il fut tué par un gradé du corps d'occupation romaine, sous les yeux de Cornélie qui au large assista à cet assassinat perfide et abject. Une fois débarqué, le cadavre de Pompée eut la tête tranchée : le sang pompéien ne souillerait pas les mains de César, qui aurait le beau rôle du vengeur. César, sur l'Hellespont, s'embarqua avec la VIe légion, s'arrêta à Ilion, à Éphèse, à Rhodes et, prévenu du passage de Pompée à Chypre, piqua sur Alexandrie où il entra le 20 octobre (19 août) 48. Il y apprit la mort de Pompée, pleura à la vue de son anneau et de sa tête, s'installa au palais royal vide de Ptolémée XIV et se conduisit vite en maître de l'Égypte ; pour renforcer son autorité, il appela deux légions d'Asie prélevées sur l'armée de Domitius Calvinus, gouverneur d'Asie [27].

Les affaires d'Égypte et le Bellum Alexandrinum

Dès que Ptolémée XIV fut rentré de Péluse, César lui imposa son autorité. Il réclama l'arriéré des dettes de Ptolémée Aulète, l'obligea à licencier l'armée du Kasion et décida d'arbitrer autoritairement l'affaire qui le séparait de sa sœur. Il invite celle-ci à revenir à Alexandrie, serait-ce emballée dans une couverture de voyage pour pénétrer clandestinement au palais. Avant de s'embraser d'une passion raisonnable pour la reine d'Égypte, César tenait là un prétexte à intervenir dans les affaires du royaume d'Égypte ; il remettait la monarchie à Ptolémée XIV et à Cléopâtre associés, en vertu du testament d'Aulète, et confiait Chypre aux cadets royaux, Arsinoé et Ptolémée XV (début septembre 48), au prix d'un démembrement de l'Empire de Rome.

De telles concessions n'apaisèrent guère la colère des Alexandrins, exploitée par l'eunuque Potheinos, qui engagea Achillas le stratège à marcher avec l'armée royale sur Alexandrie : le *bellum Alexandrinum* commençait à la fin d'octobre (mi-septembre) entre deux forces dispropor-

---

27. BROUGHTON, *MRR*, II, p. 277.

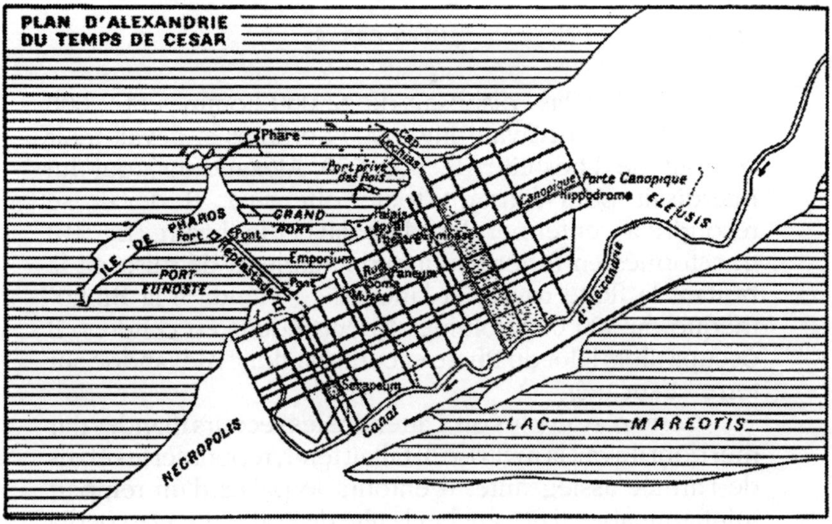

Fig. 10. – *Plan d'Alexandrie.*

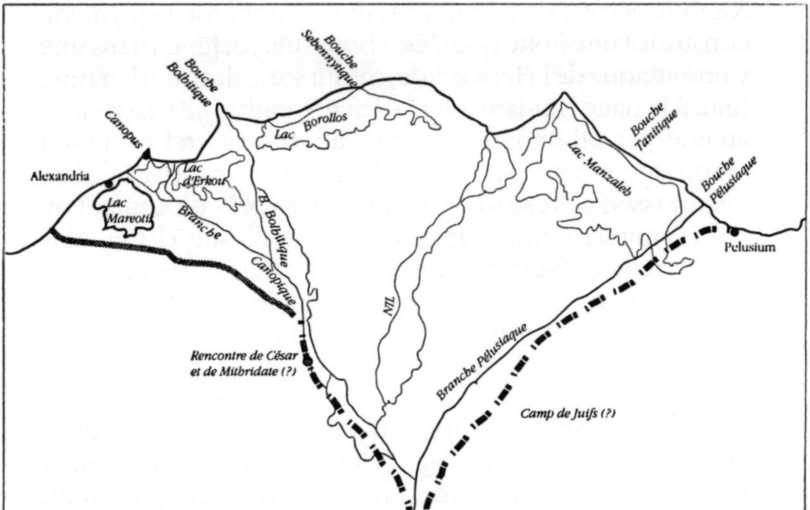

Fig. 11. – *Le delta du Nil.*
1. Marche de César; 2. Marche de Mithridate de Pergame.

tionnées. Achillas disposait de 22 000 hommes et 2 000 cavaliers. César n'avait que 6 000 hommes et devait tenir compte de l'hostilité de 500 000 Alexandrins, qui lui interdisait pour l'instant toute offensive. Il devait se résoudre à s'enfermer dans le palais et le théâtre (fig. 10) transformés en forteresse inexpugnable. Il détruisit en la brûlant la flotte royale et l'incendie s'étendit à la Bibliothèque où 400 000 volumes furent réduits en cendres. Il occupa alors l'îlot du Phare et contrôla donc Alexandrie sur terre et sur mer.

César n'avait plus qu'à attendre les secours mandés par mer dont il avait la maîtrise. Il fallait tenir, repousser les élans de l'armée assiégeante. Il entoura le palais d'un rempart ininflammable. Il fit trancher la tête de Potheinos et expédia Arsinoé et l'eunuque Ganymède qui mit à mort Achillas sur l'ordre d'Arsinoé ; les dissensions s'installèrent parmi les Égyptiens, ce qui n'empêcha point Ganymède, excellent guerrier, de mener la vie dure à César. Enfin, la XXXVIIe légion de Domitius Calvinus apparut. Ganymède construisit une flotte que César bouscula ; celui-ci, dans une vaine attaque de l'Heptastade, ne dut son salut que dans une fuite à la nage (mi-janvier 47 = fin novembre 48). Le renfort amené par Mithridate de Pergame, fils naturel du grand Mithridate et ami personnel de César, arriva par la côte, débarrassée des escadres égyptiennes après un combat où périt l'amiral rhodien Euphranor et où s'illustra Ti. Claudius Nero, père du futur empereur Tibère. César, pour jeter du lest en apparence, avait envoyé Ptolémée XIV rejoindre son armée. Dans la comédie des adieux, chaque compère espérait, l'un (Ptolémée) qu'il pourrait reconquérir une totale autorité, l'autre (César) que, pour ce faire, Ptolémée destituerait Ganymède, acte qui faciliterait la victoire finale de Rome [28]. César effectua sa jonction avec Mithridate à *Chaerea*. Les Égyptiens réclamèrent la paix, ce qui leur fut refusé ; César mène alors une offensive décisive : douze mille Égyptiens se rendent, vingt mille cinq cents périssent,

28. Caes., *BA*, XXIII-XXIV.

y compris Ptolémée XIV ; les Alexandrins offrent leur soumission (27 mars = 6 février 47). César expédie à Rome Arsinoé, marie Cléopâtre à Ptolémée XV, réintègre Chypre dans l'empire de Rome et maintient l'emprise de Rome sur l'Égypte dont la reine est devenue son amante. Il se promène avec elle sur le Nil jusqu'à la première cataracte et atteint les frontières de l'Éthiopie. Son aventure amoureuse, si contestée par Cicéron, se double ainsi d'une reconnaissance de capitaine, de l'enquête de l'homme d'État. Il accomplit une sorte de tour du propriétaire et il laisse le royaume dont il est devenu le maître à la garde de trois légions ; à la fin de juin (début de mai) 47, il part pour l'Orient, ébranlé par la révolte de Pharnace.

Le dernier soubresaut oriental

La mort de Pompée avait ébranlé le statut politique de l'Orient et le fils de Mithridate Eupator, Pharnace, roi du Bosphore Cimmérien, crut le moment propice pour secouer le joug romain en envahissant les royaumes de Deiotaros et d'Ariobarzane III, c'est-à-dire la Petite Arménie et la Cappadoce. Cédant aux injonctions du représentant de César en Asie, Domitius Calvinus, il renonça à la Cappadoce mais s'accrocha à la Petite Arménie. Alors Domitius Calvinus, avec quatre légions, se dirigea de *Comana* à *Nicopolis* (Piousk) où stationnait Pharnace. Calvinus fut battu (décembre - novembre 47) et le roi put entreprendre la conquête du Pont non sans brutaliser et supplicier les résidents romains [29]. César ne pouvait pas laisser impunies de telles atrocités à un moment où l'Italie connaissait des troubles et où en Afrique se concentrait une armée aristocratique. César débarque à Antioche le 13 juillet (13 mai) 47, il se rend à Tarse où il a convoqué les délégués des cités de la Cilicie ; il entre en Cappadoce, en Galatie et pénètre dans le Pont à la recherche de Pharnace. Celui-ci campe à *Zela* (Zilé) ; César se dirige vers lui et

---

29. Caes., *BA*, XLI.

occupe une hauteur voisine de son camp ; après un combat indécis, il culbute les assaillants et reconquiert le Pont. Cette victoire (2 août = 12 juin 47) nous vaut l'orgueilleuse formule : *Veni, vidi, vici* [30].

César règle alors les affaires d'Orient : il donne les États du Bosphore Cimmérien à Mithridate de Pergame, Deiotaros perd la Petite Arménie au profit d'Ariobarzane III. Il arbitre tous les conflits ; il laisse Calvinus en Orient et rentre à Rome après une escale à Athènes. Il passe par Patras et fait voile vers Tarente. Au début d'octobre (mi-août) 47, il entre dans Rome plus tôt qu'on ne l'y attendait, auréolé d'une gloire incommensurable et dominant un Orient qui, seul, aurait pu balancer sa fortune. Qui pouvait espérer le battre alors qu'il cumulait toutes les richesses de l'Orient ex-pompéien et celles de l'Égypte ?

LES ULTIMES VICTOIRES SUR LES POMPÉIENS

CÉSAR RESSAISIT LES LÉGIONS EN RÉVOLTE

De 48 à 47, l'Italie connaît de nombreux troubles intérieurs engendrés par le problème des dettes, par celui de l'établissement des vétérans qui sont prêts à entrer en dissidence. Quand court le bruit que César rentre en Italie pour les remobiliser, c'est la révolte. Ses officiers sont lapidés et risquent d'être assassinés. Il doit reprendre ses hommes en main ; il le fait en leur donnant le congé qu'ils réclament et en les appelant *Quirites,* « citoyens ». Il les surprend et aussitôt les soldats les plus excités se proclament *milites* et entraînent les autres mutins qui veulent rester « ses soldats ». César, ainsi, par cette habile manœuvre, a retourné la situation et ressoudé l'unité de l'armée pour mener l'ultime combat contre les aristocrates, aidés de Juba Ier, roi des Numides.

---

30. CAES., *BA*, LXV-LXXVII; SUET., *Divus Iulius*, XXXVII, 4.

Les opérations en Afrique

Le désastre de Curion

Les *optimates* avaient été balayés d'Orient, d'Illyrie et d'Épire ; ils refluèrent sur Corcyre où Caton disposait de quinze mille hommes et de seize cents cavaliers sauvés par Labienus. Caton [31] était le chef du parti pompéien mais refusa de le rester après la mort de Pompée, et le parti des *optimates* se divisa. Cicéron [32] à qui l'on avait offert la présidence rentra. Caton, parti à la recherche de Pompée, apprit sa mort et le départ de Metellus Scipion pour Utique. Caton débarque à *Berenikê* (Benghazi), marche pendant trente jours vers Lepcis Magna, marche épuisante dans un pays désertique. Mais, en débarquant en Afrique, il avait compris que le pays regorgeait de grains et lui offrait des moyens considérables pour poursuivre la lutte. Dès 49, César avait enjoint à Curion de passer de Sicile sur le continent africain pour l'annexer à son obédience. A côté de la province de Proconsulaire (capitale Utique), les rois de Maurétanie, Bogud à l'ouest et Bocchus II à l'est de la *Mulucha* (Moulouya), surveillaient les deux souverains qui se partageaient la Numidie, Massinissa à l'ouest, Juba Ier à l'est de *Cirta* (Constantine). Dans un désordre invraisemblable, il y eut bientôt trois chefs à Utique « pour une armée débile et une escadre impotente », selon la formule lapidaire de J. Carcopino [33]. Même si P. Attius Varus sut s'imposer, il paraissait aisé à Curion de mettre tout le monde d'accord.

Au début d'août (début juillet) 49, Curion descend en Afrique avec deux légions, cinq cents cavaliers et aborde dans la baie de Tonnara, à dix-sept milles de *Clupea* (Kelibia), au nord-ouest de la presqu'île du cap Bon. Après un succès naval, il s'approche du *Bagrada* (Medjerda) et emmène ses cavaliers sur l'emplacement des *castra*

31. Broughton, *MRR*, II, p. 278.
32. *Id.*, *ibid.*, II, p. 278.
33. Carcopino, *César*, p. 440.

Cornelia. Il razzie la campagne et ramène le butin confisqué à deux cents navires marchands. Curion, un peu présomptueux, s'en va camper au sud d'Utique et les troupes d'Attius Varus débauchent certaines recrues. Les Pompéiens ne doutent pas de la victoire. Ils offrent le combat qu'ils perdent à la mi-août (mi-juillet) 49 [34]. A ce moment, Juba Ier sortit de sa réserve et s'avança au secours d'Utique. Curion fait retraite vers les *castra Cornelia* mais, au lieu de s'y retrancher et de garder le contact avec la Sicile, il se hasarde à se mesurer avec ce qu'il prend pour l'armée numide et qui n'en est que l'avant-garde. Il engage imprudemment le combat où il trouve la mort. En quelques jours, les Césariens sont rayés de la carte mais le Sénat n'avait triomphé qu'en faisant appel à Juba Ier, au prix donc d'une humiliation.

Les victoires césariennes et la fin du clan pompéien

Ce fut Metellus Scipion qui prit la tête des Pompéiens. Proconsul et *imperator*, fort des conseils d'hommes intègres et intelligents, il transforme la Proconsulaire en citadelle de l'aristocratie romaine. Ses monnaies exaltent l'*Africa*. Il avait, à la fin 47, dix légions, soit 35 à 45 000 fantassins, 15 000 cavaliers ; il emmagasinait vivres et réserves à Hadrumète (Sousse), dans l'île de *Cercina* (Kerkennah). Les remparts d'Utique sont réparés, d'autres fortifications sont créées et une flotte d'une cinquantaine de navires est équipée. De tels préparatifs avaient de quoi frapper les esprits et même Cicéron pensait que Scipion débarquerait en Italie. Or, l'armée était médiocre et n'obéissait qu'en maugréant à ses chefs. La population d'Utique n'était guère sûre.

César est à Lilybée le 17 décembre (27 octobre) 47 avec quatre mille cavaliers, dix légions dont cinq de vétérans. Mais il manque de moyens pour descendre en Afrique : il devra se contenter de départs échelonnés ; le 25 décembre

---

34. CAES., *La Guerre Civile* (=*BC*), II, XXVI-XXXV.

(31 octobre) 47, deux mille cavaliers et six légions filent vers Hadrumète. Gardant le secret de sa destination, il est perdu de vue par d'autres bateaux, si bien que seuls débarquèrent trois mille fantassins et cent cinquante cavaliers. Dans ces conditions, il ne pouvait pas attaquer Hadrumète ; il se dirigea vers le sud, s'installa à *Ruspina* et s'empara de Lemta, après avoir reçu des renforts et il se fortifia dans la presqu' île de *Ruspina*, entre Hadrumète et Lemta. Il y fut rejoint par l'ensemble des troupes embarquées et il rafla très vite le blé, le bois et échappa à l'attaque de dix mille cavaliers accourus d'Utique ; les premiers transfuges gagnèrent son camp.

Scipion, de son côté, vers la mi-janvier de 46 (20 novembre 47), prit position avec huit légions et trois mille cavaliers à *Uzitta* (Henchir-Makreeba) ; il attaquerait dès que Juba Ier l'aurait rejoint. César alors recourut à l'appui des rois maures : Bogud surveillait l'Hispanie, Bocchus II préparait une intervention. Dûment chapitré par P. Sittius de Nucérie, financier véreux et *condottiere* installé en Maurétanie, il est prêt à employer ses milices contre le Numide. Pendant que Juba Ier quitte ses États pour la province, Sittius profite de ce départ pour razzier les campagnes il mettra plusieurs mois pour s'emparer de *Cirta*, sa capitale. A la seule nouvelle de la première incursion, Juba rebroussa chemin pour le repousser : c'est ce qu'attendait César.

Celui-ci, fort du blé dérobé à *Cercina* et du deuxième échelon légionnaire ramené de Sicile, groupait trente mille hommes et put prendre l'offensive le 26 janvier 46 (30 novembre) 47. Il s'approche d'*Uzitta* sans chercher à l'emporter ; il provoque des désertions, étire les lignes de communication de l'ennemi, recueille du ravitaillement. Scipion ne peut pas obtenir de bataille rangée et, de la fin novembre 47 à janvier 46, César grignote l'ennemi de tous côtés, sans se laisser entamer nulle part. Il reporta brusquement les combats à quarante kilomètres plus au sud, car *Acholla* (Botria), à soixante kilomètres au sud de *Leptis Minor* (Lemta), s'était rendue et César avait reçu le troisième échelon légionnaire ; le 15 mars (15 janvier) 46, il incendie son camp d'*Uzitta* et va vers *Aggar*, pendant que Scipion et Juba, revenu avec la moitié de son armée, s'installe à *Tegea*. Alors reprend entre les deux armées un vrai jeu de cache-cache : César n'a pas cessé d'affaiblir l'ennemi et de grossir le nombre de ses partisans ; les villes demandent la protection des Césariens, César va jusqu'à *Thenae* (Henchir-Thina), à l'entrée de la Petite Syrte, ne peut pas enlever El-Djem mais, le 28 mars (28 janvier) 46, il réintègre son camp d'*Aggar* où il reçoit le quatrième échelon de ses troupes, fort de quatre mille fantassins, quatre cents cavaliers et un millier de frondeurs et d'archers.

Au sud d'Hadrumète, les alliés ne possédaient plus que *Thapsus* (Ras Dimass) sur la mer, à vingt-cinq kilomètres au nord d'*Aggar ;* dans la nuit du 3 au 4 avril (3 au 4 février) 46, après minuit, César leva le camp d'*Aggar ;* le 4 avril, il se présente devant *Thapsus* qu'il investit ; les alliés suivent sur ses talons, le 6 avril, arrive Scipion et César réussit à attirer ses adversaires dans une souricière. Il enfonce Scipion et se débarrasse des éléphants qui se retournent contre les alliés ; il s'élance contre les camps d'Afranius et de Juba qu'il trouve vides. Les césariens avaient perdu cinquante hommes et tué dix mille ennemis. César pouvait laisser trois légions à *Thysdrus* (El-Djem). Avec les cinq autres, il partit pour Utique. Caton le jeune apprit la défaite le 8 avril (8 février) au soir et songea à organiser la résistance, ce que déclinèrent les Trois-Cents, représentant les Romains résidents ; alors, dans la nuit du 12 au 13 avril (12-13 février) 46, il se suicida [35] après avoir affirmé, dans une discussion philosophique, que l'homme de bien est toujours libre. Il mourait à quarante-neuf ans et le buste de bronze de Volubilis perpétue les traits de ce stoïcien chez qui culmina la sagesse antique.

César, qui ne l'aimait pas et qui combattit dans les deux livres de son *Anticato* les apologies qui glorifiaient sa mémoire, pénètre en triomphateur dans Utique à la mi-avril (mi-février) et recueille d'autres lauriers : c'est la chute de

---

35. PLUT., *Cato minor*, LVIII-LXXII.

Thapsus, la fin de *Thysdrus*, l'écrasement de Saburra, lieutenant de Juba, par Sittius, la capture du vaisseau de Scipion qui se noie volontairement, la fin d'Afranius et de Faustus Sulla, le duel à mort entre Juba et Petreius provoqué par la révolte des sujets de Juba. Le clan pompéien avait vécu et, le 13 juin (14 avril) 46, César repartait d'Utique pour l'Italie, en passant par la Sardaigne ; il ne rentra à Rome que le 25 juillet (25 mai) 46 et pensa pouvoir, après un quadruple triomphe, pouvoir se consacrer uniquement à son œuvre réformatrice : il s'était trompé car il lui fallait éteindre un nouveau foyer de guerre civile, allumé en Hispanie à le suite des exactions des légats césariens et attisé par les fuyards de *Thapsus*.

CÉSAR SOUMET L'HISPANIE

L'Hispanie se rallie à la cause pompéienne

Q. Cassius [36], gouverneur de l'Hispanie Ultérieure, disposait de quatre légions, avec lesquelles il pressura ses administrés, si bien que, pour assurer sa sécurité menacée par les provinciaux haineux, il leva une cinquième légion dont les exactions ne firent qu'exaspérer les *Hispani* indigènes autant que les Latins résidents. Ceux d'*Italica* (Santiponce) tentèrent de l'assassiner. Ce fut le signal de la désagrégation de l'armée hispanique d'occupation. Deux légions firent sécession sous le questeur M. Marcellus Aeserninus [37] ; Q. Cassius paralysé par ces événements dut accepter, d'ordre de César, les renforts envoyés par le roi Bogud ainsi que ceux qui étaient convoyés par M. Æmilius Lepidus [38] et il s'effaça devant son remplaçant Trebonius [39], proconsul d'Hispanie citérieure.

Mais la détente dans les esprits fut de courte durée car, à la seule annonce de l'arrivée prochaine de Cn. Pompée,

---

36. BROUGHTON, *MRR*, II, p. 275-276.
37. *ID.*, *ibid.*, II, p. 274.
38. *ID.*, *ibid.*, II, p. 288.
39. *ID.*, *ibid.*, II, p. 273-274.

le fils aîné du grand Pompée, l'opinion en Ultérieure bascula vers la cause pompéienne et les légions mutinées accueillirent Cn. Pompée sur le rivage de Carthagène, ville qu'elles emportèrent. Aussitôt, les revenants de *Thapsus*, parmi eux Sextus, le frère puîné de Cnaeus, Attius Varus, Labienus, accourent aux côtés de la rébellion hispanique. L'Ultérieure est conquise à la cause pompéienne, sauf *Ulia* (Montemayor), et les généraux césariens n'osent pas dépasser *Obulco* (Porcuna) à la frontière sud de la Citérieure. César prit son temps pour réunir une force armée considérable, constituée de neuf légions et d'une puissante cavalerie. Il rejoignit cette force en parcourant, en décembre 46, en vingt-sept jours la distance Rome-*Obulco*, prélude prometteur d'une guerre-éclair.

La guerre-éclair, victorieuse, menée par César

Les opérations vont durer à peine deux mois et demi et ponctuent une grande et terrible guerre [40]. César souhaitait une campagne courte, imposant à l'adversaire la bataille en rase campagne, pour satisfaire autant ses propres ambitions que les aspirations des soldats excédés par ces guerres qui n'en finissaient pas. Son plan visait, en attaquant *Corduba*, la capitale de l'Ultérieure, et, en faisant mine de l'assiéger, d'obliger Cnaeus à lever le siège d'*Ulia*, ce qu'il obtint. Puis César, abandonnant *Corduba*, mit le siège autour d'*Ategua* (Teba la Vieja), occupant une forte position qui regorgeait de grains.

Cnaeus Pompée ne réussit pas à inquiéter les assiégeants romains et, malgré l'inutile exécution de la population civile sur l'ordre de Munatius Flaccus [41] par des soldats inquiets de leur sort en cas de victoire césarienne, ce dernier ouvrit les portes de la ville le 19 février 45, ce qui valut légitimement à César sa troisième acclamation d'*imperator*, puisqu'il avait vaincu des bandits soumis à un traître.

---

40. VELL. PAT., II, 55, 2.
41. BROUGHTON, *MRR*, II, p. 313.

César n'avait pas réussi, toutefois, à se mesurer à Cnaeus Pompée en rase campagne. Celui-ci, pour maintenir son autorité, multiplia les actes de barbarie, telle l'exécution de soixante-quatorze notables d'*Ucubi* (Espejo), livra aux flammes *Carruca* (?) et *Ucubi*. A ces atrocités César répondit en faisant couper les mains à des courriers ennemis, comme aux Gaulois d'*Uxellodunum*.

Retraitant vers le midi, Cnaeus couvre de ses légions *Munda* (Montilla). Suivi par César (fig. 12), arrêté par les marécages de la rivière Marchena, il n'hésite pas à déployer ses lignes et César saisit l'occasion pour se lancer à l'assaut. Ce fut une atroce boucherie, avec des moments incertains où une victoire éphémère semblait devoir appartenir à l'un des deux camps, avec des instants dramatiques où César, pour galvaniser les siens, se lança au péril de sa vie en première ligne. Quand les cavaliers maures de Bogud, qui avaient tourné le front, menacèrent le camp de Cn. Pompée et obligèrent les troupes de Labienus à une volte-face, les soldats pompéiens dans leur ensemble crurent à un repli général : ce fut une catastrophe pour eux ; pris de panique, ils s'échappèrent au plus vite du champ de bataille et furent cueillis par la cavalerie césarienne qui consomma le désastre. Les Romains comptaient mille tués et cinq cents blessés ; trente-cinq mille ennemis avaient payé de leur vie cette folle journée, P. Attius Varus et Labienus furent reconnus parmi les morts. Cn. Pompée dut son salut à la fuite vers *Carteia* (El Rocadillo), où il s'embarqua sur un navire ; C. Didius [42], amiral de l'escadre de César à *Gadès*, le poursuivit et détruisit ses galères : Cn. Pompée, menant alors sur terre une existence de hors-la-loi, fut pris et exécuté dans une caverne près de *Lauro* (Laury) (printemps 45).

César, dès le 18 mars, remonta vers *Corduba* que les Pompéiens avaient incendiée et dont 12 000 habitants furent massacrés par les Césariens, le reste de la population étant vendu à l'encan. César soumit *Hispalis* (Séville),

---

42. Broughton, *MRR*, II, p. 300.

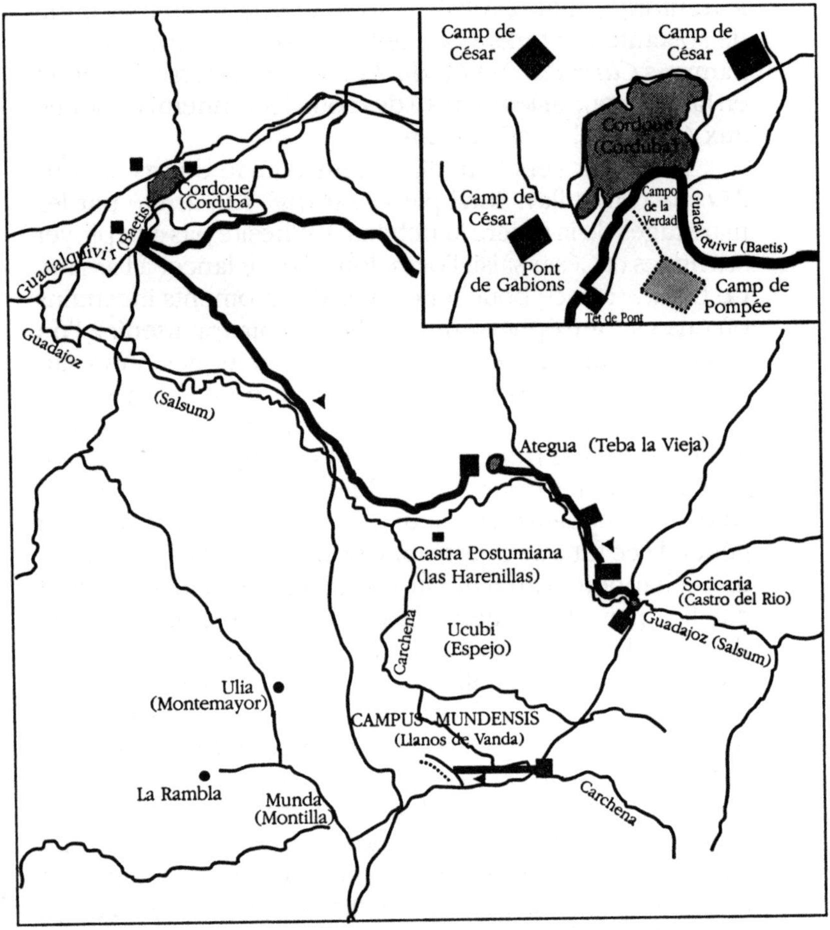

Fig. 12. – *La bataille de* Munda.

Hasta (Mesa de Asta), *Carteia* et *Gadès*. Il définit à *Hispalis* le nouveau statut de l'Hispanie et renvoya la majeure partie de ses troupes. Il partit dans la seconde quinzaine de juillet pour Rome où il célébra son cinquième triomphe en octobre 45 : nous en ignorons le jour, ses lieutenants Q. Fabius Maximus et Q. Pedius triomphèrent ensuite les 15 octobre et 13 décembre.

Ainsi César avait réussi une fois encore, grâce à son audace, à son intelligence réaliste et à la profondeur de sa psychologie. Il avait su se libérer de tous les héritages, aussi bien de poncifs stratégiques périmés que d'institutions vieillies et inadéquates à un « nouveau monde » : il avait tout réinventé, lui le fils de personne.

LIVRE III

FILS DE PERSONNE

Aux deux interrogations – Jules César est-il fils de Vénus ?, est-il fils de Mars ? –, nous avons apporté une double réponse négative. Certes, il n'est pas question d'aller contre les textes des auteurs anciens et de nier le rôle des deux divinités dans la geste césarienne telle qu'ils la rapportent. Mais une filiation mythique reste sans lien existentiel avec cet aristocrate qui, par exemple, au moment de son élection au grand pontificat n'a invoqué la médiation d'aucun intercesseur divin, qui a balancé entre *Venus Victrix* et *Venus Genitrix* et qui, au plus fort de ses entreprises guerrières, n'a reconnu que les aléas de la Fortune. S'abritant derrière un rideau de propagande, il reste profondément un homme seul, qui modèle le monde en même temps qu'il construit son *ego*. Logiquement, il est bien le fils de personne et rêve d'un nouvel univers dont il serait le centre unique.

CHAPITRE PREMIER

LE MONARQUE SANS DIADÈME

La France a si longtemps lié monarchie et royauté qu'il faut dissocier les deux notions quand on parle de César, d'autant plus que la haine des rois a cimenté le *credo* politique des Romains. Tenons-nous en à l'étymologie : le monarque est celui qui gouverne seul. Or la tradition de la République s'appuie sur un pouvoir collégial, par exemple celui des deux consuls. Il a fallu que surviennent des circonstances dramatiques et exceptionnelles pour qu'un seul homme soit investi d'un consulat unique, tel Pompée en 52 [1]. Mais, au-delà de la position légale de César – déjà révolutionnaire –, il faut tenir compte du pouvoir de fait qu'il tient de ses victoires et donc de sa *virtus* ; nous sommes donc conduit à analyser sa position dans l'État et sa volonté de plier à son gré les institutions pour mieux caractériser sa monarchie absolue.

César domine l'État

Par la puissance légale

Depuis 49, il n'a pas cessé d'être un magistrat régulièrement investi et il inaugure le cumul des mandats qui lui donne une force irrésistible ; il va même jusqu'à accepter la dictature pour dix ans, puis la dictature perpétuelle : il échappe au renouvellement annuel et pérennise sa position au sommet de l'État.

1. Broughton, *MRR*, II, p. 233-234.

Date	*Dictator*	Consul
49	*Dictator I,* en novembre [2] (sans maître de cavalerie) *rei publicae constituendae causa*	
48	*Dictator II,* en octobre, après Pharsale [3], M. Antonius, maître de cavalerie	Consul accompagné de P. Servilius Isauricus [4]
47	*Dictator II* [5] M. Antonius, maître de cavalerie	
46	Avril : *Dictator III* [6] *designatus IIII,* puis pour dix ans *rei gerendae*	Consul avec M. Aemilius Lepidus
45	*Dictator III* jusqu'en avril [7] *Dictator IV* qui dure jusqu'à ce qu'il devienne dictateur à vie. M. Æmilius Lepidus, maître de cavalerie	Consul sans collègue abdique en octobre
44	*Dictator IIII* [8] Entre le 26 janvier et le 15 février *Dictator perpetuus* Maître de cavalerie : M. Aemilius Lepidus Maîtres de cavalerie désignés : C. Octavius, Cn. Domitius Calvinus	Consul avec M. Antonius Consul désigné : P. Cornelius Dolabella

Des honneurs exceptionnels lui avaient été conférés par le Sénat en 45 : il avait le droit de porter en tout temps la pourpre et le laurier du triomphateur. Ainsi, *imperator iterum* en 49, il devient *imperator* perpétuel sur les monnaies de 44, *Caesar imperator* ou *imperator Caesar,*

2. BROUGHTON, *MRR*, II, p. 256-257.
3. ID., *ibid.*, II, p. 272.
4. ID., *ibid.*, II, p. 272.
5. ID., *ibid.*, II, p. 286.
6. ID., *ibid.*, II, p. 293-295.
7. ID., *ibid.*, II, p. 304 : consul unique ; p. 305-306 : dictateur.
8. ID., *ibid.*, II, p. 315-316 : consul avec Marc Antoine ; dictateur IIII, *dictator perpetuus*, après février 44, p. 317-318.

formule que retiendront Auguste et tous les empereurs à sa suite ; et de dictateur décennal en 45, il devient par un glissement naturel dictateur perpétuel par un sénatus-consulte qui lui est remis le 14 février 44. Un tel titre confortait sa monarchie légale : les magistrats ne sont plus que ses délégués, il commande aux tribuns de la plèbe et même il prévoit que, si au cours de la future campagne parthique il lui arrivait malheur, l'héritage du dictateur *perpetuus* serait recueilli par son neveu, Octave, dont il a fait son fils adoptif le 13 septembre 45. Il fondait par là même une monarchie héréditaire qu'on ne pouvait comparer qu'aux monarchies orientales : on était encore plus loin des institutions républicaines.

Par sa puissance de fait

L'*imperator* cousu d'or

Avant d'être *imperator* à vie, il commande à des milliers de légionnaires qui lui sont dévoués jusqu'au sacrifice suprême et qui lui ont permis d'accumuler, à la suite de leurs victoires, des sommes colossales, lui permettant d'acheter à l'occasion toutes les consciences.

Il a fait main basse au printemps 49 sur les caisses de l'*aerarium*, ce qu'une décision tribunicienne l'a autorisé à faire : il s'empare [9] de quinze mille lingots d'or, de trente mille lingots d'argent et de trente millions de sesterces. En décembre 49, il enlève des temples urbains, et en particulier du temple de Jupiter Capitolin [10], les dépôts monnayables, et c'est ainsi qu'il frappa en 49 *aurei*, deniers et quinaires au type de la *Pietas* et de *Caesar imp. it.*

César, également, rançonne en province cités et sanctuaires, rois et particuliers. Il « conseille » des dons et multiplie les emprunts qu'il n'a nullement l'intention de rembourser. Il les frappe de contributions, de réquisitions et d'amendes [11], entraînant le soulèvement d'Alexandrie.

---

9. Plin., *NH*, XXXIII, 17.
10. Cass. Dio, XLI, 39, 1.

En Asie, Afrique, Sardaigne et Hispanie, il multiplie confiscations individuelles et collectives. En Italie, il vend les biens de Pompée et de ses partisans ; en Numidie, il liquide les biens de la couronne de Juba. Donc toutes ces richesses [12] lui offrent un moyen de gouverner et surtout d'éblouir ses contemporains. Il s'agit de frapper les esprits par la magnificence d'abord de ses triomphes.

César le Magnifique

Les quatre [13] premiers, remportés sur la Gaule, l'Égypte, le Pont et l'Afrique, se succédèrent de la fin d'août (fin juin) à la fin de septembre (fin de juillet) 46. Le cinquième fut célébré sur l'Hispanie, au début d'octobre 45. César souhaita varier la matière qui entrait dans la composition des accessoires du cortège : thuya pour la Gaule, acacia pour l'Égypte, placages d'écailles de tortue pour le Pont, ivoire pour l'Afrique et argent poli pour l'Hispanie. C'étaient des prodigalités inouïes à cette époque pour les brancards où étaient exposées les pièces innombrables du butin. Il fit défiler d'illustres captifs, tels Vercingétorix, le petit Juba, futur Juba II, la reine Arsinoé, et lui-même, lors du triomphe sur l'Égypte, se fit escorter à la nuit tombante du Capitole à la *Domus regia* par quarante éléphants sur l'échine desquels étaient allumées des torchères monumentales.

A côté des triomphes, il multiplia banquets et spectacles. Retenons parmi les premiers l'*epulum* de 46, offert sur 22 000 *triclinia* à 66 000 invités. Il dura plusieurs jours ; furent consommées six mille lamproies pesant plus de deux mille kilogrammes et chaque groupe de neuf convives (un *triclinium*) se vit offrir une amphore (20,26 l) de Falerne et un *cadus* (38,38 l) de vin de Chio. En 45, il

---

11. CASS. DIO, XLII, 50.
12. FLORUS, II, 13, 14.
13. LIV., *Per.*, CXV et CXVI ; SUET., *Divus Iulius*, XXXVII.

offre deux banquets [14] à la multitude, à quatre jours de distance ; les tables portent en même temps quatre grands crus : Falerne, Chio, Lesbos et Mamertin.

César pourvoit simultanément à de dispendieux spectacles ; en 45, il assume les frais des représentations théâtrales, à raison d'une par quartier et dans toutes les langues. En 46, il avait redoublé les attractions sensationnelles : concerts et ballets, pyrrhique dansée par les membres de grandes familles d'Asie Mineure, cavalcade troyenne conduite par les jeunes nobles de Rome, luttes d'athlètes au Champ de Mars, au Grand Cirque courses de chars et de chevaux [15]. A l'occasion de l'inauguration du temple de *Venus Genitrix*, le 26 septembre (25 juillet) 46, il se surpassa en organisant une naumachie ; dans un bassin creusé près de la rive droite du Tibre, il fit lutter quatre mille rameurs divisés en deux flottes ; au Grand Cirque, en un combat simulé, s'affrontèrent deux troupes, chacune de cinq cents fantassins, trente cavaliers et vingt éléphants ; des gladiateurs se mesurèrent dans un amphithéâtre de bois qui y avait été aménagé. Le Forum fut pendant neuf jours le théâtre de chasses en l'honneur de Julie défunte [16] ; les *venationes* de Sylla et de Pompée furent dépassées par l'hécatombe de quatre cents lions [17] ; pour la première fois, Rome vit une tauromachie, connue en Thessalie [18] : les Thessaliens avaient inventé l'art de tuer les taureaux en s'approchant d'eux sur un cheval au galop et en leur tordant le cou par les cornes et, pour la première fois, on exhiba une girafe [19]. Suprême élégance : un *velum* de soie fut tendu de la *Domus regia* jusqu'au *clivus Capitolinus*, pour

14. Vell. Paterc., II, 36, 2 ; Plut., *Caes.*, XXXV, 3 ; Suet., *Divus Iulius*, XXXVIII et XXXIX ; Sat., II, 7 et 11, 10 ; Plin., *NH*, IX, 171 et XIV, 97.

15. Suet., *Divus Iulius*, XXXIX, 39 ; Appian., *BC*, II, 102, 423.

16. Cass. Dio, XLIII, 12.

17. Plin., *NH*, VIII, 54.

18. *Id.*, *ibid.*, VIII, 182 : le spectacle est proche de la corrida portugaise.

19. Cass. Dio, XLIII, 23, 1-2.

protéger les spectateurs du soleil d'été. Ce luxe oriental ne pouvait qu'impressionner le peuple, tout comme les défilés triomphaux retraçant en tableaux les moments clés des victoires césariennes ne pouvaient que le griser.

Les soldats participaient encore mieux à cette ivresse de la victoire dans la mesure où ils profitaient du butin considérable amassé par César et dont il ne fut pas chiche dans ses distributions. Après avoir laissé aux soldats et aux généraux la part normale de la *praeda*, qui traditionnellement leur revenait, il versa en 45, dans les caisses du Trésor, six cents millions de sesterces [20]. En 46, il avait déjà aligné sur des tables [21] 2 822 couronnes pesant 2 414 livres d'or et, en espèces, 60 000 talents. Il procéda alors à des distributions : chaque citoyen reçut dix *modii* de blé, soit 87,50 litres, dix livres d'huile, soit 3,270 kilogrammes, et quatre cents sesterces [22] ; vingt mille sesterces à chaque vétéran, quarante mille à chacun des centurions et quatre-vingt mille à chaque tribun légionnaire[23].

Comment n'aurait-il pas ainsi enchaîné par ses largesses l'armée et la plèbe ? Il peut compter sur leur indéfectible gratitude et il peut alors tout oser. Cette répartition du butin ne pouvait qu'être acceptée et non discutée. Ne supportant pas les murmures de certains soldats qui réclamaient en plus de leur *donativum* le congiaire des citoyens, il livra au bourreau un des contestataires ; puis il en fit immoler deux autres sur le Champ de Mars en présence du flamine du dieu de la guerre et du collège pontifical : il cloua leurs têtes sur le mur de la *Regia* où l'on ne suspendait d'habitude que le crâne du Cheval d'Octobre, le monarque ne peut tolérer la moindre réticence à ses décisions. « *Credere, obeddire* », César venait d'inventer le *credo* mussolinien.

---

20. Vell. Paterc., II, 56, 3.
21. Appian., *BC*, II, 102, 123.
22. Suet., *Divus Iulius*, XXXVIII.
23. Cass. Dio, XLIII, 21, 3 ; Appian., *BC*, II, 102, 422.

César met sous tutelle les institutions

Il place sous sa tutelle les comices tributes dont il maintient la fiction démocratique car c'est là où, depuis toujours, siège la plèbe urbaine, élargie à tous les Cisalpins naturalisés romains par la *lex Roscia* de 49. Il transforme même leur lieu de réunion ; à la place du parc de bois où ils se réunissaient, il pose en 54 la première pierre d'un somptueux enclos de marbre qui ne sera terminé que dix-huit ans après sa mort ; l'ancien *ovile* se transforma en *Saepta Iulia,* l'enclos Julien [24]. Cette assemblée lui donna l'autorisation de s'asseoir au banc des tribuns et de s'associer à leurs actes : déjà se profile à l'horizon la *tribunicia potestas* augustéenne.

En même temps, il mettait la main sur les magistratures qui entrèrent de plus en plus sous sa tutelle. Dictateur en 49, il avait présidé aux désignations pour 48, mais seuls avaient été candidats ceux qu'il avait autorisés. En 48, l'absence du consul interdit le fonctionnement régulier des comices centuriates. L'année 47 donc, année où il fut dictateur II, était privée de ses magistrats habituels, consuls, préteurs, questeurs. Seul gouverne à Rome son maître de cavalerie, assisté des tribuns et des édiles de la plèbe, car la plèbe avait décidé que les magistratures, sauf les plébéiennes, ne pourraient être attribuées qu'en la présence de César. En octobre (mi-août) 47, dès qu'il revient à Rome, il convoque les centuries afin d'élire les magistrats (consuls, préteurs et questeurs) pour les derniers mois de 47 et pour 46 : les élections centuriates dépendaient donc de son bon plaisir.

En 46, présent à Rome dans le deuxième semestre, il retarda la convocation des comices jusqu'à la veille de son départ pour l'Hispanie ; il nomma alors huit *praefecti* qui administrèrent en son nom la Ville. Désormais les magistrats ne seraient plus que ses créatures, les gens de son parti. Après *Munda*, un plébiscite lui confia le droit de recruter à toutes les magistratures, y compris celles auxquelles

---

24. Platner-Ashby, p. 373 et 460.

pourvoyaient les comices tributes. Il refusa cet excès d'honneur et se contenta de désigner les deux consuls. Mais, à la veille de son départ pour l'Orient, au début de 44, il laissa passer le plébiscite qu'avait proposé, d'accord avec le Sénat, *ex senatus consulto*, L. Antonius, frère de Marc Antoine, tribun de la plèbe, qui conférait à César la création des consuls et lui remettait la moitié des autres magistratures [25]: ainsi furent désignés par anticipation les consuls et les tribuns de 43 et 42, les préteurs, édiles, questeurs de 43 ; les autres étaient sans doute des candidats officieux [26]. César avait ainsi mis la main sur toutes les magistratures romaines.

Pour étendre cette mainmise, il abaisse les magistratures qu'il n'exerçait pas. Alors qu'en 47 il accepta d'être élu au consulat par les comices centuriates pour cinq ans consécutifs [27] et en 45 pour dix ans [28], il réduisit le temps d'exercice pour les autres qui en étaient revêtus : en 47, Q. Fufius Calenus et P. Vatinius ne furent élus que pour les trois derniers mois de l'année [29]. En octobre 45, alors qu'il était consul sans collègue comme Pompée en 52, il passa la main, après son cinquième triomphe, à deux anciens légats : Q. Fabius Maximus et C. Trebonius [30] ; en 44, il annonce que, pour le quatrième trimestre, il se démettra en faveur de P. Cornelius Dolabella [31]. Ainsi César instaure les consuls suffects avant leur création officielle par Auguste. Le consulat est réduit à trois mois et même à un jour : en raison du décès dans la matinée d'un des consuls suffects de 45, Q. Fabius Maximus, César nomma avant midi C. Caninius Rebilus [32], qui se démit le lendemain matin.

---

25. CASS. DIO, XLIII, 45, 2 ; BROUGHTON, *MRR*, II, p. 323.
26. SUET., *Divus Iulius*, LXXIV ; CASS. DIO, XLIII, 47 et 51 ; NIC. DE DAM., 20 et 22.
27. CASS. DIO, XLII, 20, 3.
28. *ID.*, XLIII, 45, 2.
29. *ID.*, XLII, 55, 4.
30. *ID.*, XLIII, 46, 2; BROUGHTON, *MRR*, II, p. 304-305.
31. CASS. DIO, XLII, 33, 3 ; VELL. PATERC., II, 58, 3 ; BROUGHTON, *MRR*, II, p. 317.
32. BROUGHTON, *MRR*, II, p. 305.

Comment prendre au sérieux une magistrature qui ne méritait plus que les lourdes plaisanteries de Cicéron ? C'était en tout cas enlever toute importance aux hautes ambitions de l'ordre sénatorial.

César a encore mieux rabaissé le prestige des magistratures mineures en les démembrant ; en 49 pour 48, il aurait doublé [33] le nombre des bénéficiaires de la préture, de l'édilité et de la questure ; en 47 pour 46, il installa dix préteurs au lieu de huit. Il poursuivit pour les collèges sacerdotaux cette politique « inflationniste », les portant de quinze à seize, même celui des *XV viri sacris faciundis* ! En 45 pour 44, il fait élire seize préteurs, six édiles au lieu de quatre, soit deux consuls et quatre *ceriales* ; les questeurs sont portés de vingt à quarante. Son dessein est clair : il s'agit de rémunérer ses partisans qui entrent dans la catégorie supérieure d' « honoraires » – les édiles devenant « prétoriens », de simples citoyens « questoriens », et faire de simples préteurs des « consulaires » [34]. Il vise surtout par ce démembrement des magistratures à modifier la composition du Sénat et l'ordre de préséance : le Sénat en serait plus aisément domestiqué.

Le Sénat représentait pour César la place forte des Pompéiens, le réduit irréductible de ses ennemis. Il a donc repris la méthode qui avait servi à Sylla : il l'a peuplé d'hommes à lui et l'a neutralisé en le transformant en assemblée de courtisans. Dès 49, il avait fait rendre par un plébiscite leurs chaises curules à ceux des sénateurs qui, suspects de sympathie à son égard, en avaient été privés et que Pompée avait exilés [35]. En 46, grâce à la préfecture des mœurs qui lui avait été dévolue après *Thapsus,* pour trois ans [36], il put recomposer à son gré le Sénat. Il n'avait que l'embarras du choix : magistrats plus nombreux, recrutement des « honoraires » qui faisait échapper aux

33. A en croire Cass. Dio, XLI, 43, 1.

34. Suet., *Divus Iulius,* LXXVI.

35. Cass. Dio, XLI, 36, 2; Appian., *BC,* II, 48, 198; Caes., *BC,* III, 1, 4.

36. Cass. Dio, XLIII, 14, 4; Cic., *Ad fam.,* IX, 15, 1 et 26, 3; *AH,* 12, 3; 13, 6, 1 et 7, 1; Suet., *Divus Iulius,* XLIII.

obligations des filières. La loi *Cassia*, depuis 45, lui permettait de créer des patriciens à sa convenance. Il fit appel aux fils des proscrits de Sylla, aux membres de l'ordre équestre, aux bourgeois italiens et même aux provinciaux : Espagnols comme Titius [37], L. Decidius Saxa, un ex-centurion [38] et L. Cornelius Balbus le jeune [39] ; des Gaulois choisis parmi l'élite de la Narbonnaise, comme l'Helvien C. Valerius Procillus [40] et le Voconce Trogue Pompée et d'autres naturalisés de fraîche date [41] qui, dans une capitale auparavant inconnue d'eux, ne retrouvaient pas toujours le chemin de la Curie [42]. César choisit aussi des centurions et des sous-officiers, même de simples soldats distingués par leur valeur, tel Fuficius Fango [43], des fils d'affranchis et même des affranchis, tel P. Ventidius Bassus, un ancien muletier, futur consul suffect de 43 [44].

Le bouleversement ne fut pas seulement sensible dans la qualité des nouveaux recrutés, mais il se marqua aussi dans la quantité. Du Sénat syllanien déjà gonflé de trois à six cents membres, on passe à un Sénat césarien qui comptait, au début de 44, neuf cents membres [45]. Ce corps boursoufflé était une véritable chambre introuvable où il était plus facile d'entrer qu'au sénat de Pompéi, selon le bon mot de Cicéron [46]. Un décret permettait à César de s'asseoir au Sénat entre les deux consuls, sur une chaise

---

37. *Bell. Afr.*, XXVIII, 2.

38. CIC., *Phil.*, XI, 9, 12 ; XIII, 13, 27 ; BROUGHTON, *MRR*, II, p. 324 : tribun de la plèbe en 44.

39. CIC., *Ad fam.*, X, 32, 1; BROUGHTON, *MRR*, II, p. 325 : questeur en 44; *PIR*², II, 310, nº 1531.

40. BROUGHTON, *MRR*, II, p. 198 : légat de César auprès d'Arioviste en 58 av. J.-C.

41. SUET., *Divus Iulius*, LXXVI.

42. *ID., ibid.*, LXXX.

43. CASS. DIO, XLIII, 47, 2 : C. Fuficius Fango sera légat d'Octave en Afrique en 41-40; BROUGHTON, *MRR*, II, p. 373 et 382.

44. AULU GELLE, *NA*, XV, 4 ; VAL. MAX., VI, 8, 9 ; PLIN., *NH*, VII, 135 ; BROUGHTON, *MRR*, II, p. 337.

45. SUET., *Divus Iulius*, XLI ; *Aug.*, XXXV.

46. MACROB., *Sat.*, II, 3, 10.

curule plus élevée que la leur, et d'opiner le premier : il n'avait pas besoin du titre de *Princeps Senatus* pour exercer effectivement la présidence du grand *consilium.* Ainsi, César put mettre la main sans difficulté sur deux fonctions sénatoriales par excellence : la gestion financière et l'administration provinciale.

Nous l'avons vu s'emparer de la caisse de l'État. En 46, il confie le Trésor à deux de ses préfets [47] ; puis, quand les questeurs sont rétablis, il place pour cette charge d'anciens préteurs qui n'agiront en réalité qu'en qualité de préfets du prince, annonçant par là la future administration impériale. En 45, César se réserve la désignation des triumvirs spécialisés dans la frappe des monnaies : les *III viri monetales* sont portés à quatre [48], et ce sont les esclaves de sa maison qui devront surveiller les émissions [49]. La formule *EX S C* disparut du monnayage, enlevant au Sénat l'ultime témoignage de son droit régalien [50].

Pour les provinces, il envoya de lui-même des commandants militaires et les provinciaux ne pouvaient qu'obéir à leur *imperium* [51]. A son retour d'Orient, l'assemblée de la plèbe lui offrit de répartir à sa guise et sans les tirer au sort les provinces prétoriennes. Certes, elle laissait de côté les provinces consulaires mais, quand on veut bien se souvenir que les seuls consuls élus l'étaient sur sa recommandation, on mesure l'énormité de son pouvoir. Le jeu, qui consistait jusqu'alors pour les magistrats à s'entendre entre eux pour leurs promagistratures, était désormais faussé. Seul César distribue les gouvernements aux consuls et aux préteurs qui sont ses créatures et, quand il garde les provinces pour lui-même, il envoie des légats le représenter. En 45, le Sénat et la plèbe lui accordent la faculté de décider sans appel de la guerre et de la paix [52],

47. CASS. DIO, XLIII, 48, 1 ; BROUGHTON, *MRR*, II, p. 313.
48. SUET., *Divus Iulius*, XLI.
49. *ID.*, *ibid.*, LXXVI.
50. CRAWFORD, *RRC*, I, 470, par exemple, bronze de 45 av. J.-C.
51. APPIAN., *BC*, II, 48, 197.
52. CASS. DIO, XLII, 20, 1.

décrètent qu'il commanderait seul les armées et qu'il administrerait seul les finances. Ainsi il établit un régime de monarchie absolue, dont une large partie préfigure le régime impérial et ce n'est pas pour rien que le *nomen* commun, le « dénominateur » commun des empereurs est précisément ce nom de César.

CÉSAR, MONARQUE ABSOLU

César gouverne par l'intermédiaire de ses agents, de son cabinet qui d'ailleurs avait défendu ses intérêts pendant son proconsulat des Gaules et avait veillé au grain.

Le cabinet

Qui rencontrait-on dans ce cabinet ? Un fin lettré, C. Oppius, un Gaditain de grande fortune, L. Cornelius Balbus, tous deux aux premiers rangs des chevaliers et dont Tacite a pu écrire qu'ils étaient les arbitres de la guerre et de la paix [53], un officier d'état-major, A. Hirtius. Leur avis avait force de loi. César leur adressait des instructions chiffrées [54]. Un cabinet stable était une nécessité puisqu' il n'avait passé qu'une année dans la Ville. On peut en admirer la fidélité et l'efficacité. Les hommes du cabinet assuraient la continuité du service dans le respect de ses volontés. C'est d'eux que Cicéron reçoit l'approbation de prononcer le *Pro Ligario* et ceux-ci adressent à César qui guerroye en Espagne une demande d'autorisation pour la publier. Donc, ils n'assurent pas seulement des relations publiques mais une part du gouvernement : par exemple, c'est Balbus qui décida, sur instructions de César, que le crieur public sorti de charge entrerait au conseil municipal.

53. TAC., *Ann.*, XII, 60.
54. SUET., *Divus Iulius*, XXIII ; AULU GELLE, *NA*, XVII, 9, 1.

César, loi vivante

Tout le jeu législatif n'est en réalité qu'une façade. La lettre de la « constitution » est respectée et les lois sont votées « dans la forme », mais leur rédaction a reçu l'aval de César ou de son cabinet et nul ne s'aviserait de changer quoi que ce soit. Même ceux qui endossent la paternité d'une loi, en ignorent le contenu. Cette force légale était telle qu'après sa mort Marc Antoine n'eut qu'à publier en vrac les brouillons des textes rencontrés dans ses coffres pour qu'aussitôt on les gravât dans le bronze et qu'ils eussent force de loi. Ainsi la *lex Iulia municipalis* [55] allait fixer pour des siècles la politique romaine et le statut de l'Italie. Elle relève au travers de César d'une incroyable autorité qui dépasse celle de tout monarque connu dans l'histoire ; l'édifice juridique est complété après sa mort car il répond au besoin d'un monde en pleine mutation, bouleversé par les guerre civiles, exigeant plus de justice et aussi plus de fraternité et réclamant surtout le retour de la paix.

Avant les empereurs, César incarnait donc la loi vivante, victorieuse même de la mort et assurant la survie d'une monarchie qui avait eu comme but autant que comme effet de remodeler la société.

---

55. *CIL* I^2, 593 ; *FIRA*, I, 13, p. 140-152.

CHAPITRE II

LE FONDATEUR D'UNE NOUVELLE SOCIÉTÉ

Les tensions sociales traduisent sans doute à Rome, à la fin de la République, une forme de la lutte des classes. Pour résoudre les contradictions de cette société, il fallait sûrement une révolution : César la mène à son compte pour que sa monarchie reçoive le soutien d'une opinion endoctrinée et donc manipulée ; c'est cette opinion qui, mieux que les institutions politiques, assure sa légitimité.

UNE SOCIÉTÉ SANS PARTIS POLITIQUES

L'autocratie de César ne pouvait pas coexister avec la présence de partis ou de groupes de pression qui auraient limité la liberté d'action du dictateur. Il avait à mettre au pas les *populares* autant que les *optimates* et à les enfermer dans une propagande qui abolirait les controverses politiques en essayant de répondre aux élans de leurs cœurs.

César s'attacha en premier lieu à se débarrasser des associations de *populares*. Ceux qu'on appelait les *collegia* des *tenuiores* avaient mené depuis longtemps une action vigoureuse contre les *optimates*, qui les avaient supprimés en 64 ; ils avaient été rétablis avec l'accord de César par Clodius en 58 [1] et réglementés par Crassus en 55. Or César, loin de reconnaître le rôle qu'ils avaient joué pour le mener

1. J.-M. FLAMBARD, Clodius, les collèges, la plèbe et les esclaves. Recherches sur la politique populaire au milieu du Ier siècle, dans *MEFR*, LXXXIX, 1977, p. 115-156.

au pouvoir et loin de leur montrer de la reconnaissance, n'autorisa que les associations professionnelles consacrées par l'ancienneté de leur tradition [2] et les sodalités religieuses se consacrant strictement au culte de leurs divinités, telles les synagogues [3] ou les confréries dionysiaques qui, pour la première fois depuis l'affaire des Bacchanales, apparaissent à Rome et transmettent une mystique bachique [4].

César – et c'est encore une fois un coup de génie – comprit que, pour maintenir dans le calme, loin de toute sédition, les couches inférieures de la population, il convenait d'orienter leurs pensées et de les rallier à ses desseins. Il connaissait la puissance de la propagande ; ses communiqués de guerre avaient été, au moment de la conquête des Gaules, un modèle du genre : peu importait la « déformation historique », ce qui comptait c'était de faire passer un message ; il sut enrôler de bons rédacteurs et à l'occasion il leur prêta main-forte. On peut certes se poser la question de l'authenticité des lettres [5] que Salluste aurait adressées à César vieillissant, mais, même si elles sont dues à la « plume » de quelque rhéteur d'école écrivant sous Auguste, elles répondent à un état d'esprit de l'époque césarienne et aux articles du programme césarien dont on informait l'opinion. La nouvelle du suicide de Caton d'Utique en 46 ébranla l'opinion, et Cicéron en profita pour publier un éloge funèbre dithyrambique auquel fit écho le panégyrique rédigé par Brutus. Hirtius répliqua et César lui-même rédigea un *Anticato*, où il attaquait violemment

2. SUET., *Divus Iulius*, XLII.

3. JOSÈPHE, *AJ*, XIV, 215.

4. SERVIUS, *Ad Ecl.*, V, 29 ; J.-M. PAILLER, Bacchanalia. *La répression de 186 av. J.-C. à Rome et en Italie : vestiges, images, tradition* (BEFAR, 270), Paris, 1988, p. 728-741.

5. Voir éd. A. ERNOUT, CUF, Paris, 1962 ; C. VIRLOUVET, Le Sénat dans les lettres de Salluste à César, dans *Des ordres à Rome* (sous la dir. de Cl. NICOLET), Paris, 1984, p. 101-141, plaide en faveur de leur authenticité ; elle reconnaît en tout cas leur valeur comme témoignage sur la période césarienne.

le « héros » dont il contestait même l'honnêteté à Chypre. Une réfutation à ce pamphlet ne vit jamais le jour, car César exerça désormais après *Munda* une véritable censure. Caecina fut exilé pour avoir publié des *Querelae* (Plaintes) [6]. Cicéron lui-même, pour publier ses écrits, devait obtenir le visa de César ou de son cabinet. Surtout César eut l'intelligence de créer les *Acta populi*, sorte de Moniteur officiel du régime, à côté des *Acta Senatus* sur lesquels il avait aussi la haute main ; il créait d'une certaine façon la presse, mais il la monopolisait et il savait saturer insensiblement l'opinion populaire pour garantir la paix intérieure d'autant que, à l'autre bout de l'échelle sociale, les aristocrates – les *optimates* – acceptaient eux aussi de se soumettre aux pressions césariennes.

Les grands opposants avaient succombé dans la guerre civile et les gens de second plan s'étaient ralliés, tels M. Iunius Brutus le jour de Pharsale, C. Cassius un peu plus tard. Cicéron s'était détaché d'une cause perdue, celle des Pompéiens, sans rejoindre réellement le camp de César ; d'autres enfin s'étaient volontairement exilés. César oppose à la cruauté d'un Sylla proscripteur sa propre mansuétude : un Romain ne saurait se conduire en Barbare et répondre au massacre par le massacre et au sang par le sang [7]. Après *Munda*, il désigna pour la préture de 44 [8] ceux que J. Carcopino appelle les ouvriers de la onzième heure – Brutus et Cassius –, et les vieux partisans de César se révèlent donc désireux d'effacer les anciennes tensions et souhaitent la réconciliation des deux camps ennemis. Après *Thapsus*, César chercha des ralliements : Cicéron se rallia le premier dès le 26 septembre 47 et, une fois conquis, il se fit l'entremetteur de César, sans toujours réussir. Il parvint par exemple à attirer l'ex-légat d'Afrique, Q. Ligarius. Celui-ci avait été banni ; ses parents et amis, conduits par Cicéron, se jettèrent aux pieds de César. Mais comme un procès avait

6. Cic., *Ad fam.*, VI, 6 ; 8 et 9 ; 7, 5; XIII, 66.

7. Sall., *Ep.*, I, 3, 4 ; voir F. Hinard, *Les proscriptions de la Rome républicaine* (Coll. EFR, 83), Rome, 1985, p. 213-219.

8. Broughton, *MRR*, II, p. 320-321.

été intenté à Ligarius par ses ennemis personnels, Tubero père et fils, il fallut plaider fin septembre 46 : Cicéron prit sa défense dans le *Pro Ligario*, fit appel à la bienveillance de César qui avait sans doute approuvé toute cette mise en scène. Q. Ligarius fut acquitté et pardonné. Le *Pro Ligario* entrait dans l'arsenal de la propagande en faveur de César, reconnu par Cicéron comme « s'approchant le plus près des dieux, car il avait sauvé le plus grand nombre de ses semblables [9] ».

Sur l'invitation du cabinet césarien, Cicéron relança M. Claudius Marcellus, ancien consul de 51 [10], ennemi passionné de César ; exilé à *Mytilène*, il refusait d'adresser une supplique à César. Au début de juillet 46, au Sénat, une dizaine de *consulares* entourèrent César et le supplièrent en faveur de Marcellus ; parmi eux figurait L. Calpurnius Piso, son beau-père. César commença par résister à ces suppliques, puis pardonna en raison « du désir du Sénat, ce grand corps de l'État [11] ». Ce fut alors à la Curie une explosion de joie à laquelle Cicéron participa en prononçant le *Pro Marcello*, où il fait l'éloge de la divine magnanimité de César [12].

Mais Marcellus refusa d'en profiter sur-le-champ : il ajourna au printemps de 45 ses préparatifs de départ ; sur la voie du retour, à une escale du Pirée, il fut poignardé le 25 mai par un de ses intimes, P. Magius Cilo qui, paraît-il, se fit justice. Peu importe, au demeurant, cette funèbre péripétie. César avait atteint son but : le Sénat avait été unanime à exalter sa personne et son œuvre. Il réalisait autour de lui une unité indispensable à l'édification d'un État totalitaire, dirigé par un parti unique – celui des Césariens – loin de la dualité du Sénat et du peuple romain. C'était bien une révolution que personne avant lui n'avait réussie : à une société débarrassée des partis traditionnels devait répondre une société sans classes.

---

9. CIC., *Pro Ligario*, XII, 37.
10. BROUGHTON, *MRR*, II, p. 240-241.
11. *Schol.* GRONOV., p. 418 OR.
12. CIC., *Pro Marc.*, III, 8 et IX, 27.

UNE SOCIÉTÉ SANS CLASSES

Par sa puissance monarchique, César put essayer de résoudre les contradictions où, dans le passé, avait sombré le parti démocratique. Caius Gracchus, en effet, avait d'une part recherché par le partage des terres publiques à redonner à la plèbe urbaine le sens du travail et de l'effort ; par ailleurs, il voulait étendre le droit de cité, ce qui réduisait les parts de la plèbe urbaine. Dès le 11 mars (11 février) 49, César, par la loi *Roscia*, parachevait la naturalisation de l'Italie en y englobant la Cisalpine. En distribuant vivres et argent à la populace, il ferma la bouche des protestataires de l'*Urbs.* Puis il ménagea les susceptibilités populaires en faisant adopter une loi *Rubria* qui laissait jusqu'en 42 à la Cisalpine le statut de province distincte, en limitant les compétences des juridictions locales et en traduisant de plein droit à Rome les actions infamantes et les causes civiles dépassant un certain chiffre – dix mille ou quinze mille sesterces . Ainsi mène-t-il à la fois une politique hardie mais progressivement appliquée, où éclate son sens des intérêts supérieurs de l'État.

Il devait aborder avec fermeté le problème crucial de la misère de la plèbe. Rome connut en effet dans ces années pour son prolétariat des conditions plus difficiles ; l'accroissement de la main-d'œuvre entraînait une augmentation du nombre des chômeurs ; les artisans étaient écrasés sous le poids de leurs dettes. César décida d'intervenir dans un conflit séculaire, sans pour cela sacrifier à la démagogie. Déjà en 49 il s'était interposé entre créanciers et débiteurs, qui relevaient du seul préteur urbain rendant des sentences arbitrales. C. Trebonius [13] en 48 remplit son office avec humanité, luttant contre les taux usuraires, échelonnant le paiement des dettes légitimes. Toutefois le nombre des endettés était si important qu'ils essayèrent de l'emporter par la violence. M. Caelius Rufus, préteur pérégrin [14], jaloux de Trebonius, prit la tête de l'agitation. Devant l'insuccès

13. BROUGHTON, *MRR*, II, p. 273.
14. *ID.*, *ibid.*, II, p. 273.

de ses premières manifestations, il afficha une *rogatio* tendant à annuler la moitié des dettes, l'autre moitié étant soldée sans intérêts et par étapes. Devant l'hostilité du consul Servilius Isauricus [15], il la retira et la remplaça par deux projets encore plus radicaux : moratoire d'un an en faveur des locataires, effacement total des dettes. Alors la Ville se divise en deux partis. Trebonius fut chassé de son tribunal par l'émeute ; le Sénat vota le *senatus consultum ultimum.* Caelius s'enfuit rejoindre Milon accouru de Marseille, et une troupe de Pompéiens dans le sud, près de Compsa sur le territoire des *Hirpini*, troupe qui fut taillée en pièces par le préteur Q. Pedius [16] ; Caelius fut exécuté par des cavaliers de la garnison de *Thurii.*

Cette première agitation fut donc jugulée en quelques mois. Une seconde suivit, menée par un jeune patricien, P. Cornelius Dolabella [17], passé à la plèbe et tribun en 47 qui chercha à créer des soucis au maître de la cavalerie, Marc Antoine. Il reprit les propositions de Caelius et appela aux armes pour les soutenir. Le Forum se couvrit à nouveau de barricades et le Sénat reprit le *senatus consultum ultimum.* Les troupes de Marc Antoine, massées au Capitole, se précipitèrent sur les trublions qui eurent huit cents tués. Dolabella restait vivant et le problème pendant. César, de retour d'Orient, montra par son silence qu'il approuvait la répression menée par Marc Antoine ; en même temps, il ne rompit pas avec Dolabella ; il lui fallait analyser les situations. Il y avait des insolvables dans le dénuement, dignes de commisération, mais s'ils ne cherchaient pas à sortir de leur situation, à faire un effort personnel, ils faisaient preuve d'une âme médiocre [18]. En face d'eux, les riches qui ne payaient pas leurs dettes témoignaient d'une lâcheté impardonnable [19]. Par cette analyse, César définissait une ligne nette pour maintenir la justice sociale.

15. Broughton, *MRR*, II, p. 272.
16. *Id., ibid.*, II, p. 273 ; Caes., *BC*, III, 22.
17. Broughton, MRR, II, p. 287.
18. Caes., *BC*, III, 20, 3.
19. *Id., ibid.*, 20, 3.

Une première loi Julienne établit un moratoire pour les locataires qui ne payaient pas plus de deux mille sesterces par an. Une seconde prévoyait la *cessio bonorum*, à concurrence des sommes pour lequelles ils s'étaient engagés. Alors le scandale des riches refusant d'honorer leur signature cessa. Il est évident que, pour les débiteurs honnêtes, on déduisait les intérêts déjà versés soit en valeurs, soit en espèces du total de la créance et les évaluations préalables devaient tenir compte du prix que les propriétés avaient coûté avant la guerre civile. Les vrais pauvres échappaient à la *cessio* et à la contrainte par corps. Au total, la réduction des dettes, à en croire Suétone [20], ne fut que d'un quart ; il n'était pas question d'une suppression totale qui aurait entraîné des convulsions aux conséquences imprévisibles. Il s'agissait surtout pour César de régénérer la plèbe par ses richesses et par ses conquêtes.

C'était depuis toujours dans le programme des *populares* que de venir en aide aux nécessiteux. Par démagogie des nobles, on était vite passé d'un office du blé à bon marché aux distributions gratuites de grain, qui dataient de l'époque de C. Gracchus. César resta fidèle à ce programme, mais il ne voulut pas compromettre les finances publiques par une trop grande générosité et il se refusa à encourager l'oisiveté. Il définit en 46 les conditions pour obtenir des vivres gratuits et il radia ceux qui ne les remplissaient pas. Au total, les assistés passèrent de trois cent vingt mille à cent cinquante mille [21], un chiffre qu'il ne fallait pas dépasser à l'avenir. Seules des vacances autoriseraient l'inscription de nouveaux noms, sinon les édiles *Ceriales* seraient condamnés à une amende de cinquante mille sesterces.

---

20. SUET., *Divus Iulius*, XLII.

21. C. VIRLOUVET, *Famines et émeutes à Rome des origines de la République à la mort de Néron* (coll. EFR, 87), Rome, 1985, p. 112-113 ; ID., Tessera frumentaria. *Les procédures de distribution de blé public à Rome à la fin de la République et au début de l'Empire* (BEFAR, 286), Rome, 1995, p. 165 et *passim*.

César avait constaté que les assignations agraires, prévues par les lois sociales portées quand il était consul, avaient essentiellement profité aux vétérans de Pompée des armées d'Orient. Il décida de changer de mode d'attribution ; il distribua les parcelles de l'*ager Campanus* aux citoyens, pères d'au moins trois enfants, et vingt mille familles furent ainsi loties : l'*occupatio* de la Campanie par les aristocrates était terminée. Il fallut rechercher, pour satisfaire toutes les demandes de citoyens et de vétérans, de nouvelles terres dans de nouvelles régions : Véies, Volterra, *Casilinum* et *Calatia* [22] . Il établit à Corinthe des affranchis de Rome qu'il y avait possessionnés [23] et quatre-vingt mille prolétaires urbains furent installés dans les colonies outre-mer [24].

César enfin souhaita que ceux des indigents, qui n'auraient pas obtenu de lots ou qui n'auraient pas voulu s'expatrier, pussent gagner leur pain et le programme césarien visait à les régénérer par le travail. Il multiplie les chantiers à Rome même, il ouvre une route directe entre la vallée du Tibre et la mer Adriatique ; il creuse à Ostie un port sur le site de ce qui sera plus tard le port de Claude ; il fait dessécher le lac Fucin, drainer les marais Pontins. Il contraint les propriétaires à employer comme bergers au moins un tiers de libres salariés [25].

Ainsi d'une poigne ferme César affirmait sa volonté de mettre tout le monde au travail et manifestait le désir évident de faire triompher une conception égalitaire de la société.

Le nivellement des grands

C'est ce nivellement qui rend plus acceptable l'assujettissement de la plèbe. Par sa réforme de 46, César a

---

22. Suet., *Divus Iulius*, XXXVIII.

23. Strabo, VIII, 6, 23.

24. Suet., *Divus Iulius,* XLII. Il pourrait en réalité s'agir d'un chiffre global, incluant les vétérans installés en Italie.

25. *Id., ibid.*, XLII.

rapproché sénateurs et chevaliers. Il a éliminé des *quaestiones* les *tribuni aerarii* introduits par le préteur Aurelius Cotta en 70 avant Jésus-Christ [26]. Désormais les *quaestiones* (jurys) sont partagées entre *Patres* et chevaliers ; mais surtout il a identifié l'ordre équestre à la première classe censitaire, possesseur de quatre cent mille sesterces, soit un million d'as et a ainsi noyé dans cette première classe le Sénat parmi les chevaliers, sans distinction du cheval public ou de la qualité de *tribunus aerarii.* Il a donc conduit une vigoureuse politique niveleuse, à la grande satisfaction de la plèbe. Il a lancé aussi une violente attaque contre l'argent [27]. La conquête et les richesses dont elle le comble lui permet de se débarrasser de la pression des ploutocrates. Il s'est attaqué au capitalisme foncier en chassant les sénateurs de Campanie, en pulvérisant le domaine public par ses assignations. Vis-à-vis du capitalisme immobilier, il ne se montre pas moins vigilant : en Sicile et en Asie, il remplace par une contribution en argent les dîmes qui ouvraient la porte à bien des abus de la part des sociétés vectigaliennes. Contre les thésauriseurs, il interdit qu'on puisse garder pardevers soi plus de quinze mille deniers en espèces. Il poursuit toute forme de luxe tapageur. Il frappe d'un impôt les bâtisseurs de péristyles à multiples colonnes ; il interdit les litières aux femmes non mariées ou mariées sans enfants. Seules les matrones de plus de quarante et un ans auraient droit de porter des perles. Il rafle sur les marchés les produits rares ou les plats cuisinés interdits [28].

Le nivellement politique et social s'accompagne du règne de la vertu qui s'impose à tous : tous les individus, toutes les catégories sociales devront concourir à la prospérité de l'État pour mieux imposer au monde la majesté de Rome, solidaire désormais de la gloire de César.

---

26. BROUGHTON, *MRR,* II, p. 127.
27. SALL., *Ep.*, I, 7, 2 et II, 7, 10; 8, 3.
28. Sur l'ensemble de cette politique, voir SUET., *Divus Iulius,* XLIII.

CHAPITRE III

LE RÊVE IMPÉRIAL UNIFICATEUR

César ne pouvait pas se contenter de niveler la société romaine traditionnelle, mais il rêva d'unifier l'oikoumène sous l'autorité de Rome où disparaîtraient différences ethniques et juridiques. Il voulut bâtir un empire et il reprit, lui qui admirait le héros macédonien, le rêve égalitaire d'Alexandre : il souhaita réaliser l'osmose entre les civilisations gréco-romaine et barbare ; en cela aussi il fut révolutionnaire et personne à Rome n'avait tracé la voie.

L'UNIFICATION DE L'ITALIE

La naturalisation de la Cisalpine lui permet tout d'abord d'unifier l'Italie. Elle fut soumise à un statut politique uniforme à l'intérieur de frontières naturelles et César put romaniser les communautés politiques, ainsi que façonner leur âme à la mode romaine. Nous connaissons par la *lex Iulia municipalis,* promulguée après sa mort, les dispositions prévues pour les élections des magistrats municipaux, pour les décisions des décurions ; sur bien des points, elles copiaient des mesures qu'observaient les magistrats romains. Ce faisant, il ranime l'esprit républicain : il sait que la décentralisation municipale n'est pas incompatible avec le despotisme et qu'elle peut entretenir un patriotisme qui va sceller l'unité de l'Italie.

L'INÉGALITÉ DES TRAITEMENTS POLITIQUES

Cette sorte de patriotisme s'était forgée au cours de la guerre civile, puisque, parmi les Pompéiens et les Césariens, on rencontrait des étrangers appartenant à la même nation qui s'était divisée en deux partis antagonistes. Ainsi, vainqueurs et vaincus pouvaient être rapprochés. Certes, à l'égard des rois étrangers, vassaux, César se montra peu accommodant ; il ne rétablit pas la royauté juive en faveur du grand prêtre Hyrcan qui dut se contenter du titre d'ethnarque. Bogud, roi de la Maurétanie occidentale, ne reçut aucun nouveau territoire [1] ; Bocchus II, roi de Maurétanie, s'accrut des États de Massinissa et étendit ses frontières jusqu'aux abords de *Cirta*. César ajourna sa sentence dans le procès qu'il avait appelé devant lui, dans sa maison, et qui mettait en cause le roi galate Deiotaros [2], dont il pensait avoir besoin pour son expédition parthique. Donc des traitements divers à l'égard de rois dont il garantissait les trônes, mais il exigeait de tous une obéissance sans réserves. Quant aux provinces, il porta leur nombre à dix-huit et il traita de façon nuancée les cités qui avaient manifesté plus ou moins de bienveillance à son égard.

L'inégalité de traitement fondait son autorité et il sut, à côté d'amendes rigoureuses, tels les soixante-huit mille kilogrammes d'huile imposés à *Leptis* (Lemta) [3], accorder des privilèges comme la liberté à Cnide et Ilion dès 48, en 47 à Amisos, Mytilène, Cyzique, Milet, Athènes, Mégare, Thespies, l'immunité à Pergame, ce qui lui valait en retour décrets honorifiques et actions de grâce. Surtout, il débarrassa l'administration provinciale de l'arbitraire des proconsuls : désormais les promagistratures prétoriennes ne sauraient plus être prorogées, et une seule prorogation serait accordée aux proconsulaires : tous les promagistrats

1. N'oublions pas que César séduisit sa femme Eunoé : SUET., *Divus Iulius*, 52.

2. CIC., *Pro Deiot.*, XIV, 39, fait appel à la générosité de César.

3. *Bell. Afr.*, XCVII, 5.

devaient en tout cas rendre des comptes à César qui, devant les opinions provinciales, souhaitait faire triompher son impartialité.

LES FERMENTS DE L'UNIFICATION

L'armée

Le premier ferment est représenté par la force armée, la plus considérable jamais réunie. En vue de la guerre parthique, à la fin de sa vie, il a mobilisé seize légions et en a installé vingt-trois dans les garnisons de provinces, soit un total de trente-neuf, impressionnant quand on sait qu'Auguste ne voulut disposer que de vingt-cinq légions. Cette armée véhiculait, par le spectacle de sa discipline et par le souvenir de ses exploits passés, un message patriotique ; par sa composition, elle jouait à plein son rôle de naturalisation : les pérégrins rapidement ne se distinguaient plus des citoyens et cette armée unifiée était un incomparable moteur de la romanisation et donc de l'unification de l'Empire.

La colonisation

Le second – et quasi concomitant – moyen de cette romanisation fut la colonisation qui permit de caser, d'après Suétone [4], quatre-vingt mille citoyens outre-mer, colonisation marquée par le surnom de *Iulia* donné à chaque colonie césarienne. Mais ce surnom reste chronologiquement ambigu [5], car il peut désigner aussi bien une fondation du second triumvirat, puisqu' Octavien est, de

4. SUET., *Divus Iulius*, XLI, 5.

5. Est éloquente à cet égard la carte 43, p. 89 : colonies de droit romain d'époque césarienne ou augustéenne, et le commentaire, p. 88, dans *Histoire de la France urbaine*, I. *La ville antique des origines au IXe siècle*, Paris, 1980. Même hésitation prudente chez P. LE ROUX, *Romains d'Espagne. Cités et politique dans les provinces, IIe siècle av. J.-C.-IIIe siècle ap. J.-C.*, Paris, 1995, p. 55.

par son adoption par César, un Iulius. Une révision à la baisse des établissements césariens a été entreprise ces dernières années à propos de plusieurs provinces. Une seconde catégorie regroupe les cités qui ont ouvert leurs portes à César et aux troupes césariennes, et auxquelles il a conféré la naturalisation complète ou partielle, en les promouvant colonies honoraires ou municipes. Ainsi, l'action de César vise comme toujours à l'égalisation entre les hommes libres de l'Empire, mais respecte une hiérarchie en fonction des mérites : le nivellement se poursuit avec modération et prudence, et tout ce réseau d'établissements permet la mise en valeur des territoires pacifiés [6] et transplante en province le modèle romain. La *lex Coloniae Iuliae Genetivae,* que César a conçue pour sa colonie d'*Urso* (Osuna) et qui a été promulguée après sa mort, donne le schéma directeur des institutions municipales : triade capitoline, magistats, décurions ; désormais chaque colonie, chaque municipe seront comme autant de miroirs reflétant la majesté romaine [7].

César est essentiellement le fondateur de colonies romaines de plein exercice.

En Gaule Narbonnaise, il envoie des vétérans de la Xe légion qui représentent la deuxième vague de colons de Narbonne [8], fondée à la fin de 45 ; à Arles s'installent les vétérans de la VIe légion qui, comme ceux de Narbonne, sont conduits par Tib. Claudius Nero, le père de Tibère [9]. Au contraire, dateraient d'Octave les colonies de Béziers [10],

6. P. MORET, Les maisons fortes de la Bétique et de la Lusitanie romaines, dans *REA*, 1995, p. 527-564, surtout p. 547-553.

7. AUL. GELL., *NA*, XVI, XIII.

8. M. GAYRAUD, *Narbonne antique des origines à la fin du IIIe siècle* (Suppl. 8 de la *RAN)*, Paris, 1981, p. 175-186.

9. SUET., *Tib.*, 4 ; BROUGHTON, *MRR*, II, p. 300.

10. M. CLAVEL, *Béziers et son territoire dans l'Antiquité* (Annales littéraires de l'Université de Besançon, 112 ; Centre de Recherches d'histoire ancienne, 2), p. 166 ; *Histoire de la France urbaine*, I, p. 91 penche pour une datation césarienne.

d'Orange [11], de Fréjus [12] et de Valence [13].

En Sicile, Palerme [14] est un établissement césarien, tandis que Syracuse [15] et Catane [16] sont postérieures à César.

En Sardaigne, on compte comme fondation césarienne *Turris Libisonis* [17].

En Hispanie ultérieure, *Hispalis* [18], *Urso* [19], *Corduba* [20] et en citérieure *Emporiae* [21].

En Bithynie-Pont, s'il faut exclure Apamée, datée du second triumvirat à cause de son surnom *Concordia*, Sinope [22], Héraclée du Pont [23] entrent dans la liste des villes césariennes, comme Buthrote [24] et Corcyre en Macédoine et comme Corinthe [25] en Grèce.

---

11. *Histoire de la France urbaine*, I, p. 91 : époque postérieure à César.

12. *Ibid.*, I, p. 91 ; P.-A. FÉVRIER, *Forum Iulii* (Fréjus), Bordighera, 1963, p. 14.

13. A. BLANC, *Valence romaine* (Cahiers valentinois, I), 1953, p. 18 *sq.*

14. *RE*, XVIII, 3, 1949, *s.v.* Panormos, col. 661-678, surtout col. 665 (K. ZIEGLER).

15. *PECS*, Syracuse (G. VOZZA), p. 871-874, p. 872 : colonie augusténne en 21 av. J.-C.

16. *Ibid.*, Catane (G. RIZZA), p. 442-443, p. 442.

17. *Ibid.*, Turris Libysonis (D. MANCONI), p. 941; *CIL* X, 7953 ; A. BONINU, M. LE GLAY et A. MASTINO, *Turris Libisonis, colonia Iulia*, Sassari, 1984, p.39.

18. A. TOVAR, *Iberische Landeskunde* (= TOVAR), I. *Baetica*, Baden-Baden, 1974, p. 140-143, p. 141.

19. Connue par la fameuse *lex coloniae Iuliae Genetivae*.

20. *PECS*, Corduba (J.M. ROLDÁN), p. 239 : avant 45, du fait de Cn., fils du grand Pompée, peut-être ; TOVAR, I, p. 86-92, p. 87-88.

21. *PECS*, Emporion (J. MALUQUER DE MOTES), p. 303 : colonie de vétérans en 45 ; TOVAR, III. *Tarraconensis*, 1989, p. 427-430.

22. *PECS*, Sinope (E. AKURGAL), p. 842 : *colonia Iulia Felix* en 47.

23. *Ibid.*, Herakleia (D.R. WILSON), p. 383.

24. *Ibid.*, Buthrotum (F.C. SESTIERI), p. 175-176, p. 175.

25. *Ibid.*, Corinth (H.S. ROBINSON), p. 240-243 : colonie césarienne *Laus Iulia Corinthiensis*; STRAB., VIII, 6, 23.

Provinces	Colonies romaines	Colonies honoraires	Municipes
Gaule Narbonnaise	Narbonne (1) Arles (2) Béziers (3) Orange (4) Fréjus (5) Valence (6)	Vienne (7)	Tolosa (8) Ruscino (9) Antipolis (10) Avennio (12)
Sicile	Palerme (13) Syracuse (14) Catane (15)		
Sardaigne	Turris Libisonis (16)		
Hispanie ultérieure	Hispalis (17) Urso (18) Corduba (19)	Ulia (20)	Gadès (21) Olisipo (22) Ebora (23)
Hispanie citérieure	Emporiae (24)	Tarraco (25)	Castulo (26)
Bithynie-Pont	Sinope (27) Héraclée du Pont (28)		
Macédoine	Buthrote (29) Corcyre (30)		
Grèce	Corinthe (31)		
Afrique	Carthage (32) Clupea (33) Curubis (34) Hippo Diarrhytus (35)	Confédération cirtéenne (36)	Utique (37) Mustis (38)

Pour l'Afrique, il appartenait à J.-M. Lassère [26] de réexaminer avec un soin jaloux les affirmations de ses devanciers sur la colonisation et de passer au crible de l'épigraphie les indications des sources anciennes. Il ne garde comme colonies que Carthage, *Clupea, Curubis*

26. Ubique populus. *Peuplement et mouvements de populations dans l'Afrique romaine, de la chute de Carthage à la fin de la dynastie des Sévères (146 a.C.-235 p.C.)*, Paris, 1977 (= LASSÈRE) p. 145-198.

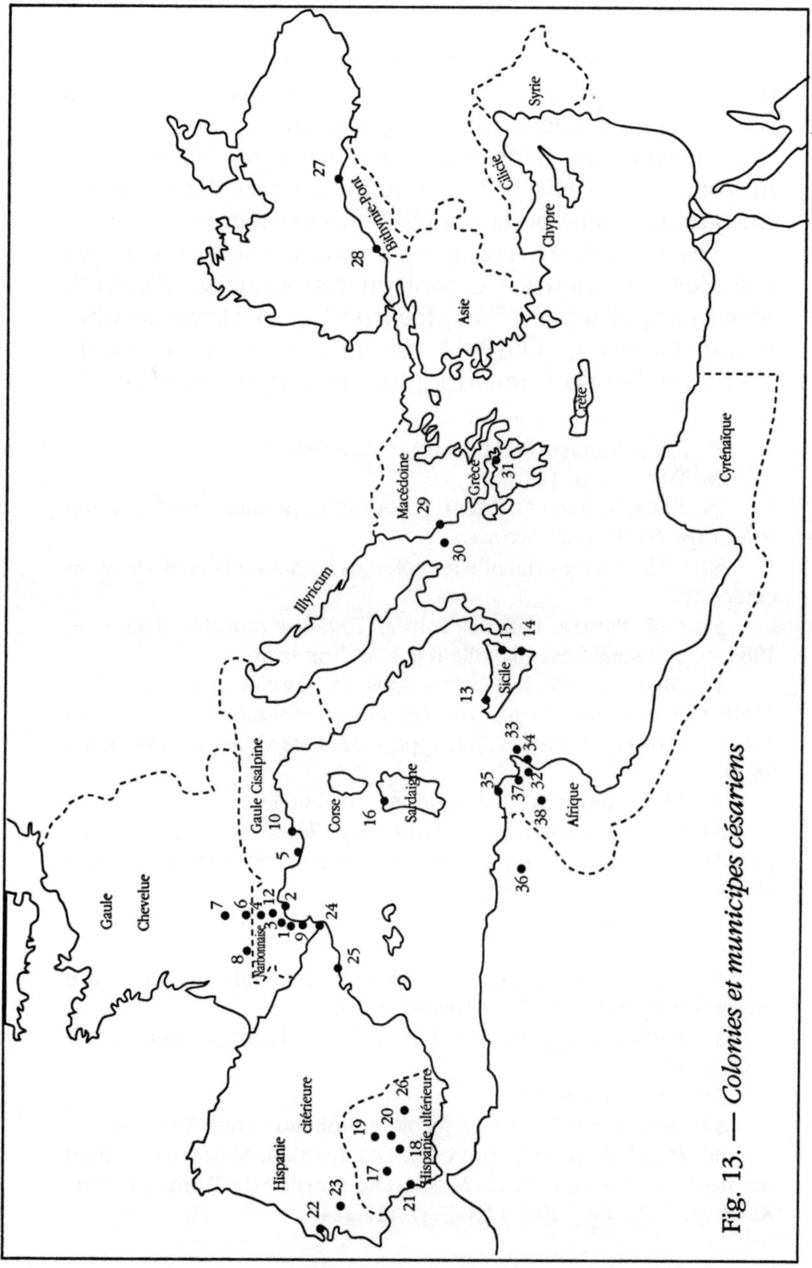

Fig. 13. — *Colonies et municipes césariens*

et peut-être *Hippo Diarrhytus*, mais refuse *Carpis*, *Neapolis* et *Thysdrus*.

La catégorie des colonies honoraires est moins riche : en Narbonnaise, on relève Vienne [27], tandis que *Cabellio* (Cavaillon) est une colonie augustéenne.

En Hispanie ultérieure, nous trouvons *Ulia* (Montemayor) [28] et en Hispanie citérieure *Tarraco* [29] ; enfin, en Afrique, les villes de la confédération cirtéenne [30].

Les municipes, enfin, sont plus nombreux que les colonies honoraires. Ce sont en Narbonnaise *Tolosa* [31], *Ruscino* [32], *Antipolis* [33] et *Avennio* [34] ; en Hispanie ultérieure Gadès [35], *Olisipo* [36] et *Ebora* [37] ; en Hispanie citérieure Castulo [38] ; en Afrique enfin, Utique [39] et *Mustis* [40].

---

27. *PECS*, Vienna (M. Le Glay), p. 978-980.

28. Tovar, I, p. 115-116.

29. *PECS*, Tarraco (J. Arce), p. 882-883 : promue en 45 *Colonia Iulia Urbs Triumphalis Tarraco*.

30. J.-M. Lassère accueille les colonies latines de la confédération cirtéenne.

31. J.-M. Pailler, Palladia Tolosa, *Toulouse romaine*, Toulouse, 1988, p. xv : sous César, la ville reçoit le droit latin.

32. M. Gayraud, Les inscriptions de Ruscino, dans *Ruscino. Château-Roussillon, Perpignan (Pyrénées-Orientales)*, I. *État des travaux et recherches en 1975* (suppl. 7 de la *RAN*), Paris, 1980, p. 67-98, p. 96.

33. *PECS*, Antipolis (R.V. Schoder), p. 64-65.

34. *Histoire de la France urbaine*, I, p. 76 et 92, ne se prononce pas clairement entre César et Auguste ; cette ex-ville massaliote doit-elle être rapprochée de Cabellio ?

35. *PECS*, Gadir (J.M. Blázquez), p. 341-342 : en 49 av. J.-C., elle reçoit le *ius latii*.

36. *Ibid.*, Olisipo (J. Alarcão), p. 645 reste dubitatif sur la date du municipe et du titre *Iulia Felicitas Olisipo*.

37. *Ibid.*, Ebora (J. Alarcão), p. 290 : ne choisit pas entre César et Octavien.

38. Tovar, III, p. 17.

39. Lassère, p. 87 : la ville reçoit le droit latin entre 59 et 49.

40. *Id.*, *ibid.*, p. 157, d'après A. Beschaouch, Mustitana, Recueil des nouvelles inscriptions de Mustis, cité romaine de Tunisie, I, dans *Karthago*, XIV, 1965-1966 (1968), p. 117-224.

La monnaie

La monnaie unique est le troisième pilier de cette unification. Maître de l'administration des finances, comme nous l'avons vu [41], il décida de frapper des monnaies d'or pesant 8,21 g, soit un quarantième de la livre romaine et valant 25 deniers ou 100 sesterces. Respectant le juste rapport 12/1 de l'or face à l'argent, les pièces romaines l'emportèrent sur tous les marchés. Les frappes d'argent ne subsistèrent plus qu'à Éphèse, Antioche, Alexandrie, et le bimétallisme romain véhicula dans tout l'empire la même idéologie césarienne.

Le calendrier

La remise en ordre du calendrier fait vivre, à partir de 46, l'*Urbs* et le monde romain à l'heure romaine ; c'est la dernière assise de l'unification. En effet, avant 46, l'oubli des intercalations dans le calendrier avait entraîné un désordre dommageable à tous. La première mesure de César fut d'insérer d'un seul coup, entre novembre et décembre, trois mois intercalaires de soixante-sept jours. La seconde fut d'adopter les conclusions des savants égyptiens sur la durée de la translation terrestre de 365 jours et un quart. Il suffirait alors tous les quatre ans d'ajouter un jour : l'année serait dite bissextile car, la première fois, on dédoubla le sixième jour avant les kalendes de mars, soit le 24 février, et ce sixième jour, *bis sextus,* a laissé une trace durable dans notre langue et notre calendrier, héritier du calendrier julien, au travers du calendrier grégorien. La communication entre les hommes des diverses nations qui peuplaient les terres romaines se ferait désormais, à l'intérieur d'une durée mesurée de la même façon, ce qui ne pouvait manquer de renforcer leur solidarité et de promouvoir une communauté de destin pacifique.

---

41. *Supra*, p. 165.

L'ACHÈVEMENT DE LA CONQUÊTE

A l'image du temps cyclique, entraîné dans un mouvement perpétuel, César imaginait un *cosmos* circulaire : pour l'équilibre de cette figure parfaite, il fallait faire trois conquêtes en Orient, car il estimait qu'en Occident il avait achevé sa tâche guerrière, tant en Bretagne, dont la conquête lui paraissait facile, que sur le Rhin dont il méconnaissait les réalités ethniques.

Il se fixait en Orient trois objectifs : soustraire les richesses égyptiennes à des mains étrangères ; libérer le Pont-Euxin des incursions du roi des Daces, Burebistas, qui avait envoyé des émissaires en 48 à Pompée en retraite sur la Thessalie, mais trop tard, et qui recommençait à piller les rivages de la mer Noire et la Thrace ; il pourrait alors mettre la main sur ces montagnes daces qui recelaient en leurs flancs tant d'or. Enfin, il s'agissait de venger Crassus et le désastre de 53 contre les Parthes.

Le premier objectif était le plus facile à atteindre. César disposait de trois légions à Alexandrie ; il en envoya une quatrième pour muscler encore davantage le corps d'occupation. Il invita à Rome Cléopâtre et le roi, son jeune frère-époux. Pendant deux ans, il gouverna par le truchement du chevalier, Rufio, qu'il avait placé à la tête des quatre légions. A-t-il songé, comme le bruit en courait à Rome, à demander l'autorisation de polygamie [42], pour pouvoir se marier avec son amante la reine d'Égypte sans avoir à répudier son épouse romaine Calpurnia ? C'est possible, sans qu'on puisse ajouter foi à une calomnie colportée par ses ennemis : de toute façon, l'Égypte était bien à portée de sa main.

Quant aux deux autres objectifs, il ne pouvait en venir à bout que par les armes : il mobilisa seize légions, dix mille cavaliers [43], établit à Apollonie en Épire sa base d'opérations [44]. Il pensait avoir besoin d'une guerre de trois ans

---

42. Voir la portée politique de cette liaison adultérine, p. 62-65.
43. APPIAN., *BC*, II, 110, 460.
44. *ID.*, *ibid.*, III, 24, 92.

et Suétone [45] nous a transmis son plan d'opérations : en finir d'abord avec les Daces, puis passer en Petite Arménie pour écraser ensuite les Parthes.

Mais, avant de partir pour l'Orient, il semble désireux de consolider définitivement son pouvoir et mettre de son côté tous les atouts humains et divins pour forcer la victoire. Il est vrai que le ciel risquait de lui appartenir plus sûrement que la terre.

45. SUET., *Divus Iulius*, XLIV.

CHAPITRE IV

LE CONQUÉRANT DU CIEL

Après les honneurs et les femmes, après les nations étrangères et l'Italie, quelle nouvelle conquête pouvait planifier César ? S'ouvrait à lui le champ immense des âmes dominées par les croyances religieuses dispersées en un vaste polythéisme que le dictateur allait ramener à sa personne et unifier. Il ne recevait pas simplement un héritage en tant que membre de la *gens Iulia* et en tant que Romain, il allait promouvoir une révolution religieuse pour occuper une situation exceptionnelle dans l'État : il avait à conquérir de son vivant le ciel.

La position exceptionnelle de César s'est affirmée sur le plan religieux, encore que, dans son comportement, dans ses attributs, rien ne pût étonner une opinion publique habituée depuis longtemps à voir les citoyens les plus éminents assumer des charges religieuses qui faisaient de leurs personnes les intermédiaires nécessaires entre la communauté civique et les dieux ; elles faisaient partie de leur prestige et prolongeaient leur autorité politique. Mais César ne pouvait se contenter de sacerdoces qui pourtant lui donnaient la maîtrise de la religion romaine ; ses victoires militaires lui apportaient une tout autre légitimité religieuse et il pouvait créer de nouveaux cultes pour renforcer son image divine.

Rappelons les étapes de sa carrière religieuse [1]. Après une longue éclipse politique aux IIIe et IIe siècles, les Iulii contrôlaient les cultes familiaux de *Bovillae* et proba-

1. Voir *supra*, p. 46-47.

blement d'*Alba* ; ces cultes étaient en liaison avec les Ennéades, Vediovis et Vénus, et ce culte gentilice n'avait rien d'extraordinaire. En 87 ou janvier 86, César fut désigné comme *flamen dialis*, à l'âge de treize ans, parce qu'il était le neveu de Marius et qu'il était patricien. Mais Sylla l'empêcha d'assumer cette charge, à moins que, par calcul, César ait tout fait pour la récuser. En 73, il devient *pontifex* par cooptation, il remplace dans ce collège le cousin de sa mère, C. Aurelius Cotta. En 63, il est élu *Pontifex Maximus* par dix-sept tribus sur trente-cinq. Cette élection lui donne un pouvoir religieux considérable ; il habite dans la *domus publica,* officie dans la *Regia* ; à la suite du scandale de la *Bona Dea*, il répudie son épouse car la femme du pontife suprême doit être au-dessus de tout soupçon. Après Pharsale, il assume l'augurat en 47 et, le premier, inaugure cette politique de cumul de prêtrises qu'Auguste pratiquera ainsi que ses successeurs. Il fit coopter son neveu, C. Octavius, comme *pontifex* et prévoyait, dans son testament, d'en faire son héritier dans la charge de *Pontifex Maximus.* Au lendemain des Ides de Mars, Antoine fit élire Lépide comme *Pontifex Maximus* et ce n'est qu'en 12 avant Jésus-Christ qu'Auguste put enfin recueillir son héritage.

Ainsi, à chaque pas de sa carrière, de ses titres, il gagna une part supplémentaire de ciel, et les honneurs qui lui furent décernés en faisaient de plus en plus un dieu sur terre.

Le conquérant et la mystique de la victoire

A la nouvelle de la victoire de *Thapsus*, une statue et un char furent placés en l'honneur de César au Capitole, ce qui représentait une manifestation exceptionnelle.

César avait déjà reçu un certain nombre de statues en 48 après Pharsale, mais celle qui lui fut élevée sur le Capitole différait des précédentes. La statue de César se présentait au-dessus d'un globe et l'inscription l'appelait demi-dieu (ἡμίθεος), à en croire Dion Cassius [2]. Le globe

2. Cass. Dio, XLIII, 14, 6.

affirmait sa maîtrise du monde habité : César adopta ce symbolisme après son arrivée à Rome en 49 ; ses partisans l'accueillirent dans son monnayage, tel C. Vibius Pansa [3]. On peut invoquer aussi un bas-relief de la *via Cassia* [4] où *Oikoumene* s'incline devant César en signe de soumission. Il est désigné comme *dominus terrarum* – seigneur des terres habitées. Il est difficile de croire que César soit identifié sur cette statue comme ἡμίθεος, dans une inscription grecque, impossible à envisager au Capitole. En tout cas, César l'aurait fait disparaître sans que l'on connaisse avec certitude la formule latine de remplacement.

Dion [5] parle d'un char comme d'une seconde offrande : voici une nouvelle manifestation exceptionnelle, car l'usage en était réservé aux dieux, aux rois, aux combattants et aux athlètes. Le char dédié à César était placé en face de Jupiter, sans doute un Jupiter assis, avec le globe à ses pieds. Cette composition unique le représente à la fin du triomphe, descendant de son char sur l'*area Capitolina* ; nouveau Jupiter, maître du monde, il est accueilli par Jupiter, maître des dieux, des hommes et de l'univers.

LE TRIOMPHATEUR, LE NOUVEAU JUPITER

C'est le triomphe qui lui ouvre le chemin du Capitole. Acclamé *imperator* sur le champ de bataille, le général romain demande le triomphe au Sénat. S'il lui est accordé, il entre dans Rome sur un char, portant l'habit triomphal de Jupiter – la *toga picta* pourpre et, sous elle, la *toga palmata* –, la tête ceinte d'une couronne, le visage peint en rouge et tenant un sceptre, à l'image du roi de l'Olympe. Il va faire une offrande au Capitole à Jupiter dont il est pour quelques moments le parèdre et auquel il s'identifie.

César n'avait pas célébré de triomphe avant 46 et il reçut à cette date des supplications exceptionnelles

3. CRAWFORD, *RRC*, I, n° 449, 4 (pl. LIII).

4. ALFÖLDI, *Studien über Caesars Monarchie*, p. 26 *sq*, pl. 16 ; WEINSTOCK, pl. 4.

5. CASS. DIO, XLIII, 14, 6.

auxquelles participa le corps social tout entier. Les précédents ne manquaient pas. En 63, Pompée avait reçu dix jours de supplications après sa victoire sur Mithridate ; en 57, César pour la Gaule en obtint quinze, en 55 vingt, en 52 vingt encore, quatre jours après *Thapsus* en 46, cinquante jours après la victoire de *Munda* en 45. Cette inflation est tout à fait remarquable et établit un record en faveur de César.

Nouveauté césarienne : le jour où fut connue la victoire de *Thapsus*, il reçut le privilège [6] d'utiliser pour son triomphe un char tiré par des chevaux blancs et non comme d'habitude par des chevaux bais. Par ce privilège, il était encore plus proche de Jupiter : le char était en effet utilisé en premier lieu par les dieux et les rois, en Grèce et en Perse. A Rome, c'est Romulus qui a triomphé avec des chevaux blancs et on les retrouve dans le rêve d'Octavius, le père d'Auguste [7]. Tout cela a pu être imaginé par César pour préparer la campagne parthique, car un tel char est un attribut des rois parthes.

Le quadruple triomphe de 46 avant Jésus-Christ, longtemps attendu et longtemps préparé – *triumphus Gallicus, Alexandrinus, Ponticus, Africanus*–, dura quatre jours non consécutifs. Certains détails en font une exceptionnelle manifestation [8], car César a été autorisé à entrer dans Rome avant le triomphe. La procession triomphale dépassa en longueur, richesse et diversité l'ultime triomphe de Pompée. Arrivé au Capitole, César monta à genoux les marches qui le conduisaient au temple.

Au lendemain de cet extraordinaire triomphe, il dédia le temple de *Venus Genitrix* : il créa les cultes de *Victoria Caesaris*, de *Fortuna Caesaris* et de *Mars Ultor* : le *Pontifex Maximus* régénérait la religion traditionnelle pour encore mieux exalter sa position unique dans l'État.

---

6. CASS. DIO, XLIII, 14, 3.
7. SUET., *Aug.*, XIV, 6.
8. CASS. DIO, XLIII, 21, 2.

L'INITIATEUR DE NOUVEAUX CULTES

César, ce faisant, s'inscrit certes dans une coutume romaine : un magistrat, à quelque occasion, prononçait le vœu de bâtir un temple et s'engageait à le construire effectivement, laissant à sa *gens* le soin de l'entretenir. Ce fut d'abord le cas de celui de *Venus Genitrix.*

Venus Genitrix

Le temple de *Venus Genitrix* s'inscrit organiquement dans le plan du *forum Iulium* et César ne signifie pas, en utilisant ce mot de *forum*, qu'il souhaitait disposer d'un nouveau marché qui porterait son nom : c'est là une première et décisive nouveauté. Il combattait en Gaule en 54 alors qu'il envisageait une extension du *forum Romanum* traditionnel pour servir de tribunal [9]. Auguste, en créant le *forum Augustum,* n'aura pas d'autre but [10]. César voulait disposer d'une place qui serait séparée du *forum Romanum* par les colonnades de la *basilica Iulia.* C'était surtout la première fois qu'un tel espace à Rome porterait le nom de son constructeur, pour perpétuer sa mémoire, et c'est bien là la seconde singularité – révolutionnaire – de cette appellation. Bien, plus, il abritait deux statues du dictateur, l'une équestre, l'autre pédestre.

La statue équestre [11] le représentait sur son indomptable cheval qui, à l'imitation de Bucéphale pour Alexandre, lui apportait lors du premier consulat de 59 la promesse de la maîtrise de l'univers. Placée devant la façade du temple de *Venus Genitrix,* elle désignait sur l'axe sacralisant du *Forum* la part que Vénus avait jouée lors de la victoire de Pharsale.

Quant à la statue pédestre, on sait seulement qu'elle était cuirassée et qu'elle s'inscrivait dans les représentations héroïques des ancêtres de Rome.

---

9. CIC., *Ad Att.*, IV, 16, 8.
10. SUET., *Aug.*, XXIX, 1.
11. CASS. DIO, XXXVII, 54, 2.

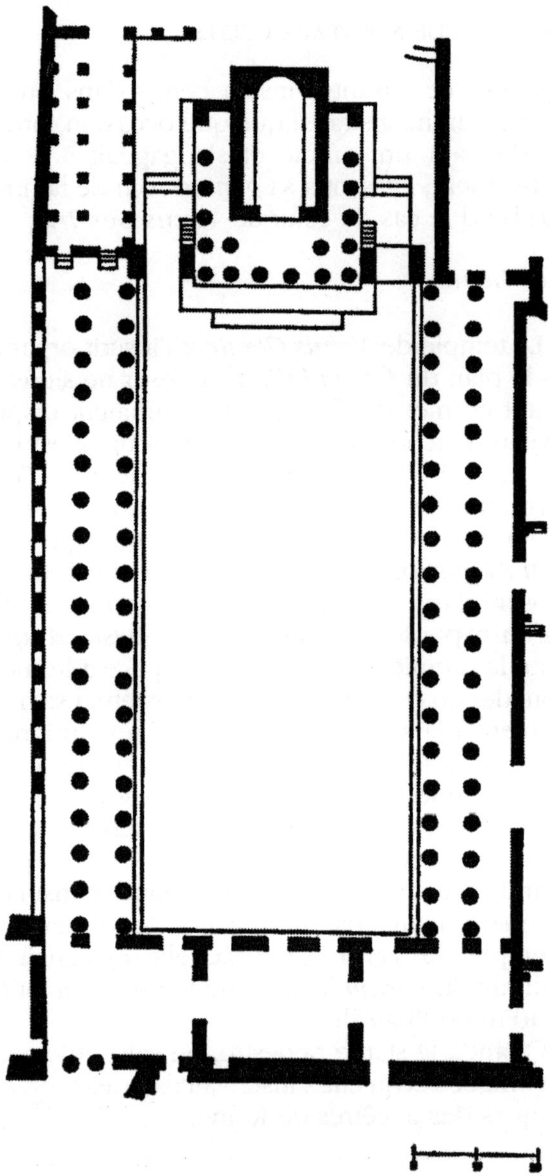

Fig. 14. – *Plan du* forum Iulium.

Ce qui donne la mesure de la révolution religieuse, c'est bien la présence du temple de *Venus Genitrix* qui n'est pas mentionnée dans les plans de 54 et, que, d'après Appien [12], César aurait voué sur le champ de bataille de Pharsale. Il est plus vraisemblable de faire remonter sa décision à 55, quand il acheta le terrain, au lendemain de la mort de Iulia, sa fille devenue femme de Pompée, et de rapporter à la même date sa conception architecturale de place fermée par une double colonnade et dominée sur un petit côté par le temple de *Venus Genitrix*.

Celui-ci fut dédié le 26 septembre 46, mais le *forum* était loin d'être terminé et la tâche en incomba à Auguste. Pour son *forum*, César avait proposé le modèle architectural des futurs *fora* impériaux. Il avait déjà reçu [13] un culte en 48 à Alexandrie comme *Caesar Epibaterios* et il construisit le premier *Caesareum*, nouveau nom pour un type de basilique, utilisé par la suite pour son culte ; en 47, à Antioche-sur-l'Oronte, il laissa les fondations d'un autre *Caesareum* où l'on rendait un culte à *Dea Roma* et à lui-même, et bien des futurs *Augustea* ont des chances d'avoir été fondés par César.

On ne peut pas s'étonner de l'attachement de César à Vénus, divinité quasi gentilice des Iulii, mais, au moment de la guerre civile, Vénus devint *Victrix* pour Pompée. Elle fut confisquée par César qui en fit son mot de passe au moment de la bataille de Pharsale, tandis que celui de Pompée était *Hercules Invictus*. Après Pharsale, César abandonne *Venus Victrix* et assure la promotion de *Venus Genitrix* ; au cours de son voyage en Asie, il visite Ilion ; les cités d'Asie lui rendent hommage et le proclament à

12. APPIAN., *BC*, II, 68, 281.

13. Pour tous ces antécédents, voir J.-Ch. BALTY, Curia ordinis. *Recherche d'architecture et d'urbanisme antiques sur les curies provinciales du monde romain*, Bruxelles, 1991, p. 286-292, et désormais P. GROS, *L'architecture romaine du début du IIIe siècle av. J.-C. à la fin du Haut Empire*, I. *Les monuments publics*, Paris, 1996, p. 100 (portiques), p. 140-141 (temple de *Venus Genitrix*), p. 212-213 (*forum*).

Éphèse fils d'Arès et d'Aphrodite ; le temple de Rome devint celui de *Venus Genitrix*. La nouveauté était de consacrer un culte public à Vénus conçue comme mère de la *gens* Iulia. Le temple porta également le nom de son constructeur, rappelant tous ses titres et peut-être aussi l'occasion, « *de manubiis* » (avec le butin de guerre). La statue de culte était due au ciseau du sculpteur Arcesilaos [14] ; était-elle accompagnée d'Éros-Cupidon ? En tout cas, le lien de César avec le temple resta très fort de son vivant et après sa mort : sa statue rejoignit celle de Vénus dans la *cella* après l'apparition de la comète aux jeux de 44.

Victoria Caesaris

César avait besoin d'une déesse personnelle et il ne pouvait pas revendiquer une *Venus Caesaris*, ce qui remet bien le culte de *Venus Genitrix* dans l'arsenal de la propagande, vis-à-vis duquel il a pris ses distances. Il est caractéristique de constater que, en 45, les *ludi Veneris Genitricis* (jeux de *Venus Genitrix*) furent déplacés du 26 septembre, date traditionnelle de la dédicace du temple, au 20/30 juillet et furent appelés désormais *ludi Victoriae Caesaris*. *Victoria Caesaris* était créée comme une déesse personnelle de César, comparable à la *Fortuna Caesaris, Felicitas Caesaris, Clementia Caesaris*. Pompée avait déjà créé un culte de *Victoria* et de *Felicitas* dans son théâtre et il fut suivi par César et par Auguste. Sur les monnaies de 49 [15], Rome est couronnée par la Victoire ; un groupe statuaire a certainement servi de modèle au monnayage et Vénus est représentée tenant *Victoria* dans sa main droite. Donc les deux divinités ont des personnalités bien séparées mais gardent entre elles des liens étroits. Par son intervention personnelle, César fit de la Victoire un attribut de son ancêtre Vénus et bientôt ce fut lui qui sans doute la tint dans ses mains, sans qu'on puisse s'appuyer pour cet acte révolutionnaire sur des preuves directes, mais

---

14. PLIN., *NH*, XXXV, 156.
15. CRAWFORD, *RRC*, I, n° 449, 4 (pl. LIII).

seulement sur les témoignages augustéens : auraient bien existé une statue de César tenant la Victoire et une autre où Vénus lui offre la Victoire. Ainsi, la *Victoria Caesaris* était une innovation césarienne. Le Sénat, après *Munda*, l'autorisa à prendre le prénom d'*Imperator*[16], à toujours porter la couronne de laurier, à revêtir dans les cérémonies officielles l'habit triomphal, permit que dans la *pompa circensis* sa statue d'ivoire accompagnât celle de la *Victoria* : tous ces honneurs célèbrent son statut d'*Imperator* permanent sur tout l'empire du peuple romain, ce que reconnaît Cicéron dans le *Pro Ligario*[17].

Fortuna Caesaris

César doit beaucoup à cette vieille divinité de Rome et de l'Italie, si souvent invoquée et qui a bénéficié de la vogue de la Τύχη grecque. Pour commémorer sa victoire de *Vercellae* (Verceil), par exemple, Q. Lutatius Catulus voua en 102 un temple rond à la *Fortuna huiusque diei* et les faveurs de sa Fortune conduisaient à la *Felicitas.* C'est une croyance ancienne qu'un général heureux devait la posséder. Sylla « Felix » met au compte de sa *felicitas* ses succès sur ses adversaires plutôt que sur celui de ses vertus. Dans le *De imperio Cn. Pompei*[18], Cicéron partage cette même croyance : c'est la *Fortuna populi romani* qui a choisi Pompée pour triompher de ses ennemis. En 55, Pompée crée dans son théâtre de marbre le culte de *Felicitas*, en même temps que celui de *Venus Victrix*, de *Victoria*, d'*Honos* et de *Virtus*[19]. Mais ce que la *Fortuna* accorde, elle peut le retirer et on assiste avec César à un parfait chassé-croisé de son choix. César reconnaît à plusieurs reprises

---

16. SUET., *Divus Iulius*, LXXVI, 1.
17. CIC., *Pro Lig.*, 7.
18. CIC., *De imp. Cn. Pompei*, 47.
19. *Fasti Allifani*, DEGRASSI, p. 493 *sq.* (12 août).

dans ses *Commentaires*[20] sa puissance, qui entraîne succès militaires et ralliements politiques et, le 16 avril 49[21], sur le chemin de l'Hispanie, il revendique pour lui les faveurs de la Fortune tandis qu'elles ont fui Pompée. Avant de quitter Rome en décembre 49, il a offert un sacrifice à *Fortuna* ; en janvier 48, s'il peut traverser l'Adriatique à Brindisi, c'est que grâce à elle les tempêtes hivernales se sont apaisées et, quand il revient à Brindisi pour surveiller le deuxième transport de troupes, dans un discours à ses soldats[22], il leur rappelle : « Vous transportez César et la *Fortuna Caesaris* » (τὴν Καίσαρος Τύχην). Désormais, il s'est approprié la *Fortuna* du peuple romain : elle est devenue une divinité personnelle qui ne saurait l'abandonner. Il adopte à *Thapsus Felicitas* comme cri de guerre[23] ; il construit et dédie un temple à *Felicitas* en 44. Toute une mythologie se crée autour de la *Fortuna Caesaris*, où il est souvent difficile de faire la part du réel. D'habitude, avant de partir pour une campagne militaire, le général offrait un sacrifice à Jupiter et non à *Fortuna* ; il est inhabituel de sacrifier un taureau – victime mâle – à une divinité féminine. Quoi qu'il en soit, les légions reçurent sur leurs enseignes l'image d'un taureau, prometteur de victoire et assurant le lien avec *Bovillae* ; dans les légendes autour de la *Fortuna Caesaris*, viennent se mêler les thèmes de la future propagande augustéenne. De toute façon, comme la *Tyché* d'un roi hellénistique reçoit un culte public, César promeut cette divinité personnelle à la vénération du public, réussissant ainsi une double opération : il confisque la vieille divinité italique et romaine, et il efface toutes les *Fortunae* des *imperatores* qui l'ont précédé. Il annonce la *Fortuna Augusti* des empereurs.

---

20. CAES., *BG*, IV, XXVI, 5 ; V, LVIII, 6 ; VI, XXXV, 2 ; *BC*, III, LXVIII, 1 (thème repris par l'auteur du *BAlex.*).

21. CAES., ap. CIC., *Ad Att.*, 10, 8B, 1.

22. PLUT., *Caes.*, 38, 5 ; APPIAN., *BC*, 2, 57, 236.

23. CAES., *BAfr.*, 83, 1.

Mars Ultor

César a annoncé [24], après son triomphe en 46, qu'il construirait un temple pour Mars au Champ de Mars, le temple le plus vaste du monde ; ce fut Auguste qui l'appela temple de Mars *Ultor*, voué en 42 à Philippes pour venger la mort de son père, mais Auguste ne faisait là qu'exécuter un plan de César.

Mars, dieu de la guerre, occupe une place de choix à Rome avec Jupiter et Quirinus. Mais Mars est davantage encore : il est, comme nous le savons, un dieu ancestral ; la paire Mars et Vénus est grecque à l'origine, connue à Rome depuis les *lectisternia* de 217 avant Jésus-Christ. La légende troyenne a beaucoup fait pour sa popularité, se traduisant par de multiples dédicaces et inscriptions, et donc le vœu de César paraissait normal. N'oublions pas non plus que la campagne contre les Parthes était imminente et qu'elle devait sonner l'heure de la revanche sur le désastre de 53 à *Carrhae* : le temple devait donc commémorer la victoire parthique et signifier la vengeance de la mort de Crassus et de ses hommes.

Ainsi, le temple de Vénus devait glorifier la conquête de la Gaule, celui de Mars la victoire sur les Parthes : là encore, César n'est pas un instrument passif entre ces mains divines, mais il agrège ces divinités ancestrales à sa vertu personnelle essentielle, à sa *virtus* d'*imperator* perpétuel.

CÉSAR LIBÉRATEUR

Le 20 avril, les nouvelles de la victoire de *Munda* du 17 avril 45 atteignirent Rome. Il fut décidé des supplications pour cinquante jours, que César serait appelé *Liberator*, qu'un temple de *Libertas* serait construit et que deux statues seraient installées sur les Rostres, l'une portant la couronne civique, l'autre la couronne *obsidionalis* (couronne du siège), qu'une troisième serait placée au Capitole parmi

---

24. SUET., *Divus Iulius*, XLIV, 1.

celles des rois de Rome, une quatrième au temple de Quirinus, avec l'inscription *Deo Invicto* (Au dieu invaincu), enfin qu'une statue d'ivoire le représentant serait promenée dans la procession des dieux pendant la *pompa circensis* (défilé au cirque) [25].

La critique moderne peut s'étonner de le voir qualifié de *Liberator. Libertas* qualifie la République en face de l'Empire. Toute atteinte à l'idéal républicain, toute aspiration à la tyrannie étaient punies de mort. La liberté est devenue peu à peu à Rome, surtout au Ier siècle avant Jésus-Christ, un enjeu entre les partis politiques, chaque chef de faction prétendant la défendre et la restaurer contre la tyrannie de ses adversaires. C'est *Iuppiter Capitolinus* qui en est le seul garant. C'est le *pileus* qui la symbolise, porté par les esclaves et les captifs quand ils l'ont recouvrée. César restaure la liberté contre Pompée, selon la deuxième *Epistula ad Caesarem* [26], attribuée à Salluste, auquel fait écho le *Bellum Civile* [27].

César prétendit ainsi apporter la liberté au monde grec, à la façon d'un Titus Flamininus qui l'avait restaurée solennellement à Corinthe en 196 avant Jésus-Christ [28]. La gratitude manifestée à l'égard du Sénat par les cités rétablies dans leur liberté, c'est-à-dire dans leur autonomie, n'avait jamais abouti à une personnification divine. Après Pharsale, au contraire, pour la première fois, le culte d'Eleutheria est fondé [29] à Aphrodisias et un affranchi de César, C. Iulius Zoïlos [30], en est le prêtre, ainsi que d'Aphrodite. Autre ville à avoir reçu de César sa liberté, *Nicopolis* en Épire [31]. Après *Thapsus* et le suicide de Caton d'Utique en 46, le débat

25. CASS. DIO, XLIII, 42, 1 ; XLIII, 11 ; XLIV, 1, 6 ; XLV, 3 ; APPIAN., *BC*, II, 106, 440 ; VELL., II, 56, 3.

26. SALL., *Ep. ad Caes.*, 2, 5, 7 ; 11, 4, 2, 24 ; 2, 3, 1.

27. CAES., *BC*, I, 22, 5.

28. LIV., XXXIV, 58, 9.

29. Monnaies d'Aphrodisias : *BMC*, Caria 30 ; WEINSTOCK, pl. 15, 10 et 11.

30. *REG*, 19, 1906, 128.

31. EPICT., IV, 1, 14.

autour de la *libertas* s'exaspéra et César prit même le temps, au moment de la bataille de *Munda*, d'écrire son *Anticato* [32].

Donc César *Liberator* incarne la *Libertas* dont le temple d'ailleurs ne fut jamais construit, car la *Libertas* passa du côté des conspirateurs ; plus tard, Auguste prétendit avoir restauré la liberté : cette restauration est devenue un thème régalien.

Le terme de *liberator* est inhabituel ; avant César, aucun dieu, aucun homme n'a reçu ce qualificatif. On connaît *Zeus Liber* ou un individu *vindex Libertatis*. En Grèce, un roi ou un homme d'État est dit Sôter et non 'Ελευθερωτής. Le mot passe, après mars 44, à Brutus et à Cassius et Cicéron en fait un thème récurrent des *Philippiques*. Auguste à son tour assume la restauration de la liberté sur les meurtriers de César et même sur Antoine [33] ; mais après *Actium*, il est nommé *libertatis populi romani vindex* et non pas *Liberator* : peu à peu, le mot n'éveillera plus que de faibles échos. Au Capitole, la statue de César voisine avec celle de Brutus, qui a libéré Rome de la tyrannie de Tarquin le Superbe. César, dans ces conditions, apparaissait comme le nouveau libérateur de la tyrannie. N'était-il pas devenu aux yeux de Cicéron le guide le plus clément de ses concitoyens libres [34] ? Dans ces honneurs, le bonnet de la liberté peut avoir joué un grand rôle et avoir coiffé la statue de César, sans qu'on puisse assurer que les citoyens romains le portaient dans la procession triomphale d'octobre 45. En tout cas ce bonnet de la liberté est un symbole politique : un des conspirateurs le fixa à la pointe d'une épée et les conjurés en appelèrent à la restauration du gouvernement républicain. Sur l'une de ses monnaies de 42 avant Jésus-Christ, Brutus plaça le bonnet entre deux poignards [35] ; une autre accueillit la Victoire accompagnée d'un sceptre et d'un diadème brisés [36].

---

32. Suet., *Divus Iulius*, LVI, 5.
33. *RG*, I, 1.
34. Cic., *De rege Deiotaro*, 34.
35. Cass. Dio, XLVII, 25, 3 ; Crawford, *RRC*, I, 508, 3 (pl. LXI).
36. Crawford, *RRC*, I, 507, 2 (pl. LXI).

En tant que libérateur, César reçut une troisième récompense : deux statues furent placées sur les *Rostra*, l'une portant une couronne de chêne (*corona civica*), car il avait sauvé la vie des citoyens, l'autre avec la couronne de gazon (*corona obsidionalis*), car il avait sauvé Rome d'un siège. Celle-ci représente l'honneur le plus important, car elle est d'habitude accordée par les soldats à ceux qui ont sauvé l'armée, en totalité ou en partie. Le gazon est pris sur le champ de bataille et est symbole de la reddition de l'ennemi. Certes, César avait sauvé son armée, pendant la guerre d'Égypte par exemple, mais cette couronne ne lui fut pas donnée par les soldats mais par le Sénat, et ce pour avoir libéré Rome de Pompée. Ainsi, César dévoie à son profit une récompense traditionnelle et la transforme en distinction exceptionnelle qui elle-même sera accordée en 30 à Octavien par le Sénat quand sera annoncée la mort d'Antoine.

Autre honneur : en 44 avant Jésus-Christ, il fut decrété que le mois *Quintilis* serait appelé *Iulius*, parce que César était né dans ce mois, et aussi qu'une tribu tirée au sort s'appellerait *Iulia*. En réalité, ces deux honneurs furent créés ensemble en 45 en l'honneur de César le libérateur, comme l'a démontré le savant anglais Weinstock [37]. Les mois romains, à l'origine nommés d'après leur ordre numérique, furent ensuite placés sous la tutelle d'un dieu et manifestaient un lien avec certaines grandes familles romaines. Iuno, qui avait baptisé le *mensis Iunius*, est aussi la déesse des Iunii ; le *mensis Iulius* porte le nom du dieu Iulius et celui de la famille des Iulii. Le *mensis Iunius* aurait été ainsi nommé quand Brutus, le premier consul de la république, chassa les Tarquins. Ne serait-ce pas une invention de l'époque de César pour légitimer l'entreprise césarienne ? L'autre explication serait plutôt religieuse : tout viendrait de Iuno et César aurait suivi cet exemple. Mais n'y aurait-il pas l'illustration d'une pratique grecque ? Les mois, à partir de Demetrios Poliorcete, qui libéra Athènes de la

37. WEINSTOCK, p. 152-162.

tyrannie de Demetrios de Phalère en 307, prennent des noms d'hommes d'État. Le mois *Munichion* devint *Demetrion* ; ensuite, on avait créé un mois *Seleucus Antiochon*. Les généraux romains inspirèrent de tels honneurs, comme Pompée à Mytilène. Les témoignages se multiplièrent à partir d'Auguste qui, en 27, vit le mois *Sextilis* nommé *Augustus*, et non pas le mois de septembre, pourtant celui de sa naissance, et cette habitude s'est perpétuée sous les Julio-Claudiens. C'était donc un honneur exceptionnel dont l'origine avait été oubliée. C'est une libération qui explique cette appropriation personnelle, car la statue de Demetrios avait rejoint à Athènes celle des tyrannicides.

Le *mensis Iulius* accueillit alors en 46, pour exalter la gloire de César, les *ludi Victoriae Caesaris*, créés en septembre 46. Ce transfert en juillet était dû à la volonté de César de disposer d'une fête longue et splendide à l'intérieur du mois qui portait son nom. Ils duraient onze jours, tandis que les *ludi Apollinares* du même mois ne s'étalaient que sur huit jours. La décision pour ce nouveau nom du mois doit remonter à 45 et même 46, quand le calendrier julien fut créé. Malgré certaines résistances, le *mensis Iulius* l'emporta définitivement, légalement après l'apparition de la comète en juillet 44. Un tel choix influença celui d'Auguste.

Le véritable précédent semble, surtout en raison de la création de la tribu *Iulia*, bien remonter à Demetrios. C'est Dion Cassius qui en parle, en même temps que du *mensis Iulius*, en signalant seulement que le même honneur fut décrété pour Octavien en 29 avant Jésus-Christ. Des trois tribus primitives, *Ramnes, Titienses* et *Luceres*, on était passé à trente-cinq, chiffre qui a subsisté pendant toute la période impériale ; ces tribus avaient reçu ou des noms de territoires ou des noms gentilices. Le modèle, pour César, semble être grec encore et remonter à Demetrios. En 307, deux *phylae* (tribus) furent créées : *Demetrias* et *Antigonis* ; là encore, en l'honneur du libérateur, elles avaient des privilèges, celui de voter les premières, les premières à fournir les prytanes de l'année. Les Grecs créèrent aussi de telles *phylae* pour les généraux romains et ils continuèrent pour les empereurs. César, en imitant le précédent grec, l'accommodait à ses plans car il avait à créer de nouveaux citoyens ; il fonda de nouvelles colonies où sont organisées de nouvelles tribus, qui rappellent les noms de personnes de sa famille. Ainsi, à *Laus Iulia* (Corinthe), on rencontre une tribu *Aurelia*, une tribu *Calpurnia*. La tribu *Iulia*, qui s'applique à l'ancienne tribu *Fabia*, joue dans les votes un rôle préférentiel, à la façon des *phylae* grecques nouvelles, ce qui entraîne une incidence sur les résultats des votes aux *comitia tributa*, aux *comitia centuriata* pour les élections des consuls et des préteurs. La *lex Valeria Cornelia* de 5 après Jésus-Christ, connue sous le nom de *Tabula Hebana* [38], fondée sur le vote préférentiel des *Centuriae Caesarum*, suggère l'existence d'une *lex Iulia*, qui risque de dépasser dans son contenu la simple indication de la tribu *Iulia* par Dion Cassius. De toute façon, elle chantait, comme le *mensis Iulius*, la gloire du libérateur.

César le sauveur

Revenons à la statue ceinte de la *corona civica*, décernée à César, sauveur de ses concitoyens. Après la *Libertas*, l'accent est mis sur la *Salus*.

La couronne de feuilles de chêne récompense un citoyen qui en a sauvé un autre sur le champ de bataille. Le sauveur avait le droit de porter sa couronne aux jeux du cirque et tout le monde se levait quand il allait s'asseoir auprès des sénateurs. César la reçut en 80 avant Jésus-Christ au siège de Mytilène, à vingt ans, des mains du propréteur M. Minucius Thermus ; en 45, il la reçoit pour la deuxième fois pour avoir sauvé beaucoup de citoyens sur le champ de bataille. Il faut chercher dans le monde grec le modèle des θεοὶ σωτῆρες : rois et généraux romains sont acclamés comme tels. Les témoignages monétaires de la *corona civica* commencent en 110 avant Jésus-Christ [39] ; ce n'est

38. Ehrenberg-Jones, 94a.
39. Crawford, *RRC*, I, 305, 1, 2 (pl. XLI).

plus sur le champ de bataille que cette couronne est décernée mais dans l'arène politique, puisque L. Gellius Publicola souhaitait que le Sénat l'attribuât à Cicéron [40]. César a sauvé la Gaule par sa clémence et ensuite il épargne ses concitoyens. Cicéron l'appelle « sauveur » [41] : il fait allusion aux statues des Rostres ; d'ailleurs beaucoup de statues portant la couronne civique ont existé dans d'autres villes, comme à Thasos [42]. On pourrait penser que Cicéron a inspiré cet octroi de la *corona civica* et inaugure une longue tradition.

Les dieux de Rome étaient souvent honorés comme sauveurs et même l'un d'eux, *Salus*, n'avait pas d'autres fonctions que le salut, mieux que *Valetudo*. *Salus* est honorée à Rome dès le IVe siècle comme *Salus publica*, mais c'était aussi bien une *salus* privée qu'une *salus* publique, quand César est ainsi nommé par ses partisans dès le début de la guerre civile. De toute façon, très tôt, Cicéron appelle César *Salus*, comme nous l'avons vu dans le *Pro Marcello*. Il implore la *Salus* car on a découvert un complot. D'ailleurs, on avait projeté de placer la statue de César dans le vieux temple de *Salus* et la formule du serment fut introduite par « *per salutem Caesaris* », en attendant qu'un nouveau temple de *Salus Caesaris* soit construit ; là encore, la statue aurait été décorée de la *corona civica*. Auguste lui aussi sera un sauveur et récompensé de la couronne civique « *ob cives servatos* » et du bouclier d'or [43].

César, le fondateur et le Père

Le fondateur

Bien des honneurs de 45 furent décrétés le 20 avril quand les nouvelles de *Munda* parvinrent à Rome. Or, le

40. Cic., *in Pis.*, 6.

41. Cic., *Pro Marc.*, 22.

42. F. Chamoux, Un portrait de Thasos : Jules César, dans *Mon. Piot*, 47, 1953, p. 131-147.

43. *RG*, 34, 2.

lendemain, 21 avril, on célébrait les *Parilia* en l'honneur de la fondation de Rome par Romulus. Les jeux du 21 furent donnés en l'honneur de César [44] et sa statue en ivoire prit place dans la procession des dieux qui précédait les jeux, en compagnie de Romulus-Quirinus, le fondateur, et une autre statue devait être installée dans le temple de Romulus-Quirinus, portant l'inscription *Deo Invicto* [45]. Ces honneurs tournent donc autour d'un thème central : les relations de César avec Romulus, la fondation de Rome et ses fêtes.

La coïncidence de l'arrivée des nouvelles avec la date des *Parilia* peut sembler suspecte : trente-quatre jours auraient été nécessaires au printemps pour un courrier de *Munda* à Rome, alors que César, en plein hiver, n'aurait mis avec ses troupes que vingt-quatre ou vingt-sept jours et que, pour annoncer la mort de Néron de Rome en Hispanie, sept jours suffirent en juin 68. Donc la nouvelle de la victoire de *Munda* a été volontairement retardée pour établir une relation fondamentale entre César et Romulus, et les fêtes des *Parilia*. Romulus était le premier héros de Rome ; d'origine divine, il finit par devenir un dieu, Quirinus, qui était l'un des dieux principaux de Rome.

Un sauveur est pour les Grecs un κτίστης et Romulus acquiert en tant que fondateur une valeur exemplaire : Camille [46], pour avoir libéré Rome des Gaulois, fut appelé un second Romulus, Marius [47], pour avoir écrasé les Germains, un troisième. César, quant à lui, a sauvé Rome de la destruction que lui promettait Pompée. Cicéron, aux nones de décembre 63, parle, en songeant à son action contre Catilina et ses partisans, d'une nouvelle fondation de Rome [48]. Il n'ose pas, tout de même, réclamer le titre de « nouveau fondateur ». Quant à César, Cicéron lui-même, plus tard, dans le *Pro Marcello* et le *Pro Ligario* [49], proclamait

44. Cass. Dio, XLIII, 42, 3.
45. *Id.*, XLIII, 45, 3.
46. Plut., *Cam.*, I, 1.
47. *Id.*, *Marius*, 27, 9.
48. Cic., *Cat.*, 3, 2.
49. *Id.*, *Pro Marcello*, 25 ; *Pro Ligario*, 38.

que César, après ses victoires, deviendrait le nouveau fondateur de Rome et le nouveau législateur de Rome. César était qualifié pour ce nouveau rôle de par son lien légendaire avec Romulus, et la gens *Iulia* s'insérait dans l'enchaînement qui conduit de la légende troyenne à César : Aeneas et Iulus conduisent à Romulus et Remus, selon le récit de l'historien de la famille L. Iulius Caesar, qui affirmait aussi qu'un Proculus Iulius témoigna de l'apothéose de Romulus [50]. En Orient, César fut appelé κτίστης ; en latin, il n'existait pas de terme correspondant : *creator* fut d'abord utilisé, puis *conditor*, titre dont il fut salué par les écrivains après sa mort. Auguste préférera « *parens patriae* ». César reste le seul véritable *conditor* : le titre reste anachronique pour Camille et pour Marius.

Pour les *Parilia*, les cérémonies commençaient par la fête archaïque des bergers, occupée par une offrande en l'honneur de Romulus-Quirinus sur le Quirinal ; maintenant, on y ajoutait une offrande en l'honneur de César, en plus des supplications des cinquante jours. Puis débutaient des jeux qui jusqu'alors ne faisaient pas partie des *Parilia* : les gens portaient des couronnes en l'honneur de César. Comme d'habitude, les jeux étaient précédés d'une procession des statues des dieux, qui allait du Capitole au *Circus*; parmi les statues, avait pris place une statue d'ivoire de César, en compagnie de celle de Romulus-Quirinus, comme nous l'avons dit plus haut. Présentée en appareil triomphal, cette statue devait être gardée dans la *cella* de *Juppiter Capitolinus* : c'est un honneur surprenant à Rome qu'un humain ait une statue comparable à celle des dieux, mais pas en Grèce. Elle était placée sur un *pulvinar* (le lit des dieux) comme pour les dieux ; ce même rituel est observé aux *Ludi Victoriae Caesaris*, où elle suit la statue de la Victoire. L'habitude avait été prise d'instituer des jeux à l'occasion d'une victoire et de les associer à une divinité ; ici, aux *Parilia*, la seule association est celle de César seul : c'était une révolution.

50. CIC., *Rep.*, II, 20 ; *Leg.*, I, 3.

Après la fête, la statue de César fut placée dans le temple de Quirinus avec l'inscription *Deo Invicto*, ce dont parle Cicéron dans deux lettres du milieu de 45 [51]. C'était une coutume grecque que de placer la statue d'un général ou d'un roi dans un temple, où il devenait σύνναος θέος, tel Titus Flamininus ; auparavant, à Rome, quand des statues d'hommes étaient ainsi placées, elles ne signifiaient nullement qu'un culte leur était rendu. Le seul précédent réel pour la statue de César se trouve donc en Grèce et ce nouveau privilège fut étendu à tous les temples de Rome et d'Italie. L'inscription *Deo Invicto* faisait de César l'héritier d'Alexandre, prototype des généraux invincibles. Il se pourrait qu'une telle inscription n'ait pas reçu l'approbation de César, mais on ne pouvait pas l'effacer, car elle était protégée par l'espace divin. De toute façon, l'important était de proclamer aux *Parilia* que Rome connaissait une nouvelle naissance, le début d'un nouvel âge d'or. César pouvait légitimement penser avoir refondé Rome et l'on peut s'interroger sur l'existence d'un *saeculum iulium*, à l'imitation du *saeculum augustum* [52]. La comète de juillet 44 semble avoir annoncé la fin du IXe *saeculum* et le début du Xe. Comment Virgile aurait-il pu annoncer, dans la *Quatrième Églogue*, un nouveau *saeculum* [53], s'il n'y avait pas eu un *saeculum iulium* et si César n'avait pas mis dans ses plans la fondation d'une ère nouvelle ?

Le Père

C'est en 45 d'après Appien, date plus vraisemblable que 44 pour Dion Cassius [54], que César reçoit le *cognomen* de *Parens Patriae* qu'enregistrent monnaies et inscriptions. Le sens est obvie : Dion rappelle qu'il s'agit de manifester par ce titre l'amour d'un père pour ses enfants et le respect

---

51. CIC., *Ad Att.*, 12, 45, 3 (2) ; 13, 28, 3.
52. R. ÉTIENNE, *Le Siècle d'Auguste*, Paris, 2e éd., 1989, p. 9-13.
53. VIRG., *Ecl.*, IV, 6.
54. APPIAN., *BC*, II, 106, 442 ; CASS. DIO, XLIV, 4, 4.

des enfants pour leurs parents. Cette appellation donne à César, comme plus tard aux empereurs, le même pouvoir sur les sujets que les pères ont sur leurs enfants [55].

Pline le Jeune dira que « nous ne parlons pas d'un maître mais d'un père [56] ». Déjà Marius avait mérité le titre de *pater patriae* parce qu'il avait engendré la liberté des Romains [57]. Cicéron fut appelé par les sénateurs après l'exécution de Catilina, *pater patriae,* et il fut le premier à être ainsi acclamé ; son exemple fut imité par les historiens qui attribuèrent ce titre à Romulus et à Camillus. Une telle acclamation est liée certainement à la couronne de chêne : il fallait traiter son sauveur comme un père, mais c'était la première fois qu'un civil recevait la couronne de chêne. Cicéron a été sans doute l'un de ceux qui l'ont proposée au Sénat pour César, ce qui entraînait l'acclamation *pater patriae* [58]. Le premier empereur sera, en 27 avant Jésus-Christ, honoré de la couronne de chêne qui sera placée au-dessus de l'entrée de son « palais [59] ». Sa signification est éclairée par le monnayage de 23 avant Jésus-Christ « *ob cives servatos* », parce qu'il avait sauvé ses concitoyens. Pour César, un tel titre pouvait avoir une signification spéciale. Son pouvoir ne se définissait pas comme une tyrannie mais comme une *patria potestas* ; les sujets étaient ses enfants, liés à lui par la *pietas* : ils devaient prier pour sa santé, jurer par lui, honorer son *genius.* C'est le début de l'introduction à Rome d'une relation qui existe dans le monde grec entre le souverain et ses sujets.

Le *genius*, la puissance génésique de l'homme, est son protecteur divin, de la naissance à la mort. Il est fêté à chaque anniversaire, et le génie d'un bienfaiteur devient important pour les autres ; ils peuvent par hyperbole l'appeler leur génie et jurer par lui au lieu d'invoquer Jupiter. C'est sans doute au cours de la deuxième guerre punique, en 218,

---

55. CASS. DIO, LIII, 18, 3.
56. PLIN., *Pan.*, 2, 3.
57. CIC., *Rab. per.*, 27.
58. A Brindisi, la couronne entoure l'inscription dédiée à Auguste.
59. *RG*, 34, 2.

qu'on rendit un culte au *Genius publicus* ; puis apparut celui d'un *Genius populi romani* qui lui était apparenté ; il reçut un culte à la fin de la République dans des conditions mal connues. Quant au *Genius Caesaris* qui reçut un culte public, nous le connaissons par le fait que la célébration publique de sa naissance fut décrétée en 45 [60], que Dion Cassius nous parle d'un serment par la *Tyché* de César [61]. Par ailleurs, le culte du *Genius Augusti* est l'héritier du culte du *Genius Caesaris* et on doit le mettre en parallèle avec le culte de *Salus Caesaris.* Pour la célébration publique de sa naissance, il n'y a pas de précédent romain : l'origine doit en être orientale et hellénistique. Le serment par la *Tyché* de César reste en accord avec la terminologie grecque : il s'agit du protecteur divin, du *daimôn* d'un individu. Ainsi, un serment général par le *Genius Caesaris* a été institué ; plus tard, après sa mort, le serment est formulé *per Caesarem*, le *genius* ne protégeant l'individu que de son vivant et, après sa consécration, *per divum Iulium.* Sous Auguste, le culte du *Genius Augusti*, lié à celui des *Lares Compitales*, est servi essentiellement par des esclaves et des affranchis : ce n'est pas un culte d'État, mais cette pratique peut éclairer le culte du *Genius Caesaris*, où les citoyens deviennent les clients du patron César.

Dion mentionne qu'en 44 des vœux furent prononcés annuellement *pro Salute Caesaris*, sur le modèle des *vota pro Salute rei publicae.* Les consuls, le 1er janvier, offraient un sacrifice à Jupiter au Capitole pour l'accomplissement du vœu de l'an passé et renouvelaient le vœu pour l'année courante. De tels vœux existaient dans les tyrannies grecques et dans les monarchies, et leur texte doit être identique à celui que nous livrent les *Actes des Frères Arvales*, texte repris ensuite pour plusieurs empereurs. Ce qui était alors devenu une routine ne l'était pas à l'époque de César. Il existait certes une habitude romaine de faire des vœux pour la santé d'un haut personnage, tels M. Livius Drusus et Pompée. Cicéron dit que la santé de l'État dépend

---

60. CASS. DIO, XLIV, 4, 4.
61. *ID.*, XLIV, 6, 1 ; L, 1.

de celle du *princeps*[62], surtout lorsqu'un seul magistrat est à la tête de l'État, que ce soit Pompée ou César. Pour le mettre à l'abri des complots, César est déclaré *sacrosanctus*[63] : il reçoit le droit de s'asseoir au cirque sur les bancs des tribuns et il leur est donc assimilé ; c'est là un fait sans précédent. Il reste patricien et n'est pas tribun, mais il garde cette *sacrosanctitas* sans limitation de temps. L'héritage de cette qualité exceptionnelle passera à Auguste, lui aussi *sacrosanctus*[64].

Les magistrats, par un autre serment jurèrent de ne pas s'opposer aux actes de César. Certes, une telle mesure était inconstitutionnelle, encore qu'il y eût des précédents. En tout cas, ce serment fut intégré dans les cérémonies traditionnelles du 1er janvier. Un tel serment assurait la continuité constitutionnelle et procurait à César une situation exceptionnelle dans l'État. Y aurait-il eu un serment d'allégeance personnelle comme celui qui fut juré en 32 [65] pour Octavien ? Les preuves en sont trop ténues pour être probantes, mais il est bien évident que les ennemis de César étaient aussi ceux de l'État et méritaient un immédiat châtiment.

César est donc bien devenu un dieu, en tout cas un personnage divin qui partage avec les dieux traditionnels des portions du ciel. Seul maître du gouvernement, il domine aussi les consciences et enchaîne les cœurs de ses concitoyens : la seule liberté qu'il leur accorde, c'est de le reconnaître comme leur libérateur, leur sauveur, leur père. Prêtre, il n'est plus seulement le médiateur entre les citoyens et les dieux : il est entré de plain-pied dans le cercle des dieux, n'hésitant pas à se mesurer aux plus grands qu'il a souvent dévoyés de leur nature propre pour les faire servir à ses desseins monarchiques. César pouvait penser être désormais à l'abri de tout complot, de toute intrigue ; il avait oublié qu'un homme seul, toujours au-dessus des

62. Cic., *Rep.*, VI, 12.
63. Cass. Dio, XLIV, 5, 3.
64. *RG*, 10, 1.
65. *Ibid.*, 25.

autres, était fragile : la roche Tarpéienne est toujours proche du Capitole. Les poignards des assassins allaient lui valoir une ultime confrontation : il serait bien seul face à la mort.

LIVRE IV

PÈRE DE TOUS

Voici donc Jules César au sommet de sa gloire : le titre de *Parens Patriae* lui donne pouvoir sur tous ses sujets, qui lui doivent le respect comme à un père, et il est en même temps leur sauveur. Par la force génésique du *Genius Caesaris*, il assure la stabilité de l'État qui reconnaît sa *sacrosanctitas*.

Comment et pourquoi, en quelques semaines de ce début 44, va se nouer le plus atroce des complots, qui va transformer les futurs assassins de César en parricides et faire des Ides de Mars un anniversaire souillé par ce *parricidium* ? Comment et pourquoi les ennemis du dictateur vont-ils franchir un bien noir Rubicon ?

Passionnante enquête policière que cette recherche des mobiles, étonnant roman policier où nous connaissons déjà la victime, les assassins et l'heure de leur forfait. Reste, en ouvrant le procès de ces meurtriers, à découvrir les raisons profondes de cet attentat qui en définitive a manqué son but. En projetant au ciel son père adoptif, consacré désormais *divus Iulius*, et en se proclamant *divi filius*, Auguste ne va-t-il pas ressusciter à jamais le père de tous et le rendre vivant pour l'éternité ?

CHAPITRE PREMIER

CÉSAR ENTRE RUMEURS ET INCERTITUDES

Les rumeurs agitent l'opinion publique, les incertitudes appartiennent aux historiens qui colportent aussi des rumeurs. C'est donc un cheminement difficile qu'il faut tracer dans la forêt des affirmations, des dénégations de cinq auteurs qui vont nous aider à découvrir les intentions profondes du dictateur et donc les raisons qui ont conduit les conjurés à projeter et exécuter son assassinat [1].

A vrai dire, vont-ils nous aider, car nous ne disposons que de récits de seconde main d'historiens qui n'ont pas été contemporains des événements ? Même si nous possédions le « journal » des hommes d'action liés au drame des Ides de Mars, nous ne serions pas à l'abri de travestissements de la vérité dont les auteurs – et César le premier – se servent comme d'une arme psychologique pour ébranler les ennemis de l'intérieur et pour manipuler l'opinion des citoyens qui à Rome décident de l'élection des magistrats, des dotations en pouvoirs et en moyens pour mener les guerres pourvoyeuses de butin et de gloire. Ils proclament leur dévouement à l'État mais confisquent la vérité.

Seul Cicéron aurait pu être le témoin de la marche des événements, des intrigues et l'écho des derniers bruits, surtout entre 46 et 44, puisque les *Lettres à Atticus* comme

---

1. Nous reprenons dans tout ce livre IV ce que nous avons écrit dans *Les Ides de Mars, assassinat de César ou de la dictature ?*, Paris, 1973.

les *Familiaires* nous donnent des nouvelles brûlantes des divers partis en cause ; il a été toutefois tenu à l'écart du complot. Au lendemain de l'assassinat de César, il écrit à l'un des conjurés, L. Minucius Basilus [2], son contentement : « Je te félicite, je me réjouis, je veille à tes affaires. Je veux que tu m'aimes et me dises ce qu'on fait ». Mais il varie dans son appréciation sur l'événement : « malgré tous les malheurs dont nous sommes menacés, les Ides de Mars me consolent [3] » ; « mais jusqu'à présent rien ne me fait un véritable plaisir que les Ides de Mars [4] »; « les libérateurs se sont acquis une gloire immortelle [5] », « ils sont des hommes divins [6] ». Cependant, il déchante vite : « je ne trouve plus dans les Ides de Mars un si grand sujet de consolation [7] » ; « ainsi c'est une folie de chercher de la consolation dans les Ides de Mars [8] ». Quand, dans le *De divinatione*, il estime que la connaissance des choses futures n'est pas utile, il prend pour exemple le destin de César : « La vie de César n'eût été qu'un éternel tourment, s'il avait deviné, dans ce Sénat dont il avait nommé presque tous les membres, dans la Curie de Pompée, devant la statue de Pompée et sous les yeux d'un grand nombre de centurions, qu'il serait frappé par les plus nobles citoyens, par des hommes dont quelques-uns avaient été comblés d'honneurs par lui, et qu'ensuite son corps serait abandonné sans qu'aucun de ses amis, ni même de ses esclaves osât en approcher. » Cicéron, malgré les accents shakespeariens qui justifient ces *to, to honorable men*, n'aide guère à résoudre le pourquoi des Ides de Mars. Il constate la dérision d'une destinée, son issue fatale qui va ouvrir une ère sanglante où Pompéiens et Césariens s'affronteront, jusqu'à la totale défaite des premiers à

2. Cic., *Fam.*, VI, 15 ; sur L. Minucius Basilus, voir *infra*, p. 240-241.
3. *Id., Ad Attic.*, XIV, 4.
4. *Id., ibid.*, XIV, 6.
5. *Id., ibid.*, XIV, 12.
6. *Id., ibid.*, XIV, 16.
7. *Id., ibid.*, XIV, 22.
8. *Id., ibid.*, XV, 4.

Philippes, et où les Césariens se déchireront entre eux, engagés les uns sous la bannière d'Octave, les autres sous celle de Marc Antoine. Que l'on embrasse le courant républicain cher à Asinius Pollion, général furieusement fidèle à Octave, dans ces *Histoires* qui vont dominer l'historiographie de Suétone à Dion Cassius, ou le courant « aulique » d'un Nicolas de Damas qui, contemporain d'Auguste, glorifie le nouvel empereur et son père adoptif dans une *Biographie* trop flatteuse, on se trouve en présence de points de vue opposés, souvent contradictoires. Chaque parti prétend défendre la liberté, une liberté si vidée de son sens « républicain » que seul un empereur, et non pas les conjurés, pourra se glorifier de l'avoir rendue « à la république opprimée par une faction [9] ».

Le César de Nicolas de Damas

Contemporain d'Auguste, il a recueilli des informations même s'il n'a pas été témoin oculaire du drame : c'est là un avantage sérieux sur les autres historiens qui ont écrit plus d'un siècle après le 15 mars 44.

Le Damascène est né vers 64 avant Jésus-Christ, à un moment où la conquête de la Syrie par Pompée va élargir l'horizon des notables des cités syriennes. Bilingue, Nicolas appartenait par son père au milieu des premiers de la ville et son éducation, acquise à Alexandrie et à Rhodes, fait de lui un lettré cosmopolite qui se met au service de souverains orientaux, eux-mêmes liés à Rome : c'est ainsi qu'il est devenu le précepteur des enfants de Cléopâtre et d'Antoine à la cour des Ptolémées. En 30, à la mort de Cléopâtre, il se fait accepter comme conseiller et confident d'Hérode, le roi ambitieux de Judée, qui veut étendre son royaume et son influence parmi les Juifs de la diaspora. Vers 25, Nicolas est sollicité d'écrire une biographie d'Auguste en utilisant le *De vita sua* d'Auguste. C'est un historien de cour qui proclame les droits d'Auguste à la

9. *RG*, I.

succession de César et qui nie avec force que Césarion ait été le fils de César ; en même temps, il exalte la mission de Rome en Orient, venue apporter paix et justice. Auguste l'accueille à plusieurs reprises et l'utilise comme conseiller diplomatique pour les affaires juives. Ainsi, le Damascène, très engagé auprès du roi des Juifs et d'Auguste, n'est guère qualifié pour faire œuvre d'historien ; il reste l'écho fidèle d'une tradition aulique philoaugustéenne, donc philo-césarienne.

Pour Nicolas de Damas, l'assassinat de César a été voulu délibérément par les conjurés ; il nous les présente en les noircissant et en les accablant, les uns agissant par adulation, d'autres par perfidie pour rendre César odieux, d'autres encore surtout par jalousie et ingratitude. En face de ces quatre-vingts conjurés, César est un homme seul qui excite la pitié. La responsabilité de ce dernier est aussi fort atténuée : homme simple, étranger aux machinations politiques, naïf au demeurant. Il est accablé de faux bruits : transfert du siège de l'empire à Alexandrie, sous prétexte que Césarion était son fils. Nicolas renvoie au testament de César, où Octave est le seul fils désigné. Il juge que l'affaire de la statue couronnée d'un diadème est un complot monté de toutes pièces par les tribuns Lucius et Caius. Sur les incidents des Lupercales (15 février 44), il ne prend pas position : le geste de Marc Antoine aurait répondu à l'attente d'amis et de dévots de César. Nicolas va même jusqu'à laisser soupçonner Marc Antoine de vouloir devenir le fils adoptif de César, hypothèse bien gratuite.

Homme seul, César le devient encore davantage quand il renvoie son escorte, confiant dans les protestations de fidélité des sénateurs, dans son caractère d'homme sacré et de père de la patrie. Ainsi, c'est une victime bien innocente qui va être immolée et la fatalité va encore atténuer sa responsabilité : le jour de la convocation du Sénat était celui où il devait présenter ses projets orientaux ; fatalité du lieu de réunion, la Curie de Pompée, qui rappelle son rival d'antan.

En évoquant ce libre jeu de la fatalité, Nicolas se dérobe à une explication réelle des Ides de Mars : naïveté incroyable d'un chef de guerre ? audace inouie de ceux qui osent assassiner un homme honoré à l'égal d'un dieu ? fin d'un tyran dont les actes avaient été ratifiés ? Le sens dramatique du biographe l'a égaré, les Ides de Mars ne se réduisent pas à l'exécution du meilleur des hommes par des méchants : Nicolas de Damas a écrit, d'une certaine façon, une antihistoire.

Le César de Suétone

Après un « étranger », voici un Romain (peut-être d'Afrique), lettré comme Nicolas de Damas, conscient lui aussi d'appartenir à une classe indispensable à la gloire autant qu'à l'administration de l'empire.

Né à l'aube du règne des Flaviens dans une famille équestre, il peut s'énorgueillir d'un père qui a combattu à Bédriac dans l'armée d'Othon. Lui ne montre aucun goût particulier pour le métier des armes. Il est un homme de loisir et d'étude (*scholasticus*), « copain » (*contubernalis*) de Pline le Jeune qui lui fera obtenir le tribunat militaire angusticlave auquel il renoncera d'ailleurs au profit d'un parent. Il n'est pas davantage attiré par le *Forum* et les plaidoiries. Il se consacre au contraire à l'histoire et se prépare à publier un *De Viris illustribus.* Trajan le distingue et le fait entrer dans la classe des juges, ce qui présage une carrière administrative. Il gravit plusieurs échelons de postes palatins : ministre des études, il veille sur les études (*a studiis*) d'Hadrien en juillet-août 118 ; ministre des bibliothèques latine et grecque ; enfin, en avril 121, ministre de la correspondance (*ab epistulis*), chargé du secrétariat général de la chancellerie impériale. Il connaît la disgrâce pour avoir manifesté trop de familiarité à l'égard de l'impératrice Sabine. Même brutalement interrompue, cette carrière est typique des hommes de lettres de l'empire et c'est une aubaine pour cet historien, curieux de tout, qui nous fait profiter de son témoignage dans sa *Vie des douze Césars.*

La première vie est celle de César et elle a été publiée, comme les autres, en 121 ; il nous manque le début, car elle ne commence qu'à sa seizième année. Suétone n'a pas été insensible à la propagande philocésarienne qu'expriment à partir de 107 les monnaies frappées par Trajan. La pression de cette propagande joue un rôle dans la genèse de l'œuvre. Suétone écrit la vie des empereurs en cherchant à découvrir les traits particuliers de leur caractère et de leurs mœurs. Il laisse dans l'ombre les conseillers, car c'est l'empereur qui fait l'histoire, et l'historien n'hésite pas à franchir le seuil de leur vie privée, de leur intimité, et à donner des détails croustillants sur leur comportement.

Suétone a puisé chez ses devanciers bien des informations et il a mis à contribution Nicolas de Damas, Asinius Pollion autant que les actes officiels (*acta senatus* ou *diurna*), et a prêté une oreille complaisante aux pamphlets. Il agit en biographe qui recherche la variété de l'information, qui cultive l'inédit, et non en historien qui, comme Tacite, essaie de peser dans le cours des événements la part de chaque acteur et qui ne s'interdit pas les réflexions morales autant que les tableaux d'ensemble.

Pour étudier ses héros, Suétone dispose d'un modèle savant, pratiqué à Alexandrie pour caractériser les hommes de lettres. La vie d'un personnage suit la même courbe, ascendante de la naissance au sommet de sa gloire et descendante de cet instant à la mort. C'est à la charnière de ces deux courbes qu'il décrit son caractère selon diverses catégories (*species*). Alors que Plutarque entraîne le lecteur à exalter un héros, Suétone dissèque impassiblement une personnalité. Certes, il ne cache pas sa préférence pour Auguste, mais sa composition manque de vigueur, met sur le même plan des faits divers et ne donne jamais la synthèse vigoureuse permettant de définir une destinée. C'est pourquoi il a pris des positions contradictoires en face de César.

Dans un premier temps, il suit l'opinion d'Asinius Pollion et recherche la justification des Ides de Mars. Il présente ainsi un César depuis toujours dévoré de la passion du pouvoir et redouté pour cela. Grisé par l'habitude du commandement, il s'est emparé du pouvoir souverain (*dominatio*) qu'il convoite dès sa prime jeunesse. Ainsi Suétone a reconstruit *a posteriori* un personnage monolithe pour mieux expliquer le meurtre. Ne répétait-il pas ces deux vers d'Euripide [10] : « S'il faut en effet violer le droit, que ce soit pour régner ; pour le reste, honorez les dieux ».

Il y a un autre César suétonien, qui appellerait la sympathie. En effet, il sait rendre la justice, il n'oublie jamais un bienfait, et Suétone parle avec emphase de sa modération et de sa clémence admirables, soit dans la conduite durant la guerre civile, soit dans l'usage de sa victoire [11]. Il sait pardonner. Quel fléau pèse le plus lourd ? Il semble bien que ce soit le premier. César a accepté l'accumulation des honneurs qui le plaçaient au-dessus de la condition humaine [12] ; il a manifesté la plus grande insolence tant à l'égard des gens en place qu'à l'égard des institutions. Surtout il aspirait au titre de roi pour forcer la victoire contre les Parthes et pour se soumettre à la prophétie des Livres Sibyllins. Mais César n'a pas été un homme libre de son destin : les dieux interviennent sans cesse dans ses décisions et il reconnaît leur suprématie, quitte à avoir à leur égard un comportement superstitieux.

Suétone campe essentiellement un César capable d'aller à l'extrême limite de ses passions (*somptuosus in libidines*) et n'hésite pas à invoquer ses mœurs pédérastiques pour accuser l'amant d'un roi d'amour de la royauté ; au nom de la cohérence du personnage, mais en foulant aux pieds la chronologie, il mérite d'être nommé « le mari de toutes les femmes et la femme de tous les maris [13] ». Jeu de mots combien excessif ! César apparaît comme le héros hors du commun qui fait peur au moment où le peuple a soif d'un repos fait de mesure et d'humanité. Surtout Suétone le dépeint comme le plus révolutionnaire des chefs qu'a connus Rome. Il mène l'État au gré de ses fantaisies, délègue ses pouvoirs à ses amis, abandonne

---

10. EUR., *Phénic.*, 524.
11. SUET., *Divus Iulius*, LXXV.
12. *ID.*, *ibid.*, LXXVI.
13. *ID.*, *ibid.*, LII.

certaines charges publiques à ses esclaves. Ainsi, se dégage un bilan contrasté où à la *clementia* s'oppose l'*ubris*, l'abus de la toute puissance, la démesure, et finalement le diagnostic défavorable aboutit à légitimer la sentence *iure caesus*. Le complot est décrit avec l'impassibilité d'un notaire qui enregistre les faits sans les juger, et le manque de chaleur le fait passer certainement à côté de la vérité.

LE CÉSAR DE PLUTARQUE

Quasi contemporain de Suétone, ce Grec, né à Chéronée de Béotie vers 50 après Jésus-Christ, est resté attaché à sa petite patrie. Archonte éponyme dans sa ville natale, il assume à Delphes la charge d'épimélète des Amphictyons. Enraciné dans la vie locale, il manifeste une grande loyauté à l'égard de Rome qui se montre bienveillante à son égard : il a reçu personnellement la citoyenneté romaine à l'époque flavienne. Trajan lui a confié les ornements consulaires et l'a chargé d'une sorte de juridiction sur les cités d'Achaïe ; il aurait même été procurateur d'Achaïe sous Hadrien. Ce double attachement à sa patrie et à Rome anime les *Vies parallèles* des grands hommes de la Grèce et de Rome : Alexandre et César, Dion et Brutus.

Il s'y révèle moraliste et s'est préparé à cette vision des grands hommes par son appartenance à l'Académie et par ses entretiens à Rome avec les savants et les philosophes de son temps. Ce qui compte pour lui, c'est le problème moral. Il cherche à pénétrer les mobiles de l'âme humaine, à définir les traits saillants d'une personnalité pour l'édification morale de ses contemporains. Nous voici loin de Suétone et, en choisissant personnellement de privilégier cette vision, il a conscience de ne pas écrire de l'histoire. Il le dit avec netteté dans l'introduction aux *Vies d'Alexandre et de César* : « Nous n'écrivons pas des récits historiques mais des vies [14] ». Ainsi, en s'intéressant à

---

14. PLUT., *Alex.*, 1, 1. ; voir aussi *Nic.*, 1, 5 et *Galba*, 2, 5.

Brutus et à César, il campe le drame psychologique entre les deux hommes sans le présenter sous un jour parfaitement historique, puisque c'est sa propre vision morale et politique qui va triompher au travers des vicissitudes de ses héros : il reproche à Brutus d'être devenu le meurtrier de son libérateur. Par conséquent, les sources de Plutarque jouent un rôle limité dans son écriture de l'histoire. Il recourt aux auteurs contemporains tels Oppius, César, Tite-Live, Strabon, surtout Asinius Pollion dont il a résumé et traduit en grec les *Histoires* et qu'il suit jusqu'au paragraphe 56 ; par la suite, de 57 à 69, il est influencé par des sources très défavorables à César ; d'une façon générale, son choix est bon et son jugement vis-à-vis des sources satisfait l'historien.

Quelle vision morale Plutarque veut-il nous imposer de son héros ? César est l'homme de la *philotimia* : il était né pour cette poursuite des honneurs et rien ne pouvait l'y faire renoncer. Dès le début, il cherche le bouleversement de l'État, en s'appuyant sur l'opinion populaire ; avec le premier triumvirat et le consulat de 59, il a réussi dans son entreprise ; ensuite, il est caractérisé comme destiné pour les grandes entreprises et ne cesse de montrer son avidité pour la renommée. Plutarque tempère ce portrait en évoquant sa philanthropie, qui se transforme après Pharsale en clémence, et César, père de cette future vertu impériale, élève à cette vertu un temple. A la fin, que reste-t-il de cette quête du pouvoir ? Un nom et une gloire qui suscitent l'envie. César a voulu être roi. Il n'a pas connu le repos mais a manifesté sans cesse une ambition se dévorant elle-même et exigeant toujours de nouveaux titres et de nouvelles conquêtes. Le portait s'achève par une réflexion très moralisatrice sur l'instabilité des choses humaines.

Une telle construction plutarquienne isole César de ses contemporains : l'entourage, les conseillers comptent peu. Pourtant, Plutarque prouve ailleurs qu'il sait analyser la situation de Rome au début de la guerre civile, où le vaisseau de l'État avait perdu son gouvernail. Ne constatait-on pas que « plusieurs même osaient déjà dire ouvertement que la république était incurable sans la monarchie et qu'il fallait endurer ce remède de la main du médecin le plus doux [15] » ? Donc César n'est pas devenu un tyran par la seule évolution de sa personnalité et par les seules exigences d'un tempérament assoiffé de pouvoir. En effet, la situation historique exigeait la monarchie. Caton n'a-t-il pas fait donner à Pompée le consulat unique pour que la monarchie soit plus légale ? Aux yeux de César, la république est bien morte et il ne peut pas en être le restaurateur. Ainsi, la problématique des Ides de Mars se trouve mise en question : l'assassinat n'est donc plus légitime puisqu'il fallait un monarque. Mais quel monarque ? La position de Plutarque quant à la responsabilité de César dans ce retour de la monarchie reste ambiguë.

D'une part, il reconnaît [16] la nécessité historique de recourir à la monarchie et légitime sa nomination comme dictateur à vie. Il pense toutefois que l'institution est mauvaise. Il la qualifie de tyrannie parce qu'elle n'a pas à rendre de comptes et que la dictature ne doit pas cesser. Plutarque réagit en archonte de Chéronée qui, dans une constitution démocratique, rend annuellement des comptes ; d'autre part, comment la monarchie pourrait-elle être temporaire, à moins de penser au renouvellement annuel de la puissance tribunicienne des empereurs qui donne l'image illusoire d'une échéance régulière ? Plutarque ne donne pas une explication correcte de cette volonté de César de disposer de la dictature à vie. Il l'a souhaitée pour sortir des compétitions électorales et pour éviter de polariser la vie politique sur des problèmes de régime. Même unique, le consulat était condamné à terme car il ne pouvait pas assurer la continuité nécessaire à la reconstruction d'un monde si cruellement éprouvé par les luttes fraticides. César comprit que le rouage traditionnel de type républicain et collégial était inadéquat et il n'eut de cesse de l'affaiblir et de l'abaisser [17]. L'époque exigeait donc un monarque : dans ces conditions, peut-on dire que

15. PLUT., *Caes.*, 28, 6.
16. *ID.*, *ibid.*, 69, 2.
17. Voir *supra*, p. 164-165.

César a voulu la tyrannie ? Plutarque est indécis. Certes, César accepte des honneurs excessifs mais, en en proposant d'autres aux suffrages réguliers du Sénat ou de peuple, ses ennemis ne cherchent-ils pas les prétextes les plus nombreux pour avoir les griefs les plus sérieux ? Plutarque le trouve irréprochable quand il renvoie sa garde, convie le peuple aux repas, aux distributions de blé et procède à l'installation de colonies. Mais, aussitôt après, l'écrivain reparle de son besoin de gloire nouvelle : il n'en est pas à une contradiction près.

L'affaire du titre de roi est celle qui a fait naître une haine qui pousse au meurtre. Ce prétexte, le plus spécieux, doit émouvoir le peuple et le Sénat bafoué et les liguer contre le dictateur. Ainsi Plutarque, fidèle à une source anticésarienne, montre l'isolement de César. Or, dans la *Vie de Brutus,* le peuple manifeste de la pitié pour César – première incohérence – et, quand le peuple bascule du côté des Césariens, il n'est plus qu'une tourbe confuse prête au désordre [18] –, deuxième incohérence.

Même embarras de Plutarque pour répondre à la question : César est-il responsable de son destin ? Il semble bien qu'on ne puisse pas éviter sa destinée [19] et ne pas tenir compte des signes prémonitoires. Toutefois, Plutarque laisse une place au hasard. Il suggère aussi [20] que le génie – *daimôn* – de Pompée mène l'entreprise : la Curie de Pompée, la statue de Pompée apportent la touche dramatique aux Ides de Mars. Mais Plutarque diminue la responsabilité des hommes, et les dieux ne sont pas tous d'accord pour condamner César, puisque tous les conjurés mourront de mort violente, poursuivis à leur tour par le *daimôn* de César dont le fantôme apparaîtra par deux fois à Brutus. Au moment de l'ascension sidérale de César sous la forme d'une comète brillant pendant sept nuits, le soleil est obscurci et le monde porte le deuil.

---

18. PLUT., *Brut.*, 18.
19. *ID., Caes.*, 63, 1.
20. *ID., ibid.*, 69, 2.

Ainsi Plutarque nous laisse désemparés. Il a dessiné une image mélangée de son héros, sans parfaite cohérence. Il n'a pas répondu à la question de savoir pourquoi on a assassiné César.

Le César d'Appien

Grec d'Alexandrie, Appien écrit plus tard que Plutarque dont il s'inspire, sans s'interdire de présenter une vision personnelle de événements et de nous apporter un point de vue original sur les Ides de Mars.

Né vers 90-95 après Jésus-Christ, il appartient à l'aristocratie grecque d'Alexandrie et assume de hautes charges en Égypte. Après la révolte des Juifs (115-117), il vient à Rome où il exerce le métier d'avocat. Fronton, son ami, homme de lettres influent à la cour impériale, intervient auprès d'Antonin le Pieux pour qu'il obtienne une charge de procurateur, qu'il assume en 150-155 ; il meurt en 163-165.

Il a consacré cinq livres (XII-XVII) de son *Histoire romaine* aux *Guerres civiles* : ces événements sont loin de ce IIe siècle, où il vit heureux en sujet fidèle, sensible à la grandeur romaine fondée sur la justice ; pour lui, ce bonheur et cette justice se confondent avec le régime monarchique dont il a une vision idyllique. Il existe deux types de régime, le bon, celui de la monarchie, de l'empereur et le mauvais, celui des partis, les factions comme il les appelle. Cette dépendance à l'égard du régime impérial oblitère sa compréhension du sens de l'histoire : la mort de César sonne le réveil des factions qu'il condamne. Ce faisant, Appien légitime ce dernier et son régime.

Ce qui est en cause chez notre historien, c'est son attitude devant les sources, souvent divergentes, parfois même opposées et dont il n'assure à aucun moment la synthèse. Une source philorépublicaine le conduit à construire un César républicain : c'est par des voies légales qu'il atteint le pouvoir suprême, et la dictature ne mérite pas l'accusation d'être une *dominatio*, une tyrannie. Une telle image n'est-elle pas en contradiction avec ses opinions monarchistes ? En suivant Asinius Pollion, qui est resté fidèle à César tout en se déclarant hostile à la *dominatio,* il semble légitimer sur le plan politique la mort du dictateur ; mais les conjurés avaient enfreint la *pietas* qui les liait à leur bienfaiteur et n'avaient droit qu'à la réprobation. Dans cette condamnation, il semble y avoir interférence avec une troisième source, Nicolas de Damas, favorable à Octavien César et hostile à Antoine. Ainsi l'histoire d'Appien est un centon de sources juxtaposées ; l'historien ne fait pas de choix, ce qui entraîne une explication chaotique des Ides de Mars, solidaire peut-être aussi de ses propos contra-dictoires. D'un côté, il est monarchiste, séduit par l'ordre de Rome ; en même temps, il refuse l'ambition humaine, le désir du pouvoir, toute démesure (*ubris*). Il fait l'éloge de la liberté, incarnée par Brutus et Cassius, par Pompée : « Rome est là où il y a un homme libre, où il y a Brutus et Cassius » ; Appien tourne alors le dos à l'historiographie de tendance aulique.

Il donne ainsi une version philorépublicaine du dessein de César : la victoire militaire fait de lui le plus grand (*Maximus*) des chefs de parti, supérieur à Pompée, qualifié seulement de *Magnus,* et il peut enchaîner à nouveau les factions. Personne ne peut mettre un frein à sa puissance et il est logique qu'il aspire à la royauté. Il suit, du 15 février au 15 mars, tous les indices qui prouvent cette aspiration et il pense que, le 15 mars, le Sénat lui aurait décerné officiellement le titre de roi pour mener victorieusement l'armée romaine à l'assaut des Parthes, comme l'avait prédit un oracle sibyllin. Appien veut nous donner de César l'image d'un homme habité par la démesure et passe ainsi d'un jugement objectif à une position subjective ; certes, un tel schéma, repris de Suétone et qui se trouvait déjà chez Asinius Pollion, pourrait s'interpréter de tout autre façon : César, à chaque fois, a repoussé la couronne et refusé le titre de roi ; mais ce schéma commode s'est imposé très tôt comme type d'explication historique : il faut bien légitimer les motifs des conjurés. Mais quels étaient ces motifs ?

Appien présente Brutus et Cassius « poussés par la jalousie de son immense pouvoir et par le désir de rétablir la constitution traditionnelle », ce qui paraît plus contradictoire que complémentaire : ou bien ils veulent remplacer César ou bien défendre la république et restaurer le *mos majorum* (la tradition ancestrale) de la *nobilitas* (noblesse sénatoriale) du IIe siècle avant Jésus-Christ. Au demeurant de quelle république s'agit-il ? N'oublions pas que, pour gagner des batailles, le Sénat a multiplié les entorses au libre jeu des institutions ; en 210, contre Hannibal, Scipion l'Africain est investi de la conduite de la guerre, au mépris des règles constitutionnelles. Est-ce la république des sénateurs, incapables et vénaux, qui sont accusés d'avoir vendu en 109 l'Afrique à Jugurtha, ce jeune prince numide qui affirme que Rome était une ville à vendre ? N'est-ce pas plutôt la république des généraux (*imperatores*), née de la nécessité du salut public ? La seule jalousie ne peut légitimer, certes, la conjuration, mais il n'a pas pris davantage position en faveur de l'autre explication : l'amour de la république. Ainsi la mort de César serait une mort inutile, d'autant plus absurde, à en croire Appien [21], qu'on le tua pour une question de mots : l'autorité d'un dictateur est à la lettre celle d'un roi.

Appien n'explique donc pas les Ides de Mars, n'éclaire pas les motifs des conjurés. Il recourt, en désespoir de cause, à l'intervention de la *Fortuna*, échappatoire trop facile qui le pousse à donner en fin de compte une interprétation fataliste des événements. La *Fortuna* est le sort aveugle, le hasard, qui diminue le mérite de la victoire césarienne, alors que l'action de Pompée est exaltée. Les interventions de la *Fortuna*, autant que celles des dieux, de la divinité et du génie personnel (*daimôn*), limitent la liberté de César et ce sont ces échos anticésariens qui finissent par triompher chez Appien. Celui-ci dénonce son appétit de pouvoir, sa volonté dévorante de s'emparer de l'État, finissant par faire apparaître Pompée, *imperator* qui

21. APPIAN., *BC*, 111.

a disposé lui aussi d'un pouvoir monarchique, comme un champion de la liberté.

Si l'historien doit choisir, ne pas se laisser guider par ses opinions politiques ou par celles de ses devanciers, Appien n'est pas un véritable historien et il n'a pas su démêler l'écheveau des événements qu'il présente de façon contradictoire ou ambiguë. Aujourd'hui, nous avons à nous défier de ses affirmations.

Le César de Dion Cassius

Avec Dion Cassius, nous avons affaire à un sénateur qui va devoir se mesurer avec le récit d'un assassinat perpétré en plein Sénat, par vingt-quatre sénateurs. Confrontation passionnante, même si elle intervient plus de deux siècles et demi après l'événement, entre la réalité et les préjugés de l'ordre qui donne à ce Grec de Bithynie sa dignité.

Il est né vers 163-164 à Nicée, dans une famille sénatoriale. Son père, Cassius Apronianus, consul, a été gouverneur de Lycie-Pamphylie-Cilicie et de Dalmatie. Descendant d'un riche Nicéen de la période julio-claudienne, il fait partie de la bourgeoisie aisée municipale qui se met naturellement au service de Rome. Outre les propriétés familiales de Nicée et des environs, il a pignon sur rue à Rome, possède une villa à Capoue, où il se retire pour écrire, et des terres en Italie, si bien que sa richesse autant que ses relations sociales – il est allié à Dion de Pruse – en font un homme en vue, dévoué au service de l'empereur.

Il vient à Rome en 180, accompagne son père en Cilicie en 182-183 et commence à gravir les échelons de la carrière sénatoriale : questeur en 188-189, préteur sous Septime Sévère, il est présent à Rome dans l'été 193, lors de la déification de Pertinax. Après un gouvernement prétorien de 197 à 202, il est à nouveau à Rome de 202 à 208, est nommé consul suffect en 205-206 ; *amicus* de Septime Sévère, il est membre du Conseil impérial ; en 214-215, il accompagne Caracalla à Nicomédie et, devant la Cour impériale, déclame le fameux dialogue d'Agrippa et de Mécène où s'affrontent deux systèmes politiques. En 215, il revient à Rome, en 217 il assiste à l'avènement de Macrin qui, à la fin de son règne, en fait le curateur de Pergame et de Smyrne où il passe l'hiver 218-219. On le sait ensuite proconsul d'Afrique en 223, puis légat impérial en Dalmatie (224-226). Consécration suprême, il partage le consulat ordinaire avec l'empereur Alexandre Sévère en 229 ; mais sa réputation de sévérité lui vaut l'hostilité des cohortes prétoriennes. A soixante-dix ans, podagre, il retourne à Nicée, où il termine ses *Histoires.*

Au total, il a connu une carrière typique d'une famille provinciale sénatoriale, certes sans coup d'éclat. Dans ses gouvernements provinciaux, il a montré de la fermeté en face des désordres provoqués par l'indiscipline des troupes. Sans vouloir revenir au Sénat républicain, il veut que soit assurée la *libertas*, c'est-à-dire la sûreté des personnes, que soit garanti aux familles sénatoriales l'accès aux magistratures traditionnelles et que le Sénat reçoive toujours les égards qui lui sont dus.

Son œuvre est donc, dès le début, marquée par un égoïsme de classe, mis au service de sa communauté et au service de l'empereur (197 à 207). Il a préparé avec beaucoup de soin son *Histoire romaine* qu'il écrit de 207 à 219 et qui appartient donc essentiellement à l'époque de Septime Sévère et de Caracalla. Historien de cabinet, il a lu tous ses prédécesseurs, surtout Auguste et son *Autobiographie,* et recourt aux documents de la chancellerie ou aux inscriptions. Sans composer à proprement dit des annales, il écrit une histoire annalistique, où il témoigne cependant d'un vif sentiment de synthèse historique. Dans sa conception de la fin de la république, il est volontairement anticicéronien et adopte les conclusions d'Asinius Pollion autant que celles de Salluste. Ailleurs, il s'inspire de sources contradictoires et ses emprunts à Plutarque font problème. Au total, une vie et une œuvre très engagées : ses opinions politiques, comme chez Appien, influencent le récit des événements plus anciens et en limitent la portée.

Sa position face aux Ides de Mars est nette et catégorique [22]. César a été tué contrairement aux lois, contrairement à la piété. Les conjurés sont donc responsables de ce crime et ils ont livré par leur forfait la république aux factions : la démocratie ne saurait être rétablie par un crime, car, si elle signifie l'égalité devant la loi entraînant l'égalité des droits, la pratique du régime démocratique dément cette définition. Au contraire, la monarchie incarne la forme de gouvernement qui présente le plus d'avantages, une monarchie empirique, en accord avec l'idéal des républicains et du parti des *viri boni* cher à Cicéron. Il est plus facile de trouver un homme de bien – et de s'en débarrasser – que plusieurs. Une démocratie même vertueuse ne peut le rester, car la prospérité qu'elle assure aux citoyens engendre l'ambition, la violence et la rivalité, alors qu'il faut garder la mesure et la modération pour échapper à l'excès de richesse et d'orgueil. La richesse gagnée par Rome et dilatée aux dimensions d'un empire a entraîné la fuite de la concorde, du *consensus civium.* Seul l'empereur recrée ce *consensus,* seule la monarchie peut sauver des États qui sont des empires : de telles réflexions auraient dû retenir le bras des assassins. Dion Cassius assimile donc César au modèle des empereurs. Va-t-il alors le mettre sur un piédestal ? C'est oublier l'influence de Plutarque qui l'entraîne à se contredire.

Pour Dion Cassius comme pour Plutarque, César dès le début est dévoré par la soif de domination [23] ; en Gaule, il a préparé sa prise de pouvoir et Dion Cassius laisse espérer que le dessein de César peut évoluer. Il est le seul à nous rapporter un discours [24] que César aurait prononcé au Sénat à son retour d'Afrique en mai 46. Ce discours nous présente un César philosénatorial, donc cher à son cœur. César y annonce qu'il n'essaiera d'être ni un Marius ni un Sylla. Il n'essaiera pas de piper des suffrages par de belles promesses qu'ensuite on ne peut pas tenir, et il ne fondera

22. CASS. DIO, XLIV.
23. *ID.*, XLIII, 25.
24. *ID.*, XLIII, 15.

pas sur ses succès militaires la tyrannie : César a pour idéal d'être un homme de bien pour jouir avec gloire de ses succès. Il doit dépasser ces succès militaires et se vaincre lui-même, en se conduisant avec prudence, avec mesure, pour atteindre la vertu. Ainsi le Sénat n'a rien à redouter de ce général philosophe qui parle comme Alexandre Sévère. César se définit lui-même non pas comme un maître mais comme un protecteur, non pas comme un tyran mais comme un chef : c'est déjà l'idéologie du principat augustéen. La traduction institutionnelle d'une telle volonté passe par le consulat et la dictature. Les sénateurs doivent se rassurer ; il n'y aura plus de mises à mort, plus de proscriptions. Il termine son discours en faisant appel à l'union et aux bons sentiments ; il sera le père et eux seront les enfants, l'empire ne sera qu'une grande famille. Dans cette vision idyllique, on reconnaît une fois encore la propagande impériale du *Pater patriae*. Toutefois, Dion Cassius ne peut oublier les deux dangers qui minent le IIIe siècle : l'armée et l'argent. Pour l'armée, César rappelle aux sénateurs qu'elle est le garant de leur sécurité ; pour l'argent, il annonce qu'il n'y aura plus d'impôts. Dion Cassius dessine ainsi au travers de ce discours l'image d'un régime monarchique fondé sur la vertu et la justice.

Mais alors pourquoi le tragique dérapage des Ides de Mars ? Une première explication vient des défauts de César : son manque de mesure, son orgueil, son impiété, sa vanité. Dion Cassius accepte de faire, comme Plutarque, un procès d'intention à César : il refuse le titre de « roi sans rien faire cependant qui donnait véritablement lieu de croire qu'il lui était odieux [25] ». Il ne hait pas, comme il le devrait, ceux qui lui donnent le titre de roi ; il voudrait être forcé à le prendre : Dion Cassius n'accorde aucun crédit à la bonne foi de César. Toutefois, il lui attribue une responsabilité limitée, évoquant sa clémence, sa générosité allant jusqu'à la naïveté, quand il licencie sa garde, refuse celle des sénateurs et des chevaliers, et laissant une grande place au

25. CASS. DIO, XLIV, 9, 10, 11.

hasard et à une nécessité suprahumaine. Ce sont les dieux qui ont décidé que César devait mourir, une providence règle le cours des destinées [26] ; une autre nécessité anonyme le fait tomber victime de la vengeance de Pompée [27].

Mais la responsabilité vient surtout des conjurés. Dion leur reproche l'envie et la haine, et dénonce leurs motifs prétendument généreux : ils se disent les libérateurs de Rome et livrent la cité aux partis. Enfin, il accuse les sénateurs d'avoir accordé à César des honneurs excessifs par flatterie ou provocation, ouvrant la voie à la colère des dieux.

Ainsi Dion Cassius, parti d'un jugement politique catégorique et défendant le régime monarchique, nous présente un César qui se définit dans un discours capable de répondre à cet idéal politique. Mais, pour expliquer son assassinat, il ne peut échapper à un double procès d'intention, fait à César et aux conjurés, sans mettre en lumière les motivations profondes de l'un et des autres.

Voici donc cinq Césars : l'innocent César exécuté par les méchants de Nicolas de Damas, le César du Suétone tué à bon droit, le César plutarquien partagé entre la gloire et la clémence, celui d'Appien qui veut la royauté et mérite de disparaître, enfin celui de Dion Cassius, modèle d'idéal monarchique que des flatteries ont perdu. Les ressemblances ne cachent guère les contradictions. Tous ces historiens ont servi à des postes différents, à des titres divers l'empire. L'assassinat de César les gêne et les embarrasse. Ne pouvant faire l'apologie des assassins, ils expliquent les Ides de Mars de façon incohérente ; complices du régime impérial, ils sont éminemment conservateurs et ne peuvent guère comprendre César le révolutionnaire ; ils l'oublient vivant pour ne s'en souvenir que mort et divinisé, apportant une contribution majeure à l'idéologie impériale. En y voyant un accident fatal de l'histoire et en disséquant ses intentions condamnables, ils ont assassiné une seconde fois leur héros.

---

26. CASS. DIO, XLIII, 16.
27. *ID.*, XLIII, 52.

CHAPITRE II

LES CONJURÉS : DEUX DOUZAINES D'HOMMES SANS FOI NI LOI

Quand il recherche l'identité des conjurés, l'historien est moins démuni que devant les opinions contradictoires et floues des auteurs anciens. Il est même aisé de retrouver leurs fiches signalétiques au « sommier » des acteurs du dernier siècle de la république, de dresser les étapes de leurs carrières, éclairées par plusieurs sources, y compris César et Cicéron, dont la convergence authentifie l'objectivité. Ces recherches d'état civil aboutissent à dessiner les solidarités entre générations dans un siècle où triomphe le clientélisme, qu'il soit civil ou militaire. Elles mesurent surtout la grandeur ou la petitesse de ces futurs assassins, qui d'ailleurs ne furent grands que par leur forfait.

Combien étaient-ils de conjurés, d'assassins ? Première question à laquelle doit répondre l'enquête. Sauf Nicolas de Damas [1] qui a, volontairement sans doute, noirci les intentions des milieux sénatoriaux et équestres en dénombrant trente-cinq blessures, les historiens s'accordent pour parler de vingt-trois coups de glaive, ce qui correspondrait à vingt-trois assassins, puisque chacun devait participer à ce meurtre rituel. Nicolas de Damas évoque quatre-vingts conjurés, Suétone [2] soixante, ce qui limite déjà le champ de l'enquête. Or les conjurés ne semblent pas devoir être plus nombreux que les assassins.

---

1. Nic. Damasc., XXIV.
2. Suet., *Divus Iulius*, LXXX.

Le secret a été bien gardé et personne n'a livré leurs noms : les dénonciations multiples, que méprisa César, venaient de gens étrangers au complot ; et cette multiplicité, à laquelle les historiens se sont complu, ne vise qu'à un effet dramatique : dire que César a tenu entre ses mains l'annonce de son destin et qu'il en a repoussé, comme invraisemblable, la révélation ! Seuls les sénateurs, qui occupaient les places proches du fauteuil où César devait s'asseoir, partageaient le terrible secret et il faut renoncer au chiffre de quatre-vingts ou soixante conjurés.

Il n'est pas question d'enrôler sous leur bannière tous les opposants à César, qui bavardaient plus qu'ils n'agissaient. Cicéron nous en offre un excellent exemple ; il n'aimait pas le dictateur tout en saluant son génie et il était prêt à rallier toute combinaison politique qui légalement abattrait la *dominatio* de César. Il parut compromis au lendemain des Ides de Mars par M. Brutus qui, « brandissant son poignard ensanglanté, cria le nom de Cicéron et le félicita du rétablissement de la liberté [3] ». Il s'est lui-même défendu contre Antoine d'avoir été complice du complot. Ni acteur ni initié.

On ne peut donc pas aller au-delà de vingt-quatre conjurés qui décidèrent la mort du dictateur ; seuls vingt-trois le frappèrent car Trebonius, qui devait empêcher le consul Antoine de pénétrer dans la Curie, ne participa pas directement au meurtre [4].

UN AMALGAME DE « MARÉCHAUX » VIEILLIS ET DE JEUNES « LOUPS »

UNE POIGNÉE DE CÉSARIENS DÉÇUS

L. Minucius Basilus

Son premier nom était M. Satrius. Un oncle maternel, fort riche, l'adopta si bien que L. Minucius Basilus devint

3. CIC., *Phil.*, II, 28.
4. PLUT., *Brut.*, 17.

le patron du territoire du Picenum et de la Sabine. Légat de César, dès 53, dans la guerre des Gaules et la guerre civile, il se distingue à *Dyrrachium* et rentre à Rome après Pharsale. Préteur en 45 [5], César lui refuse une province ; L. Minucius Basilus se sent personnellement outragé ; prêt à se laisser mourir de faim, il accepte une compensation en argent : une belle conscience, mais qui se laisse acheter et ne pardonne pas à l'acheteur.

D. Iunius Brutus Albinus

Adulescens dans la guerre des Gaules, tribun militaire, préfet de la flotte de César contre les Vénètes, préfet dans la guerre des Gaules ; légat au début de la guerre civile, Albinus dirige les opérations navales contre Marseille sous les ordres de C. Trebonius ; légat propréteur, gouverneur de la Transalpine (48-46), probablement préteur en 45 [6], puisqu'il devint proconsul de Gaule cisalpine en 44 [7]. César lui a promis pour 42 le consulat. Héritier en second de César, donc l'un des Césariens les plus en vue, il a dîné avec le dictateur chez Lépide, la veille des Ides. Homme d'action et de courage, possesseur de nombreux gladiateurs, homme de confiance de César, il se laisse néanmoins entraîner dans la conspiration par Brutus.

C. Trebonius

Fils d'un chevalier en vue, questeur en 60 [8], tribun en 55 [9], il fait passer la *lex Trebonia* qui donne à Crassus le gouvernement de Syrie, à Pompée celui des deux Hispanies, à chacun pour cinq ans. Légat de César de 54 à 49, il se révèle un collaborateur militaire de tous les instants aussi bien dans la guerre des Gaules que pendant la guerre civile ; préteur urbain en 48 [10], il se montre loyal à César

5. Broughton, *MRR*, II, p. 307.
6. *Id.*, *ibid.*, II, p. 307.
7. *Id.*, *ibid.*, II, p. 328.
8. *Id.*, *ibid.*, II, p. 184.
9. *Id.*, *ibid.*, II, p. 217.
10. *Id.*, *ibid.*, II, p. 273-274.

en s'opposant aux mesures démagogiques de Caelius Rufus [11]. Il est envoyé en Hispanie ultérieure en 47 [12] et, en 46 [13], il est chassé de sa province par les Pompéiens en été et y revient en compagnie de César à la fin de l'année. Le 1er octobre 45 [14], il devient consul suffect, se voit promettre le proconsulat d'Asie : c'est donc un Césarien comblé d'honneurs. Il a sondé Antoine, lors d'une rencontre à Narbonne, pour connaître ses intentions vis-à-vis d'un complot contre César. Il est naturel alors qu'il entre dans la conjuration où son rôle final consiste à écarter Antoine de la salle de la Curie. Pour sa décision, Cicéron lui a décerné un bel éloge : « Un homme qui a mis la liberté du peuple romain au-dessus de l'amitié d'un homme et qui a mieux aimé renverser la tyrannie que d'y être associé [15] ».

Ser. Sulpicius Galba

Son père figurait au *consilium* de Pompeius Strabo à *Asculum* au moment de la guerre sociale. De 58 à 56, légat de César dans la première partie de la guerre des Gaules, il rentre à Rome en 56. Préteur en 54 [16], il échoue au consulat en 49 quand ont été élus les anticésariens, C. Claudius Marcellus et L. Cornelius Lentulus [17] ; il refuse d'adhérer au parti pompéien, et César renfloue son patrimoine.

C. Servilius Casca

Tribun de la plèbe en 44 [18], il a reçu pour honorer son édilité un secours en argent de César. Il est plein d'amertume de sa situation médiocre ; il portera le premier coup à César, et ce premier coup ne sera pas mortel.

---

11. Voir *supra*, p. 173-174.
12. BROUGHTON, *MRR*, II, p. 289.
13. *ID.*, *ibid.*, II, p. 299.
14. *ID.*, *ibid.*, II, p. 305.
15. CIC., *Phil.*, II, 27.
16. BROUGHTON, *MRR*, II, p. 222.
17. *ID.*, *ibid.*, II, p. 256.
18. *ID.*, *ibid.*, II, p. 325.

P. Servilius Casca Longus

Frère du précédent ; sénateur, il vole au secours de son frère dans la Curie.

L. Tillius Cimber

Partisan de César ; préteur sans doute en 45 [19] puisqu'il devient en 46 proconsul de Bithynie et du Pont [20]. Peut-être secrètement ulcéré de l'exil de son frère, il s'adressera en premier à César pour le prier de rappeler celui-ci.

Un groupuscule de Pompéiens ingrats

La deuxième catégorie regroupe des Pompéiens, en général pardonnés par César, mais retournant à la première occasion à leur mouvance politique primitive.

C. Cassius Longinus

Il est le seul des Pompéiens à avoir capacités et talents militaires. Il sert en 53 comme questeur [21] en Syrie sous Crassus, s'échappe de *Carrhae* et met la Syrie en défense. En 52, proquesteur en Syrie [22], il monte une insurrection en Judée et continue d'organiser la défense de la province contre les Parthes auxquels en 51, près d'Antioche, il inflige de lourdes pertes [23]. En 49, il est élu tribun de la plèbe anticésarien [24] : il commande l'escadre syrienne dans la flotte de Pompée. En 48, préfet [25], il lance des raids heureux sur les bateaux de César à *Messana* et *Vibo*. Après Pharsale, il se rend à César et obtient son pardon. César le prend à son service comme légat en 47 [26] et 46. Toutefois, il reste un opposant : il refuse sa voix aux décrets pris en l'honneur

19. Broughton, *MRR*, II, p. 307.
20. *Id., ibid.*, II, p. 230.
21. *Id., ibid.*, II, p. 229.
22. *Id., ibid.*, II, p. 237.
23. *Id., ibid.*, II, p. 242.
24. *Id., ibid.*, II, p. 259.
25. *Id., ibid.*, II, p. 283.
26. *Id., ibid.*, II, p. 290.

du dictateur et cette abstention fait même croire à l'existence d'une faction de Cassius. César ne lui en tint pas rancune et patronna sa candidature à la préture, mais à un rang inférieur – *praetor peregrinus* [27] – de celui de Brutus, nommé préteur urbain. Cassius en fut mortifié car, s'il avait la promesse du gouvernement de Syrie, l'un des postes les plus importants, il savait que Brutus espérait un consulat proche, tandis qu'il devait se contenter d'une échéance consulaire plus lointaine, en 41 ? Cette déconvenue réveilla son opposition politique et cet homme violent, conscient de sa valeur militaire et habité par une profonde amertume, fut le cerveau de la conjuration.

M. Iunius Brutus (Q. Servilius Caepio Brutus)

Questeur en 53 [28], il refuse de servir sous César en Gaule et accompagne son beau-père Appius Claudius Pulcher en Cilicie ; en 49, on le retrouve dans cette même province légat de Sestius [29]. Après Pharsale, ce Pompéien reçoit le pardon de César. En 46 [30], il est légat propréteur, gouverneur de la Gaule cisalpine jusqu'au printemps 45. En 44 [31], il est préteur urbain avec promesse de consulat. Il doit tout à César, son père naturel [32], encore qu'il ait jalousé l'amant de sa mère. Cet homme vertueux, qui ne manque pas de caractère, sera l'âme du complot contre le dictateur.

Q. Ligarius

C'est un Pompéien que nous trouvons en 51/50 légat [33] sous C. Considius Longus en Afrique ; fut-il légat propréteur en 50/49 ? En tout cas, absous par César, il était « moins reconnaissant de la faveur qui l'avait sauvé des rigueurs de la justice qu'irrité contre le pouvoir qui l'avait mis en péril »,

---

27. BROUGHTON, *MRR,* II, p. 320.
28. *ID., ibid.*, II, p. 229.
29. *ID., ibid.*, II, p. 267.
30. *ID., ibid.*, II, p. 297 et 301.
31. *ID., ibid.*, II, p. 321-322.
32. Voir *supra,* p. 62.
33. BROUGHTON, *MRR,* II, p. 244 et 253.

pour reprendre l'appréciation de Plutarque [34]. Au total, un ennemi de César et un ami intime de Brutus.

Pontius Aquila

Appien le compte parmi les Pompéiens. Son inimitié contre César date d'octobre 45 quand, en tant que tribun de la plèbe [35], il ne se leva pas lors du défilé qui marquait le triomphe sur les Hispanies. César fut indigné de ce manque de déférence et tourna cette opposition en dérision, répétant à chacune de ses promesses : « si toutefois Pontius Aquila le veut bien ». Le tribun ne goûta guère ni l'algarade ni l'humour césarien (« Eh ! bien, tribun Aquila, redemandez-moi la république »). On lui confisqua sa terre, ce qu'il goûta encore moins. Un magistrat ridiculisé, un propriétaire frustré : deux raisons pour se venger.

Caecilius Bucilianus

Sénateur [36].

Caecilius

Frère du précédent.

Rubrius Rubus Ruga

Sénateur.

Sextius Naso

M. Spurius

UN QUARTERON DE SANS PARTI

Nous ne pouvons pas préciser les options politiques du troisième groupe.

---

34. PLUT., *Brut.*, 11.
35. BROUGHTON, *MRR*, II, p. 308.
36. *ID.*, *ibid.*, II, p. 488.

C. Cassius Parmensis

Questeur en 43 [37], il commandera la flotte qui se mesure avec celle de Dolabella, au sud de l'Asie Mineure, le 13 juin ; en 42, proquesteur [38], il sera à la tête de la flotte en Asie au moment de Philippes.

Pacuvius Antistius Labeo

Père du juriste bien connu M. Antistius Labeo. Ami de Brutus, il sera légat à Philippes et ordonnera à ses esclaves de le tuer après la bataille [39].

Petronius

D. ou T. Turullius

Il ira en Bithynie avec Annius Cimber et prendra le commandement de la flotte que Cimber préparera en 44 et enverra contre Dolabella en 43.

Notre enquête a été fructueuse : nous avons récolté vingt noms sur vingt-quatre. Le déchet de quatre noms reste négligeable, dans la mesure où ces sénateurs sont sortis de la mémoire des hommes. Au total, nous rencontrons parmi les conjurés la génération de ceux qui ont commencé leur carrière vers 60/58 et qui, déçus à divers titres, remâchent leurs amertumes, ainsi que les jeunes impatients qui se lancent vers 44/43 dans les honneurs et qui rongent leur frein.

UNE COALITION FRAGILE A LA RECHERCHE D'UN « LEADER »

Comment cimenter cet amalgame de maréchaux vieillis et de jeunes loups et dépasser rancœurs personnelles et divergences politiques pour arriver à un acte

37. Broughton, *MRR*, II, p. 341.
38. Id., *ibid.*, II, p. 360.
39. Plut., *Brut.*, 51.

majeur, assassiner le potentat afin d'abolir le régime monarchique et rétablir le libre jeu des institutions républicaines ? Ceux qui auraient pu être les acteurs de cette « révolution » disparaissaient peu à peu, fauchés sur le champ de bataille ou pardonnés par César et il leur fallait un porte-drapeau. Après Pharsale (9 août 48), Caton pouvait jouer ce rôle, ayant repris le commandement des troupes restées fidèles au vieil idéal de la cité. Après *Thapsus* (6 avril 46) et la victoire césarienne, il y renonce, car il n'y a pas de place dans le parti pompéien et il ne peut revenir à Rome. Il choisit la mort volontaire (12/13 avril 46) pour témoigner d'une certaine conception de la vie politique fondée sur le rôle de la noblesse héréditaire qui, par l'intermédiaire des magistrats et des sénateurs, a vocation à représenter le peuple. Cette *res publica* est réglée par la vertu et seuls les incorruptibles méritent les récompenses. N'étant plus d'accord avec un régime qu'il abhorre, refusant de reculer devant certaines concessions et compromissions, au moins jusqu'en 49, il préfère renoncer à la vie.

S'ensuit une guerre de pamphlets [40] qui ne va pas loin et ne soulève pas les foules ; est-elle même sérieuse au moment où Cicéron tente un rapprochement avec les Césariens et où Brutus, juste avant le retour de César d'Espagne, espère en une conversion du dictateur au parti des *optimates* ? Un tel aveuglement ne pouvait guère fortifier l'opposition à César, au contraire il l'énervait et la décourageait. Seuls Cassius et ses amis ne s'associèrent pas au vote unanime des sénateurs décernant à César des honneurs extraordinaires, mais ils comptaient peu, au moment où César divisait ses ennemis en choisissant Brutus comme préteur urbain et en attisant la jalousie de son beau-frère Cassius : les deux têtes possibles d'une opposition organisée se déchiraient en public, tout en profitant du choix de César et de ces décisions d'avenir.

En ce premier jour de janvier 44, l'opposition paraît domestiquée et César peut mettre en route son projet grandiose de conquête de l'Orient. Il veut, avant de prendre

---

40. Voir *supra*, p. 146.

le commandement suprême de la « grande armée », encore mieux fonder son régime : le 14 février 44, il reçoit la dictature à vie en même temps que la sacro-sainteté tribunicienne ; il est désormais inamovible, inviolable. Tous les sénateurs lui ont prêté un serment de fidélité et, pour donner l'illusion d'un régime « civil », il licencie sa garde. Désormais, il est la source unique du pouvoir et rend inutile le jeu des factions oligarchiques traditionnelles autant que le jeu des clientèles militaires : Pompéiens et Césariens n'ont d'avenir que celui que leur consent César ; ils ne peuvent, dans leur désillusion, que se rejoindre dans un complot.

César fait prêter serment à son génie [41] et le serment se déroule encore dans l'empire, quand surviennent les Ides de Mars ; tous les sujets de l'empire deviennent les enfants de ce nouveau père : *fides* et *pietas* cimentent le corps social et l'unissent à César. De même que le patron reçoit assis ses clients, César refuse de se lever quand une délégation de sénateurs lui apporte au temple de *Venus Genitrix* les décrets du 14 février. Certes, ni Brutus, ni Cassius, ni aucun des futurs conjurés n'ont eu le courage de se suicider ou de refuser le serment, mais pareille scène du 15 février provoque, mieux que le suicide de Caton, une prise de conscience qui marque la date de naissance de la conjuration.

Qui va en prendre la tête ? Cassius a su dominer son différend mineur avec Brutus, que l'opinion publique salue comme descendant du Brutus destructeur de la royauté [42]. La manipulation est évidente ; celui-ci avait fait mettre à mort ses deux jeunes enfants et ne laissa donc aucune postérité [43]. Les manœuvres de Cassius et de ses agents font pression sur Brutus, qui se tient à l'écart. Pour le faire sortir d'une abstention qui peine et qui irrite, libelles et *graffiti* fleurissent au pied de la statue du prétendu aïeul : « Nous

---

41. SUET., *Divus Iulius*, LXXXIV-LXXXV ; APPIAN., II, 106, 124, 137, 139, 144 *sq.*

42. PLUT., *Brut.*, 9.

43. CASS. DIO, LIV, 12.

avons besoin d'un Brutus. Plût aux dieux que tu fusses en vie ». Sur son tribunal de préteur urbain, on dépose un billet inscrit : « Tu dors, Brutus. Tu n'es pas Brutus [44] ». Quand la statue de César est installée auprès de celles des rois et à côté de celle de « l'aïeul » Brutus, une telle contiguïté lui aurait donné l'idée d'abattre César [45]. Certes, ce ne sont pas des associations d'idées ou de lieux qui peuvent expliquer la décision de Brutus d'apporter aux bras des conjurés la légitimité de sa conscience pure. Cassius le rencontre et Cicéron doit se souvenir qu'il a cherché dès 59 un Servilius Ahala ou un Brutus pour se débarrasser de la monarchie à trois têtes, celles de César, Pompée et Crassus [46]. Brutus, le prétendu ancêtre, a vengé en 510 le déshonneur de Lucrèce en décidant de supprimer la royauté [47], Servilius Ahala en 434 a tué de sa main un jeune chevalier, Spurius Maelius, accusé d'aspirer à la royauté [48]. Cicéron approuve ces exécutions et envisage en août la possibilité d'un meurtre [49]. Brutus incarne le philosophe adepte du stoïcisme et, mal peigné, il est aux antipodes de l'élégance d'un César. Sa femme Porcia le rejoint dans la capacité à surmonter la douleur physique. Il a même envisagé le suicide si, le 15 mars 44, rien n'est possible pour sauver la république. Cassius l'en dissuade, car il est le dépositaire d'une tradition antimonarchique, d'autant que, par sa mère, Servilia, il descend aussi de C. Servilius Ahala.

DES CONJURÉS SANS PROGRAMME POLITIQUE

C'est, de ce fait, sur un programme purement négatif – l'exécution de César – que s'entendent finalement les *optimates*, et c'est le nom de Brutus qui a unifié les divers

44. Plut., *Brut.*, 9 ; Cass. Dio, XLIV, 13.
45. Cass. Dio, XLIII, 45.
46. Cic., *Ad Att.*, II, 24, 3.
47. Liv., I, 69.
48. *Id.*, IV, 15.
49. Cic., *Ad Att.*, XIII, 40.

projets [50]. Ni Cassius ni Brutus ne prévoient aucun contre-gouvernement, aucun plan de restauration de la république et de la liberté. Sont-ils d'accord, d'ailleurs, sur le contenu de ces mots magiques ? La république, autrefois dirigée par les princes des *gentes* nobles, est devenue la proie des *imperatores,* des chefs militaires qui s'appuient sur leurs soldats. César a bien raison de dire « que la république n'est plus qu'un vain mot, sans consistance ni réalité [51] ». Rome n'est plus à vendre, mais le sont les Romains des meilleures familles.

Toutefois – c'est la faiblesse et même l'erreur de César –, une grande vertu peut susciter un sursaut magnifique et entretenir une exaltation mutuelle dans un milieu qui aime les belles formules et les attitudes théâtrales. Brutus le rappellera plus tard [52] : il a voulu le retour à la *dignitas* et à la *iusta respublica,* et il a été conscient de la nécessité de l'assassinat de César, acte irrévocable, sanctifié par la pureté du justicier.

Il est vrai qu'à Rome on parle depuis quelques mois de tyrannicide. Les tyrannochtones, ceux qui ont comploté contre le tyran Hippias, sont exaltés à l'égal des héros. Les statues de Cassius et de Brutus ne seront-elles pas installées, en août 44, à Athènes auprès de celles d'Harmodios et Aristogiton ? Ainsi, le mirage grec joue comme un levier de l'opinion. Brutus paraît être un tyrannochtone prédestiné à rappeler sa double hérédité : en 50, il a exalté la *libertas.*

Par ailleurs, Cicéron, dans le *De Republica,* a longuement discuté de la meilleure forme du gouvernement. Scipion y défend la thèse monarchique ; pourtant la monarchie, même celle où règne un roi juste et sage – comme Cyrus le Perse –, est frappée d'un défaut (*vitium*) indélébile : tout y dépend d'un seul. Dès que le roi commence à être injuste – c'est alors un tyran –, il faut s'en débarrasser par le fer ou par l'exil. La tyrannie ne naît

---

50. SUET., *Divus Iulius,* LXXX.
51. *ID., ibid.,* LXXVII.
52. Lettre du 13 mai 43 : DCCC LXIV, éd. Tyrrel-Purser.

pas de l'usurpation de nouveaux pouvoirs mais de l'usage injuste de celui que l'on a, et il est légitime de purger la cité d'un tyran.

Cicéron n'a pas osé insister sur le meurtre de Romulus, qu'il évoque en mai 45 [53], et qui est devenu après sa mort le dieu Quirinus. Or quand la statue de César est placée dans le temple de Quirinus, Cicéron se livre à un sous-entendu macabre : mieux vaut ce temple qui annonce la fin prochaine de César que celui de *Salus* (la Santé), véritable assurance sur la vie. Les sénateurs ont reconnu par leur serment César comme leur père, *parens patriae* ; or, dans ce psychodrame, il faut que le fils tue son père. César reconnaîtra en mourant en pontife, la tête recouverte de la toge en *cinctus gabinus*, et en s'écriant : « Toi aussi, mon petit », la douloureuse évidence d'une *pietas* violée.

C'est donc sur un scénario bien réglé, plus que sur un programme, que s'entendent les conjurés. Ils se partagent les rôles : Trebonius retiendra le consul Antoine que Brutus a décidé d'épargner, ce qui prouve qu'il ne s'agit pas d'un règlement de comptes entre Césariens et *optimates*. Seul César est visé et c'est un pacte secret qui lie les conjurés et leur fait risquer la peine de mort. Il sert à l'accomplissement d'un crime contre la sûreté de l'État et, déjà, un tel pacte secret avait valu aux dévots des *Bacchanalia* [54] la peine capitale. Les comploteurs ont juré tous de percer César de leurs glaives et cela dans un temple. Tillius Cimber présente à César sa supplique pour le retour d'exil de son frère ; il lui bloque les bras dans les pans de sa toge, Casca alors le frappe par-derrière, son frère lui porte l'unique coup mortel ; vient le tour de Brutus et des autres. Vingt-trois coups de poignard sont autant de signatures de la condamnation à mort. Pris d'une sorte de fureur extatique, ils se blessent mutuellement, qui à la main qui à la cuisse, et laissent leurs toges se couvrir de sang.

Donc, le scénario avait été parfaitement mis au point et l'exécution programmée pour le 15 mars 44 – le jour des

---

53. CIC., *ad Att.*, 45, 17.
54. LIV., XIV, 8 ; XV, 10. PAILLER, p. 325-328.

Ides – dans la Curie de Pompée ; on avait pensé un moment à tuer le dictateur sur la voie Sacrée, à le jeter à bas du pont un jour de comices ou à se débarrasser de lui à l'occasion de jeux de gladiateurs [55].

Le meurtre consommé, on peut appeler les citoyens à la liberté, mais la liberté pour quoi faire ? Les soldats de César sont toujours présents, sous le commandement d'Antoine et de Lépide ou à Apollonie, où se concentre l'armée destinée à combattre les Parthes. A onze heures du matin, le 15 mars, c'est le consul Antoine qui représente la légalité et Brutus a fait un pari stupide en prétendant l'incarner désormais : Rome ne va pas s'enflammer à côté des conjurés d'un noble amour de la vertu [56]. Antoine se met à l'abri, déguisé en homme du peuple.

Ainsi, une poignée d'aigris et d'envieux a pu décider d'un meurtre politique et l'exécuter ; il n'en reste pas moins qu'ils manquent d'une tête politique pensante. On ne fait pas de la politique avec seulement de la vertu. Seul Cicéron, promoteur du parti du juste milieu regroupant les *optimi viri* de toute l'Italie, la jeunesse des mobilisables et la fleur des affranchis, aurait pu leur apporter sa caution avec efficacité. Mais les conjurés se méfiaient de lui, toujours enclin à composer avec César, et n'ont pas voulu partager avec lui leur secret.

Certes, il a fallu du courage et de l'audace pour exécuter César, mais les conjurés, ce faisant, ont-ils obéi à la justice, à la dignité ? Favonius, le préféré de Caton, leur a pourtant annoncé qu'une guerre civile était pire qu'une monarchie illégitime. Les assassins se sont débarrassés de l'objet de leur haine, de leur envie ou de leur remords, tout en conservant les postes qu'ils doivent à la générosité de leur bienfaiteur. En gagnant sur deux tableaux et en précipitant Rome et l'État dans l'inconnu, ne méritent-ils pas d'être dénoncés, comme Dion Cassius le fait, comme des hommes sans foi ni loi ?

---

55. SUET., *Divus Iulius*, LXXX (suivant NIC. DAMASC.).
56. PLUT., *Brut.*, 18.

CHAPITRE III

LES VRAIS MOBILES D'UN CRIME INUTILE

Ni les historiens anciens ni les conjurés ne nous ont guère aidés dans notre enquête. Surmontons ce double échec et tournons-nous vers l'acteur principal, qui occupe le devant de la scène d'où il sortira cadavre, percé de vingt-trois coups de poignard. Quelle peur panique a-t-il inspirée pour que des hommes qui lui devaient tout aient osé à leur tour franchir le Rubicon et recourir à un meurtre odieux, semblable à un parricide ? Plus que l'aspirant-roi, c'est César et le régime césarien, révolutionnaire au regard de la tradition républicaine, qui les ont lancés dans une folle aventure dont le but était la disparition du dictateur.

UNE FAUSSE ACCUSATION : L'ASPIRATION A LA ROYAUTÉ

César a-t-il voulu être roi ? N'est-ce pas là une accusation inventée pour les besoins de la cause, pour légitimer ses assassins d'avoir débarrassé la cité de celui qui incarnait le Mal ? Cette accusation entre dans un schéma logique. En acceptant une accumulation d'honneurs, César a excité la jalousie et la haine de ceux qui ont, par ces octrois inconsidérés, voulu troubler l'opinion et la couper d'un chef populaire. Un tel schéma logique se passe de chronologie ; les historiens ont présenté d'un bloc ces honneurs sans préciser leur date et leur progression. Dion l'avoue avec une certaine naïveté par deux fois : « Ces distinctions ne furent pas décrétées en une seule fois : mais à peu près suivant le hasard des circonstances, l'une un jour, l'autre un autre [1] » ; « je les relaterai ici en une seule fois bien qu'elles n'aient été ni proposées ni décrétées simultanément [2] » ; or ce mépris de la chronologie conduit à des contradictions qui font perdre aux arguments de leur force persuasive.

Le bruit court que César se prépare à la guerre contre les Parthes : d'après Plutarque, entre le 1er et le 26 janvier 44 ; seul un roi pourrait les vaincre. Pour Appien [3], c'est après les Lupercales, donc après le 15 février, que prend forme le projet de César et que se répand la prédiction des livres Sibyllins. Pour Suétone [4], c'est le 15 mars précisément que le petit-cousin du dictateur, L. Aurelius Cotta, quindecemvir, doit faire au Sénat la proposition de le nommer roi avant son départ, fixé au 18 mars. Ainsi serait satisfait le besoin d'une revanche de la défaite mémorable de Crassus à Carrhes en même temps qu'on céderait à la vogue de la religion apollinienne servie par le collège des quindecemvirs. Or Cicéron [5] a démenti l'existence d'un tel oracle : « Nous respectons les vers qu'on dit avoir été improvisés par la Sibylle en fureur. Dernièrement, sur la foi d'un faux bruit, on croyait que l'interprète de ces vers viendrait déclarer dans le Sénat que, si nous tenions à notre salut, il fallait proclamer roi celui que réellement nous avions pour roi. Mais, si cela est écrit dans les livres, je demanderai pour quel homme et pour quel temps. Celui qui les a composés s'y est pris bien adroitement : il a supprimé la désignation des personnes et des époques, en sorte que tout ce qui arrive paraît toujours avoir été prédit. »

Ainsi, quoi qu'en ait affirmé J. Carcopino, l'existence d'un oracle à l'adresse de César est dénuée de tout fondement. Les livres Sibyllins, à ce propos, n'ont pas plus de valeur que les centuries de Nostradamus.

---

1. Cass. Dio, XLIII, 46.
2. *Id.*, XLIV, 4.
3. Appian., *BC*, II, 110.
4. Suet., *Divus Iulius*, LXXXIX.
5. Cic., *De divinat.*, II, 110.

Un autre bruit se répand : César veut transférer le siège de l'empire à Alexandrie, surtout parce que Césarion serait le fils de Cléopâtre et de César. Or Nicolas de Damas [6] a le premier – sous Auguste – démenti avec vigueur cette filiation et la démonstration de J. Carcopino, nous l'avons vu [7], est péremptoire : Césarion, né le 20 avril 44, ne saurait être le fils de César. Une fois débarrassé de cette double légende, il nous faut préciser la chronologie des événements de ce début de l'année 44, que chaque auteur présente à son gré, souvent avec confusion.

Le 26 janvier, César rentre d'Albe à Rome, après avoir présidé les Féries latines au Monte Cavo, où était honoré *Jupiter Latiaris.* C'est alors que, selon Plutarque [8] et Appien [9], il aurait été salué pour la première fois du titre de roi. En revanche, Suétone [10] accroche cet événement au moment où le Sénat lui apporte solennellement les décrets lui octroyant des honneurs extraordinaires : serait-ce fin 45 ou après le 14 février 44 ? Pour lui, comme pour Dion Cassius [11], c'est la branche de laurier mise à la statue de César qui déclenche l'intitiative des deux tribuns, C. Epidius Marullus et L. Caesetius Flavus, et par contre-coup la réaction de César qui les destitue.

Or cet épisode intervient, chez Plutarque [12] comme chez Nicolas de Damas [13], après les Lupercales, tandis que pour Appien il précède le 26 janvier. Dion Cassius redouble, lui, les incidents, le titre de roi et le diadème, selon l'ordre inverse de celui de Nicolas de Damas, et l'affaire des tribuns, puis, le 26 janvier, au retour d'Albe, la réaction de César contre Epidius Marullus et Caesetius Flavus.

---

6. Nic. Damasc., XX.
7. Carcopino, *César*, p. 429, n. 1 ; *supra*, p. 65.
8. Plut., *Caes.*, LXI.
9. Appian., *BC,* II, 108.
10. Suet., *Divus Iulius*, LXXIX.
11. Cass. Dio, XLIV, 8.
12. Plut., *Caes.*, LXI, 8.
13. Nic. Damasc., XXI, 75.

Le Sénat lui a-t-il apporté ces fameux décrets, avant ou après les Lupercales, au temple de *Venus Genitrix*, comme le disent Suétone et Dion Cassius, ou aux Rostres, comme le pensent Plutarque et Appien ? N'ont-ils pas alors confondu avec la statue d'or de César, placée devant les Rostres, que Nicolas de Damas imagine avoir été la première couronnée d'un diadème ? La confusion a pu également se faire avec la cérémonie des Lupercales que César présidait du haut des Rostres, sur un siège d'or, le 15 février.

Qui a le premier tendu la couronne de laurier au dictateur ? Licinius, d'après Nicolas de Damas, Antoine, pour les autres historiens. Après le refus de César, cette couronne a-t-elle été déposée sur une statue de celui-ci, comme le veut Nicolas de Damas, ou sur celle de Jupiter Capitolin au Capitole, selon l'accord unanime des autres sources ?

Comment ne pas être sensible à tant de contradictions ? Ne prouvent-elles pas que chaque auteur a puisé dans un dossier mal établi, mal construit, fait de provocations d'ennemis ou d'initiatives intempestives de trop zélés flatteurs ?

Certes, des pensées coupables ont existé, mais, à chaque fois, l'attitude de César est exemplaire : il refuse le titre de roi ou le diadème, parce qu'il estime cet honneur suprême démesuré ou impossible. Il n'a jamais accepté – et là-dessus les sources sont unanimes – le titre de roi ; il n'a pas davantage accepté de son vivant de ceindre la bandelette des rois hellénistiques [14] : « Je suis César... donc je suis Romain. »

Parce qu'on le sait homme de toutes les tentations, on le fait succomber à la tentation suprême, celle de la royauté ; disons-le tout net, nous ne pouvons pas y croire, car cette tentation, que chaque auteur rapporte avec plus ou moins de détails, s'organise dans un *crescendo* savant et suspect : simple couronne posée sur une statue, acclamation anonyme lors d'une *adventus* (entrée officielle dans une ville), offrande du diadème à César lui-même qui serait

14. APPIAN., *BC*, II, 107.

couronné comme un dieu vivant, tout est fabriqué pour le confort moral des conjurés et le repos de l'esprit historique, tout est si logique et si explicable ! Comment ce meurtre, qui apparaît comme un parricide à jamais néfaste et banni du calendrier augustéen, ne deviendrait-il pas légitime puisqu'il s'agit d'abattre un roi et que se réveillent les souvenirs glorieux d'un Brutus, la fondation d'une république que chaque parti se flatte de retrouver en même temps que la liberté ? Mots magiques qui arment les bras et cachent les mobiles profonds, qu'ils soient avouables ou inavouables.

Tous les conjurés, nous l'avons vu, ont des raisons d'éprouver haine et envie à l'endroit de César. Chacun a quelque chose à se faire pardonner : son incapacité, sa lâcheté ou sa trahison. Abattre un tyran qui veut se faire roi, voilà ce qui va régénérer les courages avilis. Tout est prétexte à jeux de mots et insinuations. Sa statue est-elle placée dans le temple de Quirinus ? Cicéron s'en félicite : mieux vaut *Quirinus*, hypostase de Romulus assassiné, que la *Salus*, la Santé. Ainsi s' imposa à tous les milieux anticésariens une image déformée des desseins de César, et il leur parut commode de le qualifier d'aspirant à la royauté – accusation dont avait déjà été victime Tiberius Gracchus [15] – pour que se nouât le complot et que sa mort fût décidée.

Or n'y a-t-il pas là autant de raisons spécieuses, selon l'expression de Nicolas de Damas, de dissimuler motifs et raisons ? Comment César, qui connaît bien l'histoire de Rome, adopterait-il une attitude inintelligente ? Lui qui veut maintenir à chaque instant un contact personnel avec le peuple, qui a besoin du bain de foule guérissant des petitesses des courtisans ou de la sottise des oligarques, comment peut-il chercher des applaudissements en se faisant saluer du titre de roi, à Rome où justement les rois sont odieux, comment outragerait-il le peuple par un « titre injurieux qui attire la haine et l'envie [16] » ?

---

15. PLUT., *Tib. Gracch.*, XIV.
16. CIC., *Pro Sulla*, 9.

« Je suis César... » N'y a-t-il pas dans cette riposte orgueilleuse, rapportée par Appien, l'affirmation de ce qu'il est et de ce qu'il veut être, c'est-à-dire lui-même ? Il ne se dit même pas dictateur ou *imperator*, et sa réponse annonce celle que Tite Live prête à Scipion l'Africain, au moment où il est salué par Édecon, chef de la tribu ibère des Édétanes, du titre de roi : « Scipion lui dit que pour lui le titre le plus haut était celui d'*imperator* que lui avaient donné ses soldats ; le titre de roi, ailleurs élevé, était à Rome intolérable (*regium nomen alibi magnum, Romae intolerabile esse*). Qu'il eût une âme de roi, et c'était là ce qu'ils jugeaient le plus grand dans le caractère d'un homme, ils pourraient le penser à part eux, mais ils devaient s'abstenir d'employer le mot [17] ». César n'est qu'un homme seul, génie de la guerre en qui s'incarne la *virtus* militaire, qui manifeste par sa vertu de clémence qu'il est un chef, source de la liberté des citoyens contre les barbares et contre les factions. « Je suis César... »

En tout cas, rien ne semble décisif avant le 15 mars : c'est tout ensemble la date où L. Aurelius Cotta devrait le faire couronner roi et la date de son assassinat : cette rencontre chronologique est bien troublante. On répand d'ailleurs une nouvelle calomnie sur sa conduite future : au retour d'une expédition victorieuse sur les Gètes et sur les Parthes, personne n'osera lui refuser le titre de roi. Mais alors naît une nouvelle contradiction : ce ne serait plus avant son départ pour l'Orient, mais à son retour que César recevrait le diadème.

Au demeurant, cette royauté n'était-elle pas inutile ? En effet, comme le remarque Appien [18], « l'autorité d'un dictateur est bien, à la lettre, celle d'un roi». La constitution républicaine offrait donc à César assez de possibilités pour satisfaire son ambition et aussi pour faire face aux nécessités du moment. Ce sont les votes du Sénat et du peuple qui ont validé la légitimité du régime dictatorial, où le *magister equitum*, Lépide, commande au corps royal par

---

17. Liv., XXVII, 19, 4.
18. Apian., *BC*, II, 111.

excellence, la cavalerie. César peut se contenter de faire jaser en portant une chaussure haute et de couleur rouge, à la manière des anciens rois d'Albe dont il prétend descendre par Iule [19] ; mais se rattacher à la royauté albaine si débonnaire, ce n'est pas faire revivre la royauté étrusque, chassée par le premier Brutus.

Ainsi, on ne peut pas ajouter foi à tant de calomnies, à tant de faux bruits qui ont empoisonné les deux premiers mois de l'année 44. Faut-il même accepter l'hypothèse que César aurait souhaité être dictateur à Rome et roi dans les provinces ? Ne serait-ce pas vouloir fonder, avant la lettre, le principat sur ce partage et ouvrir un nouveau procès d'intention ?

En définitive, il faut exorciser le mythe, si soigneusement entretenu, d'une royauté souhaitée par César. N'oublions pas que c'est lui qui a fait inscrire dans les Fastes que, sur l'ordre du peuple, le consul Marc Antoine lui ayant offert la royauté, il l'a refusée [20]. La grande peur des conjurés vient en réalité de l'homme César, de son attitude de chef de parti et de son système de gouvernement.

ABATTRE UN RÉVOLUTIONNAIRE

Ce qui conduit les conjurés à passer à l'acte, c'est la peur du révolutionnaire et la crainte que l'État soit bouleversé : *haec commutatio rei publicae* [21].

UNE RÉVOLUTION POLITIQUE

En effet, la crise de la société au moment de la conjuration de Catilina (63) a révélé l'ampleur du mal qui ronge l'Italie : gens endettés, prêts à une révolte armée et recevant la secrète complicité de membres de l'aristocratie municipale ; or l'armée césarienne se recrute dans une péninsule où renaît le parti marianiste. La *tota Italia,*

19. CASS. DIO, XLIII, 43.
20. CIC., *Phil.*, II, 87.
21. *ID., Fam.*, 13, 10, 12.

condition même de l'exercice du pouvoir, qui échappe aux coteries, aux *pauci*, celle même qui est appelée de tous ses vœux par Cicéron, la voici qui fait son entrée au Sénat grâce au dictateur : plus de quatre cents sénateurs représentent la *juventus* mobilisable d'Ombrie, d'Étrurie et du pays sabin. Voici aussi les chevaliers de Campanie qui les rejoignent, plus ceux que les *nobiles* romains couvrent d'insultes et de *lazzi*, tournant en dérision les braies gauloises délaissées pour la toge.

Les peuples confédérés du *Bellum Italicum* tiennent alors leur revanche et Asinius Pollio, descendant d'Herius Asinius, le plus élevé en rang des Marrucins, accompagne César au Rubicon ; des sénateurs, anciens partisans de Pompée, viennent du Picenum.

Ainsi, le Sénat se peuple de ces Italiens qu'il faut unifier et César doit faire d'une mosaïque de races, de langues et de dialectes une nation, mais au prix d'une révolution sociale et politique, tandis que, de Narbonnaise, de Cisalpine et des Espagnes, arrivent les premiers sénateurs provinciaux qui hésitent à trouver le chemin de la Curie.

Certes, l'oligarchie traditionnelle ne peut pas admettre ce bouleversement, encore que rien de révolutionnaire ne soit tellement apparent dans le choix des candidats au consulat : de 48 à 44, neuf personnalités ont revêtu les insignes consulaires ; cinq sont des *nobiles* et même des patriciens ; quatre *novi homines* doivent leur élection à leurs états de services en Gaule. Le mérite commence à balancer la naissance, sans que l'on sente venir encore un profond raz-de-marée.

Mais il suffit que ces *novi homines*, qui seront bien vite suivis de tant d'autres, se mettent sur les rangs pour disputer les places, pour que les « maréchaux » s'inquiètent et que les maisons des *nobiles* s'emplissent de conciliabules haineux.

L'APPROPRIATION DE L'ÉTAT

Encore davantage, on a peur de ce jeu que César règle comme un ballet. Certes, à l'avance les places sont prises, les titulaires désignés, les maréchaux pourvus. Si on fait des économies en n'étant pas contraint d'acheter les voix des centuries, la *nobilitas* redoute de dépendre de lui seul, qui multiplie les consuls suffects, à rendre ridicule la charge confiée le 31 décembre 45 pour un seul jour à C. Caninius Rebilus ; de lui qui accorde à dix anciens préteurs les ornements consulaires et qui, en fin de compte, identifie le pouvoir suprême avec la dictature et non avec l'un quelconque des pouvoirs traditionnels. Il n'y a plus de place à Rome pour le *consilium* ou l'*auctoritas* dispensée traditionnellement par le Sénat [22].

César dispose, il est vrai, d'un parti, où l'on dénombre les centurions de son armée, les officiers de cavalerie, des affairistes comme P. Ventidius, fournisseur aux armées, des secrétaires, conseillers et agents politiques, des lettrés comme Pansa et Hirtius, Oppius et Balbus, le premier banquier romain, le second, magnat gaditain. Donc un parti où le glaive s'accommode des tablettes de l'*argentarius* et se met au service de l'argent. On y trouve C. Rabirius Postumus qui a prêté de l'argent au roi d'Égypte pour en devenir le ministre des Finances et en gagner assez pour avoir l'occasion de se montrer généreux. Il faut compter aussi dans ce parti des familles gauloises, hispaniques, les dynastes orientaux ou les cités grecques que César a su récupérer sur le parti pompéien.

Un parti avec lequel il tient le monde romain ; par le glaive et par l'argent, un parti qui s'enrichit, qui se partage les places que l'on multiplie : quarante questeurs, seize préteurs, neuf cents sénateurs ! Mais de cette aubaine la *nobilitas* traditionnelle risque peu de profiter, d'autant plus que César a médité un plan de gouvernement à long terme.

Il est difficile, certes, de l'assurer puisque l'assassinat a arrêté dans son élan la mise en place d'un régime révolutionnaire. Cependant, quelques mesures significatives n'ont pu qu'alarmer – et même affoler – les Romains de vieille souche. Quel attentat au *mos maiorum* que d'avoir créé des préfets propréteurs, chargés d'administrer Rome

---

22. Cic., *De off.*, II, 2, 23.

et le Trésor public en l'absence de César, en préfigurant ainsi la fonction des préfets de la Ville, nouveauté qui sera si désagréable aux sénateurs augustéens. Il n'y a plus de tradition, mais seule compte la *libido* de César, son bon plaisir, comme le stigmatisent Suétone et la source prosénatoriale. Mais il y a plus : César considère l'État romain comme sa chose personnelle, il donne délégation de magistrature [23] pour la monnaie, et il frappe une monnaie régalienne à son effigie ; pour gérer les revenus publics, il nomme ses propres esclaves, les gens de sa maison. Ce faisant, il met les revenus de l'État, le pouvoir d'émission de la monnaie à l'abri des manipulations oligarchiques : il confisque l'État au profit de sa maison. Il dépouille ainsi le Sénat de tout pouvoir administratif à Rome, de toute autorité financière. Il va même jusqu'à lui enlever le commandement militaire en confiant au fils d'un de ses affanchis, Rufio, la direction des quatre légions laissées à Alexandrie. Même si on laisse de côté l'accusation si facile qui fait de lui un mignon, il n'en reste pas moins que Rufio, à peine chevalier, commande quatre légions : pouvoir exorbitant que n'auraient envisagé ni Auguste ni Septime Sévère. Il est bien dans le style plat de Suétone de n'avoir pas mis en valeur ces trois faits qui apparaissent d'importance capitale et donnent la clef de l'attentat des Ides de Mars.

La fondation d'un empire

Ainsi, une nouvelle conception de l'État se fait jour, où les magistratures dévaluées ne seraient qu'une façade, cachant mal la révolution profonde où les gens de mérite, où un personnel issu de la *familia Caesaris* géreraient l'État. Bien plus, César ne prend pas le gouvernement en viager mais, par son testament, hypothèque l'avenir. Malgré ses mariages et ses copieuses conquêtes féminines, il n'a plus officiellement d'enfant vivant, Césarion n'est pas son fils et seul Brutus est né de son sang. Or, comme tous

23. Cass. Dio, XLIII, 48.

les Romains de noble souche, il dispose, pour perpétuer sa race, d'un moyen légal, l'adoption. Ainsi, hanté en pleine maturité par le problème de sa descendance, il a prévu, de son premier consulat jusqu'au début de la guerre civile, d'avoir pour héritier son gendre Cn. Pompée, nous le savons par L. Tubéron. Mais, à la faveur de la guerre civile et de l'évolution du régime, il revient sur ses premières intentions ; il a d'ailleurs pu envisager de faire de Brutus son héritier, à moins que Plutarque [24] n'ait inventé cette espérance du césaricide pour accroître l'intensité dramatique de son récit. De toute façon, le 13 septembre 45, il rédige un nouveau testament dans sa villa de *Labicum* et le confie à la première des Vestales.

Il se tourne maintenant vers sa propre famille. En effet, ses deux sœurs ont par leurs mariages une postérité. Julia, l'aînée, s'était mariée deux fois, l'une à Pinarius, la seconde à Q. Pedius et a deux petits-fils, L. Pinarius Scarpus et Q. Pedius. La seconde, Julia, a épousé M. Atius Balbus et, à son tour, sa fille Atia a eu de C. Octavius un fils, C. Octavius.

C. Julius Caesar († 85 av. J.-C.)

Pinarius ~ Julia ~ Q. Pedius | Julia ~ M. Atius Balbus | **C. Julius Caesar**

(Pinarius) | Q. Pedius | Atia ~ C. Octavius

L. Pinarius Scarpus | *Q. Pedius* | *C. Octavius* qui devient par adoption C. Julius Caesar Octavianus

Ce sont ces trois petits-fils de ses sœurs qui se partagent – mais inégalement – sa fortune ; les trois quarts vont à C. Octavius, le dernier quart est à répartir entre L. Pinarius et Q. Pedius. C'est déjà gratifier Octavius d'un avantage certain, dans un monde où les *opes* classent les

24. PLUT., *Caes.*, 62 ; *Brut.*, 8.

individus, permettent d'acheter l'enthousiasme des soldats et la conscience des hommes politiques. Bien plus, au bas de la tablette de cire, César déclare adopter C. Octavius, en faire son fils et donc lui donner son nom.

En transmettant ce nom de César (n'oublions pas l'orgueilleux « Je suis César... »), il charge Octavien de tout le prestige, de toute la gloire, de toute la magie d'un nom qui a fait trembler l'Occident et qui s'apprête à conquérir Gètes et Parthes. C'est à son nom que les soldats ont prêté serment et son héritier recueillera aisément le même engagement. Les esclaves que César a installés à la tête des services de l'État deviendront ses esclaves, ses affranchis lui devront les *obsequia.* Ainsi, la *dominatio* de César se perpétuera par celle de son fils. Bien plus – et il ne faut pas l'oublier – ce fils devient automatiquement chef de la religion romaine, puisque le Sénat décide qu'à la mort de César, il sera nommé grand pontife [25]. Cette mesure, adoptée en 45, n'a aucune signification en soi ; replacée dans la perspective de l'adoption secrète d'Octavien, tandis que Decimus Brutus est au nombre de ses héritiers de seconde ligne et que plusieurs de ses futurs assassins sont les tuteurs du fils qui pourrait lui naître. Elle est la pièce maîtresse d'un plan qui fonde un empire : un empereur (*imperator*) dictateur, qui fait sentir tout le poids de son nom, d'une fortune où l'État s'offre comme un patrimoine et où tous les actes religieux dépendent du chef politique et militaire. Octavien sera bien, à l'image de César, pontife suprême depuis 63 à la suite d'un véritable coup d'État, lui qui sait combien a compté dans son ascension vers le pouvoir absolu cette étape qui lui a permis de s'emparer, suivant l'expression de J. Carcopino, « du levier spirituel à soulever l'État ». Bien plus, et personne ne pouvait s'y tromper à Rome, si César ne satisfait pas au désir de son petit-neveu d'être nommé maître de cavalerie et, s'il prend Lépide pour remplir à ses côtés cette fonction importante, alors qu'il médite ses expéditions orientales, il envoie

25. CASS. DIO, XLIV, 5.

Octavien à Apollonie, non pour qu'il s'y consacre à ses études, mais pour qu'il y surveille les préparatifs de la grande armée avec laquelle il va s'enfoncer au cœur de l'empire parthe. Il le désigne par là même comme prince héritier ayant qualité pour commander à l'armée en campagne et ayant vocation, en cas de disparition du *Dictator perpetuus*, à recueillir la dictature tout entière.

Ainsi, comme l'a bien vu J. Carcopino, « la dictature perpétuelle de César renfermait l'autocratie dans le présent et l'hérédité de l'autocratie dans l'avenir ». S'y ajoute en outre la mobilisation des troupes qui vont se concentrer en Épire. Comment ne pas trembler, comment ne pas vouloir se débarrasser du « tyran » ? Aucune famille autre que la *gens Iulia* n'occupera les avenues du pouvoir ; seul le parti césarien a eu droit au partage des magistratures ; désormais les familles ralliées devraient admettre la promotion d'esclaves ou d'affranchis et n'auraient souvent plus que les miettes du festin. Or, pour soutenir le train de leur maison, elles ont besoin de s'enrichir, de participer aux premières places à la mise en valeur du monde. C'est désormais plus qu'un système social qui va se bloquer, c'est leur raison même de vivre et d'exister qui est menacée. Il suffit dès lors de trouver de vertueux prétextes pour rallier les grandes consciences ou, au moins, celle de Brutus qui impressionnera les foules, et d'intoxiquer l'opinion puis de succomber à cette intoxication en prétendant que César aspire à la royauté.

Tout est donc en place, en mars 44, pour que la vieille république disparaisse. Mais le nouveau régime est suspendu à la vie d'un homme, à sa seule existence : l'abattre paraît non seulement un devoir moral, mais une nécessité de salut pour ces familles sénatoriales et équestres qui n'hésitent pas à préparer une « matinée des longs couteaux ».

Un homme seul devant son destin

Pendant que s'accumulent tant de haines homicides, César reste de plus en plus seul. Il licencie sa garde espagnole, pour donner confiance à une opinion publique qui se souvient si bien des proscriptions du dictateur Sylla et de tout l'appareil militaire dont Pompée étouffait les libertés ; il refuse que sénateurs et chevaliers assurent sa sécurité.

Il est « royalement » seul, pourait-on dire, même s'il se laisse approcher aussi bien par les conjurés que par ses amis Antoine et Lépide. Napoléon saura bien dire, à Sainte-Hélène, que César a eu le tort de sous-estimer ses adversaires et de ne pas croire à la force d'une union de conjurés sans programme, divisés politiquement et, selon lui, incapables de le remplacer.

Il a été averti de ce qui se trame, ou au moins qu'une opposition se dessine ; il en connaît les têtes probables, mais il n'a jamais osé croire que Cassius et Brutus franchiraient le pas. Orgueil de l'homme seul qui ne tiendra compte d'aucun présage, d'aucune prémonition, d'aucun message ; que ce soit son épouse Calpurnia, Spurinna le devin ou Artémidore de Cnide le sophiste, il ne les écoute pas. Il n'a donc jamais songé à sévir.

L'orgueil seul l'habite-t-il, ou n'y a-t-il pas chez cet homme d'action, chez ce chef de guerre, un mépris de la mort mêlé au dégoût brutal du combat, et ce désir secret d'échapper à ses écrasantes responsabilités ? D'autres avant lui l'ont ressenti, un Scipion, un Sylla, et il n'est qu'un de plus sur la longue liste de ceux qui veulent déposer leur lourd fardeau. Cicéron nous parle de cette solitude : « Tu as, dis-tu, assez vécu pour toi [26] » et il lui reproche de paraître oublier les besoins de l'État. César peut-il vivre pour lui seul, est-il né pour lui seul ? La veille des Ides de Mars, étant allé souper chez son maître de cavalerie, Lépide, il avoue, interrogé par son meurtrier du lendemain, Cassius, que pour lui la meilleure mort est la plus subite.

N'entrons pas, cependant, dans le jeu des conjurés qui voudraient y voir *a posteriori* autant de pronostics sur son propre destin et, plus encore, le châtiment de son impiété. C'est la psychologie césarienne que nous atteignons ici : il

---

26. CIC., *Pro Marcello*, 25.

est seul, il oublie ses vieux compagnons même s'il leur distribue places et hochets ; il veut bâtir un monde nouveau sans faire confiance aux hommes ; il ne veut dialoguer qu'avec les dieux.

CÉSAR PARMI LES DIEUX

Et c'est là qu'il est révolutionnaire. Non que ces prédécesseurs, de Romulus à Pompée, n'aient entretenu avec les dieux des rapports privilégiés, mais lui a voulu des honneurs quasi divins, non pas occasionnels et temporaires, mais durables et pour ainsi dire éternels. De par sa naissance déjà, il se réclame des familles troyennes qui descendent d'Énée et de ses compagnons. Ascagne, fils d'Énée, aussi appelé Iulus, a jadis établi sa royauté à Albe la Longue et César aime faire souvenir de cette royauté archaïque. Surtout, la *Victoria Caesaris*, qui désormais l'accompagne, lui donne un destin d'*Imperator* permanent, tout comme la *Fortuna Caesaris* et la *Felicitas Caesaris* l'aident en temps de paix et de guerre. Les grandes vertus politiques s'attachent à sa personne : il est, autant que Brutus, le libérateur de Rome et, autant que Romulus, son fondateur. Il résume tout le passé de Rome et veut incarner à lui seul, qu'il soit présent ou absent dans la capitale, tout son avenir.

En privé, on l'appelle dieu en Occident [27] ; déjà en 46 une de ses statues est dédiée au demi-dieu ; s'il en fait effacer l'inscription [28] en 45, c'est *Deus Invictus* qui est inscrit, comme pour Alexandre, sur la statue qu'abrite le temple de Quirinus. Il reçoit même le titre de Jupiter Julius, lui qui par tradition familiale honore à *Bovillae* Véiovis, un jeune Jupiter qui lui promet la souveraineté du monde. Sa couronne d'or ressemble à celle de Jupiter, mais il ne va pas jusqu'à manquer de mesure : il sait que seul Jupiter est roi à Rome et seul peut porter le diadème ; sur le modèle du

---

27. CIC., *Pro Marcello*, 3, 8 : *deo simillimum.*
28. CASS. DIO, XLIII, 21, 2.

flamen dialis, il a rêvé d'un flamine et il a désigné pour ce sacerdoce Antoine qui ne sera jamais « inauguré » du vivant de César : c'est seulement en octobre 40 et au culte de *Divus Julius* que se consacrera Antoine, après la paix de Brindes. D'ailleurs, pour un culte réel, il aurait fallu des temples : Cicéron n'en cite aucun.

Ainsi, César n'a nullement imposé aux Romains le culte de sa personne. Il tâtonne, et il n'est pas du tout sûr qu'il ait cherché à acclimater à Rome le culte politique du souverain oriental et des héros grecs. Certes, l'Orient grec le traitait à la façon de ses rois, comme il avait honoré d'autres généraux romains avant lui. Sa famille était connue à Ilion, à Délos ; une statue de son père se dressait dans le temple d'Apollon ; lui-même avait une statue dans celui de Niké à Tralles. Après Pharsale, les statues se multiplient autant que les prêtrises ; on l'appelle dieu à Éphèse, à Mytilène, à Demetrias de Thessalie ; à Éphèse, la province d'Asie le déclare θεὸς ἐπιφανής ; sa divinité est donc manifeste, les villes comme Nicée frappent monnaie à son effigie ; à Alexandrie, on construit le premier Kaisarion en 48 ; en 47, à Antioche-sur-l'Oronte, le *Caesareum* abrite les statues de *Dea Roma* et de lui-même.

C'est de cela aussi, de ce poids des honneurs divins accordés par le monde oriental, que les traditionalistes ont pris peur. L'Italie risque d'être submergée par cette nouvelle vague religieuse, et ce d'autant plus que César est hanté par le souvenir d'Alexandre et qu'il veut effacer à jamais la gloire de Pompée, conquérant de l'Orient ; en 46, n'a-t-il pas conduit son triomphe sur un char attelé de chevaux blancs, selon le cérémonial des rois perses ? Il a pu désirer porter chez les Parthes le diadème royal pour revendiquer la souveraineté politique et assurer la conquête romaine. Ne s'est-on pas mépris sur ses intentions en faisant courir le bruit qu'il allait demander le diadème avant de partir pour le front parthe ? N'est-il pas tombé victime d'un malentendu savamment orchestré ? Il se serait contenté d'agir en roi perse chez les Parthes, comme Auguste saura, dans une Égypte interdite aux sénateurs, perpétuer la royauté des Pharaons tout en manifestant à Rome son respect de la religion la plus traditionnelle ?

UNE CONFIANCE EXCESSIVE ?

Le dessein révolutionnaire de César, en tout cas, ne fait pas de doute. S'il a repoussé le titre de roi, il assume tous les pouvoirs régaliens, et s'il abandonne à Jupiter sa royauté céleste, il a laissé entendre dans son escalade du divin qu'il s'en approchait assez pour aspirer à la souveraineté sur les terres et les esprits. Suivant les lieux, il a accepté qu'on exaltât son *genius*, son *daimon* ou, en Perse, sa *fravashi* : dans cette juxtaposition et dans ces équivalences, il assure par sa monarchie l'unité du monde romain. Mais un monarque peut-il être un homme seul ? Coupé de ses premiers compagnons de lutte, sans prise sur une opinion troublée et inquiète, angoissée de le voir s'enfoncer pour trois ans dans les déserts de l'Orient, trop confiant en lui-même et en ses dieux qui ne peuvent pas l'abandonner, « il périt victime de cette solitude, dont il paraît avoir éprouvé l'impression décourageante » (A. Piganiol).

UN CRIME SANS UTILITÉ

Ainsi, le 15 mars 44 [29], fut décrété par le fils et successeur de César, Auguste, *Jour du parricide* et la Curie de Pompée, lieu du crime, fut à jamais scellée par les murs infamants d'une *forica* (urinoir). Il fallait abolir à jamais le souvenir de l'acte abominable, tout en tirant les leçons politiques de la mort de César.

LE RÈGNE DE LA PEUR

Cette mort qui s'explique plus par lui que par ses adversaires, plus par la crainte de ce destin exceptionnel que par une volonté de comploteurs sanguinaires, cette

29. Sur le « fait-divers » lui-même, voir *supra*, p. 251.

peur qui a fait autrefois basculer un Sénat réticent dans l'impérialisme, la voici à nouveau qui tenaille les « tripes » républicaines, qui oblitère tout sens de fidélité, tout respect de la loi des hommes autant que celle des dieux.

Un complot occasionnel, un accident de parcours, car il ne s'agit pas de revenir à la république des moralisateurs et des doctrinaires, ni à l'idéal du premier Brutus, ni même à celui de Cicéron. La vertu tout court ne peut reprendre seule le pouvoir.

C'est la réaction de défense, désespérée, d'un groupuscule qui a su couvrir le vide de son programme du manteau de l'intérêt public. Ils ont voulu se donner à eux-mêmes la preuve de leur dignité en essayant une *captatio benevolentiae* tant des hommes que des dieux. Il leur a été insupportable que tout dépende de César, y compris leur bonheur. De plus, ils se savent, pour le moins, enfermés dans un système où l'habileté de César réussit à figer l'histoire. Il a désigné pour plusieurs années de suite consuls et préteurs, bannissant les incertitudes et les luttes. La morosité gagne les sénateurs : à quoi jouer, sinon à comploter ? Mais, au-delà de ce petit jeu vain et cruel, une grande peur inavouée les habite. César a rêvé d'un gouvernement sans sénateurs, sans traditions. Appuyé en apparence sur un parti unique, il gouvernerait en réalité avec ses gens, des esclaves et des affranchis. Ainsi, les sénateurs sont menacés moins dans leur sentiment du service public – qui se double chez eux d'intérêts économiques ou de recherche de la gloire et de la puissance – que dans la place même qui leur est réservée au sein de la société. Tout risquait de s'effondrer encore plus radicalement qu'avec un grand conseil bariolé de neuf cents sénateurs.

L'ASSASSINAT DE LA DICTATURE

A qui, à quoi a servi le crime ? Certainement pas à restaurer la république, faute de républicains. Dès le 16 mars, les meurtriers de César sont sur la défensive, heureux de n'être pas massacrés par une populace qui, le 20 mars, fait des banquettes des tribunaux un bûcher expiatoire pour son idole ! Les dieux eux-mêmes se détournent de l'acte atroce et très vite semblent patronner à nouveau les représentants de la légalité. Certes, César est mort, mais il est encore plus grand que de son vivant. Antoine, Lépide et Octavien vont à l'envi savoir faire parler ce mort et lui faire endosser, par exemple, toute une politique de concession du droit de citoyenneté.

Ce qui est mort aussi, c'est la dictature comme moyen constitutionnel de gouvernement, même combiné avec le consulat. Aux applaudissements des sénateurs, elle est abrogée par Antoine [30] et avec elle disparaissent un comportement, une mentalité, et ce pour longtemps. Octavien Auguste n'acceptera jamais la dictature [31] et, après lui, aucun empereur. Auguste lui-même fera oublier qu'il était le maître de cavalerie de César pour la campagne contre les Parthes. Il fait table rase de ce passé abhorré, de ce *Jour du parricide*, parce qu'il sait, en fondant le principat, ajouter l'itération de la puissance tribunicienne à l'octroi de l'*imperium* proconsulaire, s'appropriant ainsi toutes les réalités trop criantes, qu'à l'envi des sénateurs ont fait porter sur les épaules du dictateur. Mais Octavien Auguste, par là même, réussit à mêler la liberté à l'autorité et se révèle le génial responsable d'un régime où règnent tant d'ambiguïtés.

Un crime sans utilité ? Oui, si l'on met face à face les espérances des conjurés – rétablir le jeu normal des institutions républicaines – et les réalités du second triumvirat, scellé à Bologne en 43 entre trois chefs militaires, Octavien, Antoine et Lépide, qui condamnent à mort Cicéron ; oui, pour un Brutus, un Cassius qui ne réussissent qu'à reconstituer un parti pompéien et à ouvrir une ère nouvelle de guerres civiles, de proscriptions où les clans oligarchiques vont encore perdre un sang précieux. A Philippes, en 42, les « libérateurs » des Ides de Mars

30. Cic., *Phil.*, I, 1 ; II, 36, 91 ; Plut., *Ant.*, VIII ; Cass. Dio, XLIV, 51.
31. Suet., *Aug.*, LII, 2 ; Cass. Dio, LIV, 1.

échappent à la défaite par le suicide ; à *Actium,* en 31, c'est finalement un *dux*, un chef d'armées, Octavien qui, en mettant fin aux rêves orientaux d'Antoine et de Cléopâtre, reste seul protagoniste sur la scène politique, et sa victoire signifie bien la défaite de l'idéal cicéronien du *princeps.* Qui pourra désormais s'opposer à ce pouvoir perpétuel d'un seul, où Cicéron a vu le caractère essentiel de la tyrannie césarienne ?

Un crime sans utilité ? Oui, si l'on n'oublie pas que le programme césarien subsiste, même s'il n'est pas immédiatement appliqué et s'il faut attendre Caracalla pour retrouver le thème de l'unité du genre humain. Tout au plus, le meurtre de César a retardé l'histoire, mais il ne l'a pas arrêtée.

Un crime sans utilité ? Non, à considérer le devenir historique. Les conjurés ont été les complices inconscients d'une dialectique qui va permettre d'asseoir, en 27 avant Jésus-Christ, le pouvoir monarchique d'un Auguste sur des institutions plus sûres et donc plus durables, où se réconcilieront, cette fois et selon l'espoir de Cicéron, le pouvoir monarchique du proconsul et le pouvoir démocratique du tribun, incarnation en une personne de la constitution « mixte ».

Il fallait sans doute que le père, César, mourût pour que le fils, Octavien, le futur Auguste, reçut l'héritage du nom, de la fortune et des forces militaires ; pour qu'il fût aussi privé à jamais de toute tentation d'assumer à nouveau la dictature. De plus, César divinisé avait ouvert à Octavien le chemin du divin : son pouvoir serait désormais consolidé sur terre et dans le ciel. Ainsi devait débuter, par le consentement des dieux et des hommes, et sous les auspices de Jules César, *Divus Iulius*, le siècle d'Auguste.

CONCLUSION : L'APRÈS-CÉSAR

Quel paradoxe et quelle dérision pour des conjurés qui, certes, se sont débarrassés d'un tyran honni, de ce César qui après son exécution ne reçoit même pas de sépulture, mais ont oublié qu'à Apollonie, le petit-neveu, Octavien, porte ce même nom de César et perpétue, au-delà d'un *nomen,* un programme et une espérance. Les assassins vont être emportés dans le tourbillon de la guerre civile qui se rallume aussitôt. Morts sur le champ de bataille de Philippes ou contraints au suicide, ce sont eux qui disparaissent définitivement dans le « reflux » de l'histoire.

Le césarisme de César

Le césarisme de César va connaître un exceptionnel rayonnement avec la fondation de la monarchie augustéenne et dans la fidélité aux principes essentiels d'un régime qui se réclamera toujours de son auteur : Auguste ne se proclame-t-il pas *Divi filius*, fils du divinisé ?

Jusqu'à la fin de l'Empire romain d'Occident, marquée par la déposition de Romulus Augustule en 476, tous les empereurs ont porté ce nom de César et une telle continuité signifie une belle revanche pour Jules César, fondateur d'une branche prestigieuse des Iulii, les Iulii Caesares. On comprend qu'en Occident le Saint Empire romain germanique, puis le Reich allemand, aient donné au souverain le titre de *Kaiser*, tandis qu'en Orient le *Czar* affirmait sa prétention à l'hégémonie pour mettre la main sur Constantinople. Ces appellations dérivées paraissent légitimer les ambitions des souverains qui rêvent d'égaler la gloire militaire du conquérant des Gaules. Victor Hugo n'a-t-il pas fustigé en Napoléon Ier « le dernier César [1] » ? Napoléon III lui-même n'a-t-il pas invoqué Jules César pour cautionner son régime à la fois despotique et populaire ? Le césarisme a connu à partir de lui une vogue de mauvais aloi, car il s'agit de s'entendre sur le sens de « césarisme » : il ne faut pas confondre celui de César avec celui de ses épigones de l'Europe moderne.

J. Carcopino offre une définition séduisante et exacte du césarisme : « régime qui dépouille le peuple de son pouvoir aux acclamations des masses ». N'oublions pas que, du point de vue strictement juridique, César n'a pas aboli la république ; il a laissé subsister les organes traditionnels dans leur nomenclature invariable, mais il en a changé le sens. Il a confisqué la république, ce qui était inévitable pour mettre fin aux pouvoirs d'une oligarchie vénale, à l'exploitation des provinces par les gouverneurs sénatoriaux oppresseurs et à la rapacité des publicains. Ainsi, le césarisme de César répondait aux besoins de son temps où les peuples vaincus avaient le droit de respirer, où leur dignité était sauvegardée par la décentralisation des pouvoirs municipaux garantissant leur liberté. Il visait à instaurer la paix sociale en favorisant les familles nombreuses, en donnant du travail aux prolétaires et en les installant sur des lots de terre distribués gratuitement.

Il a défendu la stabilité de ce « nouveau monde » en adoptant un tarif douanier protecteur, en frappant une monnaie fondée sur l'étalon or et convertible en monnaie d'argent, en unifiant le monde par l'invention d'un calendrier astronomique simple et par la première ébauche d'une communauté de langage. Le césarisme, c'est aussi le monopole de la presse quotidienne, la tolérance religieuse, la bienveillante neutralité à l'égard des sectes et surtout la faveur donnée à la culture et aux hommes de science. Ainsi, le césarisme – le vrai – celui de César, n'est pas seulement oppression politique et confiscation de la liberté individuelle ; il doit se comprendre dans sa richesse

1. V. HUGO, *Les Misérables*, I, 1862, p. 378.

multiple, alors que les épigones lointains fabriqueront des césarismes de dérision.

Le césaropapisme [2]

Une autre expression, dérivée elle aussi de César, a été créée dans la seconde moitié du XIXe siècle pour définir l'absorption par l'empereur (César), souverain temporel, des fonctions spirituelles dévolues au chef de l'Église chrétienne.

L'empereur romain incarne l'unité profonde de la cité romaine, puisqu'en lui sont associés pouvoirs politiques et fonctions religieuses et que le culte impérial sacralise sa personne autant que ses fonctions. Les chrétiens ne pouvaient pas admettre une religion de la cité et tout naturellement la religion impériale. L'empire, devenu chrétien, donne à l'empereur Constantin un pouvoir d'intervention dans les querelles disciplinaires ou théologiques : il ouvre la porte à des conflits entre le pouvoir impérial et l'Église, qui finit par se rallier à cette nouvelle confusion dans la personne du souverain des pouvoirs spirituel et temporel. Puis, au moment où s'affaiblit en Occident le pouvoir romain, s'affirme avec force la doctrine du double pouvoir : l'empereur n'est qu'un fils de l'Église et non pas un évêque ; il reste soumis aux évêques en matière de foi. Justinien (527-565) est animé par la volonté de retourner à l'unité et, empereur-prêtre, il bâtit une Église d'État, organisée et protégée par l'empereur et se voulant la conscience de l'État.

En Orient, Justinien légua à ses successeurs le césaropapisme, dont il avait lui-même hérité, et la compétence religieuse du prince garda toute sa vitalité de Justin II à l'avènement des Comnènes. Malgré la crise iconoclaste, l'emprise du *Basileus* n'est pas modifiée et l'Église ne sauve que son autonomie pastorale, et encore... Le césaropapisme manifeste en Orient une continuité dont

2. M. MESLIN et J. GOUILLARD, Césaropapisme, dans *Encyclopaedia Universalis*, Paris, 1990, p. 261-265.

les fluctuations varient en fonction des personnalités de l'empereur et du patriarche de Constantinople.

En Occident, la situation est totalement différente ; dans un damier de royaumes peu étatisés, il est difficile de parler de césaropapisme. Charlemagne divise les sphères d'activité : à lui l'action, au pape la prière pour le succès de l'action. Après lui, l'élection canonique du pape doit être ratifiée par l'empereur germanique : celui-ci nomme les évêques, comme ailleurs ce choix revient au roi, comte et duc ; l'évêque n'est qu'un vassal. Nicolas II, successeur d'Étienne IX, s'attaque au principe de l'investiture laïque : le césaropapisme bascule et Grégoire VII anime une réaction « papocésariste ».

Ainsi, au nom de César, s'est ouvert un éternel débat, jamais clos, entre la suprématie du temporel et la suprématie du spirituel, entre le sabre et le goupillon.

L'adieu à César

On ne quitte pas César sans une certaine nostalgie ; certes, nous ne pleurons pas avec ses esclaves qui recueillent son corps meurtri, ni n'accompagnons ceux qui dressent un bûcher avec les bancs d'un Sénat déshonoré, nous ne nous mêlons pas à la foule qui vient célébrer autour du bûcher son défenseur et son idole. L'historien assiste à cette cérémonie l'œil sec et l'âme sereine, mais il reste ébloui par le miracle, car il sait que ce fils de personne est devenu le père de tous. A part la poignée des conjurés et des politiciens complices et silencieux, ce sont les membres des diverses classes sociales qui se reconnaissent ses fils : « Il avait su s'attacher les gens de toutes les classes par des dons, sans dédaigner les humbles et en étendant les bienfaits de sa générosité même aux affranchis et esclaves favoris pour peu qu'ils eussent les bonnes grâces de leur maître ou de leur patron » [3]. Père de la patrie, il est le père

3. Z. YAVETZ, *César et son image. Des limites du charisme en politique* (trad. E. BARNAVI), Paris, 1980, d'après SUET., *Divus Iulius*, XXVII.

des pères et maître des hommes ; et l'apothéose le fait entrer dans le cercle des dieux. Déjà séduit par son génie militaire, ravi par son intelligence politique, impressionné par les valeurs culturelles qu'il sut créer et imposer, l'historien se sent orphelin, lui aussi, quand meurt, ce 15 mars 44 à onze heures du matin dans la Curie de Pompée, un de ces Géants, géniteurs de l'Histoire.

APPENDICE PREMIER

NOTE SUR LES PORTRAITS DE CÉSAR

Il n'est pas question ici de rouvrir l'ensemble du dossier iconographique de César, traité souvent de façon contradictoire par de nombreux savants, depuis J.-J. Bernoulli [1] jusqu'à O. Vessberg [2], en passant par L. Curtius [3].

Nous voudrions seulement poser le problème des relations entre les portraits monétaires du dictateur et les portraits en ronde bosse qui leur sont souvent opposés, et faire le tri entre les portraits exécutés du vivant de César et ceux qui ont été modelés après son assassinat, dans le contexte idéologique du second triumvirat et des débuts de l'empire augustéen.

LES PORTRAITS MONÉTAIRES

A l'occasion de la publication du portrait de Jules César, découvert à Thasos, F. Chamoux [4] a bien noté l'exagération presque caricaturale des traits du dictateur en février 44 : « Sur un cou long et maigre et plissé, se dresse un visage décharné aux pommettes saillantes, aux joues

1. J.-J. BERNOULLI, *Römische Ikonographie*, Stuttgart, 1882, réimp. 1969, I, p. 145-181, pl. XIII-XVIII.

2. O. VESSBERG, *Studien zur Kunstgeschichte der römischen Republik*, Lund-Leipzig, 1941, p. 138-148, pl. 6-8.

3. L. CURTIUS, Ikonographische Beiträge, II. C. Iulius Caesar, dans *Röm. Mitt.*, 47, 1932, p. 212-241, pl. 47-57.

4. F. CHAMOUX, Un portrait de Thasos : Jules César, dans *Monuments Piot*, 47, 1953, p. 131-147 (= CHAMOUX), p. 135.

parcourues de plis profonds, au front haut et ridé. » Est-ce l'instantané d'un homme de cinquante-sept ans, éprouvé par les aventures militaires, politiques et amoureuses d'une vie déjà bien remplie ? Faut-il juger parfaitement fidèles au modèle ces gravures réalistes, dues à de médiocres artistes [5], qui ont œuvré pour les *quattuorviri* monétaires de 44 ? Or les exemplaires frappés par M. Mettius [6] (fig. 15 h.t., 1, 2), L. Æmilius Buca [7] (fig. 15 h.t., 3), P. Sepullius Macer [8] (fig. 16 h.t., 1) et C. Cossutius Maridianus [9] sont loin d'être homogènes et de présenter tous une image aussi cruelle du dictateur. Il n'est que de consulter les planches LVI et LVII de l'ouvrage de M.H. Crawford pour adoucir la description de F. Chamoux : certes le cou est bien décharné avec une pomme d'Adam proéminente, les sillons profonds encadrent la bouche, mais dans l'ensemble le visage n'est pas outrageusement ridé ; il reste empreint d'une grande sérénité et répond sans doute au courant vériste de l'art romain.

On peut toujours mettre sur le compte de la médiocrité de certains graveurs le réalisme caricatural, ce qui obligerait à tempérer le rapport entre l'original et le portrait monétaire. Surtout, les différences sensibles du rendu du visage du dictateur à l'intérieur d'une même frappe plaident en faveur de la présence de plusieurs équipes d'artistes dans l'atelier monétaire ; ainsi s'expliquerait que certains n'aient eu aucun mal à graver un type de « transition » après les Ides de Mars, comme l'attestent en 43 les deniers de L. Flaminius Chilo (fig. 16 h.t., 2) et en 42, ceux de L. Livineius Regulus [10] (fig. 16 h.t., 3). En tout cas, le réalisme du portrait monétaire conduit à authentifier l'un des portraits en ronde bosse de Jules César parmi les sculptures faites de son vivant.

---

5. Chamoux, p. 135.
6. Crawford, *RRC*, I, n° 480, 2a, 2b, 3, p. LVI.
7. *Id., ibid.*, n° 480, 4, 6, 7a, 7b, 8, pl. LVI.
8. *Id., ibid.*, I, n° 480, 5a, 5b, 9, 10, 11, 12, 13, 20, pl. LVII.
9. *Id., ibid.*, I, n° 480, 15, 16, 17, 18, 19, pl. LVII.
10. *Id., ibid.*, I, n° 485, 1, pl. LVII; I, n° 494, 24, pl. LIX.

LES PORTRAITS EN RONDE BOSSE

Les spécialistes ont distingué essentiellement deux têtes de série : le type du Campo Santo de Pise, auquel se rattachent une demi-douzaine de portraits, le meilleur étant celui du Musée Chiaramonti au Vatican. Ce type idéalisé daterait des années 30-20 avant Jésus-Christ, tandis que les portraits entrant dans la série commandée par le type Torlonia, exprimant un souci de réalisme proche de celui des monnaies, devraient être datés des dernières années de César, ou de la période suivant immédiatement sa mort, sans que l'accord soit une fois de plus réalisé entre les exégètes [11].

On comprendra que nous n'ayons retenu aucun de ces portraits pour mesurer quelle avait pu être la séduction du dictateur de son vivant et que nous ayons écarté tous ceux qui sont marqués par une transfiguration hagiographique, selon l'heureuse expression de F. Chamoux [12]. Notre choix s'est porté sur le Jules César de Tor d'Aglie, aujourd'hui au Musée de Turin, provenant des fouilles de Lucien Bonaparte à Tusculum ; de l'aveu de son éditeur [13], il serait contemporain des dernières années, sinon de la dernière année du dictateur, et cette datation rallie aujourd'hui tous les suffrages [14].

La calvitie prononcée le met en accord avec la remarque de Suétone [15] sur César supportant mal la perte de ses cheveux que les portraits idéalisés cacheront sous

11. CHAMOUX, p. 138, n. 1.

12. CHAMOUX, p. 138 : nous ne nous occupons pas du type trajanique encore plus tardif.

13. M. BORDA, dans *Rendic. Acc. Pontif. di Archeol.*, 1943-1944, p. 347-382.

14. M. RAMBAUD, Le caractère de Jules César, dans *Hommages à J. Bayet*, Rome, 1964, p. 599-610 = *Autour de César*, Lyon, 1987, p. 69-78, p. 74 ; O. CAVALIER, L. FAEDO et D. BOSCHUNG, A propos de la tête de César en bronze de la donation Puech au Musée Calvet d'Avignon (Compte rendu de la journée d'étude du 25 octobre 1991), dans *RA*, 1995, p. 69-89, p. 80.

15. SUET., *Divus Iulius*, XVII.

les boucles savantes annonçant les coiffures augustéennes. La maigreur du cou et du visage, les rides du front et du menton, les sillons profonds qui partent du nez et rejoignent le menton, tout en témoignant de la tension intérieure qui est une marque de supériorité, n'altèrent pas la beauté et le charme qui se sont maintenus jusqu'aux Ides de Mars et qu'illustrent aussi les portraits monétaires contemporains.

Ainsi, le portrait de Tor d'Aglie nous donne une image fidèle du séducteur chauve[16] : il méritait bien de figurer sur la couverture de ce volume.

16. SUET., *Divus Iulius*, XLV, 1.

APPENDICE II

NOTE SUR CÉSAR ÉCRIVAIN

Avec César écrivain, on aborde en apparence un autre César, mais n'est-ce pas aussi enrichir sa personnalité et en définitive en montrer la profonde unité ?

JULES CÉSAR ORATEUR

Il appartient, par son éducation et par ses goûts personnels, à l'« intelligentsia » romaine qu'il fascine. Éduqué [1] à Rome par le grammairien et rhéteur M. Antonius Gnipho puis à Rhodes suivant les leçons du célèbre Apollonios Molon, il se fait apprécier comme un esprit brillant, expert en philosophie et en histoire, grammaire et rhétorique [2]. Fin connaisseur et collectionneur d'art [3], il était capable de citer par cœur la poésie grecque et goûtait la compagnie des poètes. Tous à Rome étaient sensibles à la séduction de sa parole et goûtaient ses talents d'orateur [4]. Il parlait « avec une voix pénétrante, des mouvements et des gestes pleins de feu, mais non sans grâce ». Ayant prise sur son auditoire, le général saura jouer

1. Il ne faut ni négliger le rôle des pratiques domestiques ni oublier les études profondes et difficiles : CIC., *Brutus*, 152.
2. AUL. GELL., *NA*, I, X, 1, repris par MACROB., *Saturnales*, I, 5, 1.
3. SUET., *Divus Iulius*, XLVII.
4. *ID.*, *ibid.*, LV.

de ses capacités oratoires pour retourner des soldats mutinés. Cicéron [5] lui attribue une éloquence élégante, pleine d'éclat et même de magnificence, avec un certain air de noblesse native. Quintilien [6] affirme que, si César avait pu se consacrer uniquement au barreau, « ce n'est pas un autre Latin que l'on opposerait à Cicéron. Il a tant de vigueur, de péné-tration, tant d'allant qu'on voit bien qu'il a manifesté dans ses discours la même résolution que dans les combats ». Précieuse indication sur l'unité du personnage qui reste avant tout un soldat.

L'AUTEUR DES *COMMENTARII*

Le terme générique de *Commentarii* réunit la plus grande partie de l'œuvre de César, *C. Iulii commentarii rerum gestarum* :

Livres I-VII : la *Guerre des Gaules*
Livre VIII : rédigé par son lieutenant Hirtius
Livre IX : deux livres de la *Guerre civile*, publiés en 49
Livre X : troisième livre de la *Guerre civile*, édité en 48.

Trois rouleaux distincts étaient consacrés au *Bellum Alexandrinum*, au *Bellum Africum* ou *Africanum* et au *Bellum Hispaniense*. Rédigés par l'état-major de César, ils font partie du *Corpus Caesarianum ;* même s'ils reflètent la vision césarienne des événements militaires et politiques et témoignent du même milieu culturel, ils n'ont pas à être pris en compte ici.

Les *Commentarii* représentent des aide-mémoire écrits au cours des diverses campagnes militaires et n'ont donc pas de visée littéraire, à la différence de l'*Historia*. La publication par tranches que nous avons adoptée rend compte des différences de style qui n'auraient pas été de mise si les sept premiers livres avaient été rédigés en une

---

5. CIC., *Brutus*, 261 : Cicéron y joint la beauté physique de César ; SUET., *Divus Iulius*, LV.
6. QUINT., *Inst. Or.*, X, 1, 114.

seule fois, fin 52, dans les quartiers d'hiver de Bibracte. La rédaction du *Bellum Gallicum* témoigne d'un mouvement vers une composition plus aisée et plus libre ; celle-ci s'étend donc sur une période assez longue et permet de suivre l'évolution dans le choix du vocabulaire, essentiel aux yeux de César ; par exemple, *ab imo acclivis* (*BG*, III, XIX) fait place à *ab infimo acclivis* (*BG*, VII, XIX, 1) ; il faut noter aussi l'adoucissement d'un style rugueux, perceptible dans le livre Ier.

Ces aide-mémoire recueillent diverses strates de documents : lettres et rapports d'officiers à César, rapports officiels de César au Sénat. La mise en œuvre est guidée par le souci de propagande et aussi par une volonté de netteté et de brièveté [7]. L'émotion est rare sauf en deux occasions quand, à *Dyrrachium,* la panique s'empare des Césariens devant l'arrivée des renforts pompéiens (*BG*, III, LXIX, 14) et au moment du désastre de Curion (*BC*, II, XLI, 8, *plena erant omnia timoris et luctus* : « ce n'était partout que terreur et désolation »). Ce n'est que dans les livres VI et VII que César recourt à l'*oratio directa* qui rapporte les paroles mêmes de Critognatus (*BG*, VI, LXXVII) ou de Vercingétorix (*BG*, VII, 20) : il s'agit de dramatiser l'épisode. Plutôt que de rechercher un effet esthétique, César organise, grâce à la fougue de son style, un récit rationnel qui doit faire valoir ses qualités de chef de guerre, le dévouement de ses soldats et l'approbation plébiscitaire, selon la formule de M. Rambaud, des populations conquises ou délivrées.

Le styliste élégant

A la force de persuasion qui cherche l'adhésion du lecteur, même au prix d'une évidente déformation historique, César joint « une merveilleuse élégance de son

---

7. Cic., *Brutus*, 262, parle de ces aide-mémoire « nus, qui vont droit au fait, ont une grâce sans apprêt oratoire, comme un corps dépouillé de son vêtement », et fait l'éloge de « la brièveté élégante et lumineuse, qui est ce qu'il y a de plus agréable ». Suet., *Divus Iulius*, LV.

langage, qui était l'objet de sa particulière attention [8] ». C'est un puriste qui repousse « tout mot extraordinaire ou inusité, comme sur mer on évite un écueil [9] ». César, même quand il traite des campagnes d'outre-mer, évite soigneusement le mot exotique ; il élimine les termes militaires techniques et ceux du vocabulaire des soldats. Il recherche la simplicité et la clarté, la phrase y contribuant par sa logique et sa brièveté. Sa doctrine de puriste, affirmée dans le *De analogia*, dédié à Cicéron, le tient éloigné des Asianistes, pleins d'afféterie ; il reste classique et penche vers les Atticistes ; il ne fait pas de concessions à l'usage populaire [10] et pense qu'il n'existe qu'un seul mot approprié à l'idée. Même s'il recourt parfois aux procédés d'un style administratif et s'il n'hésite pas à sacrifier à un certain pittoresque d'écriture, il veille à ce que le style habille avec élégance un récit qui tend à donner à César, cité à la troisième personne, la place principale dans le déroulement des événements. Opposé au stoïcisme d'un Caton, il reste un épicurien, tourné vers l'action. A la fois auteur et acteur, il met son calame au service de ses ambitions et de son idéologie révolutionnaire.

Au total, par son style plein de chaleur (*calor* [11]), par la rapidité (*celeritas*) de son écriture, César conduit son récit comme il mène une bataille, avec feu et passion. Sur le champ de bataille autant qu'au Forum ou au Sénat, il reste égal à lui-même, unique. Les qualités d'écrivain définissent un autre versant de ses séductions et font scintiller d'autres facettes de son charisme.

---

8. QUINT., *Inst. Or.*, X, 1, 114. Voir aussi CIC., *Brutus*, 252 : « César est peut-être de tous nos orateurs celui qui parle avec le plus d'élégance ».

9. AUL. GELL., *NA*, I, X, 1.

10. Pour parler un langage pur, « il faut le soumettre au contrôle d'un principe rationnel qui demeure immuable ; impossible de s'en rapporter à l'usage, la plus mauvaise des règles » : CIC., *Brutus*, 258.

11. APUL., *Apol.*, XCV.

BIBLIOGRAPHIE

Il est à la fois facile et très malaisé de présenter une bibliographie de César. Accumuler les fiches tant sur les éditions de cet écrivain hors de pair que sur les synthèses ou articles de détail conduirait vite à écrire un volume-répertoire. Nous voudrions plus simplement aider le lecteur à se retrouver dans un tel labyrinthe. Notre choix apparaîtra sommaire ; il cache de bien plus nombreux dépouillements mais, comme l'a déjà énoncé avec humour Christian Goudineau (p. 353), la vie est courte et chacun de nous n'en dispose que d'une seule.

ABRÉVIATIONS

ANRW = *Austieg und Niedergang der römischen Welt*, Berlin.

APPIAN., *BC* = *Appiani Bella Civilia* (Appien, *Guerres civiles*).

AUL. GELL., *NA* = *Auli Gellii Noctes atticae* (Aulu Gelle, *Nuits attiques*).

BRGK = *Bericht der Römisch-Germanischen Kommission des Deutschen Archäologischen Instituts*, Mayence.

BROUGHTON, *MRR* = BROUGHTON, *The Magistrates of Roman Republic*.

CAES., *BA* = *Caesaris Bellum Africanum* (César, *Guerre d'Afrique*).

CAES., *BC* = *Caesaris Bellum Civile* (César, *Guerre civile*).

CAES., *BG* = *Caesaris Bellum Gallicum* (César, *Guerre des Gaules*).

CIL = *Corpus Inscriptionum Latinarum.*

CRAI = *Comptes rendus de l'Académie des Inscriptions et Belles-Lettres.*

CRAWFORD, *RRC* = CRAWFORD, *Roman Republican Coinage.*

DIG. = *Digeste.*

FIRA = *Fontes Iuris Romani Antejustiniani.*

HAnt. = *Hispania Antiqua*, Valladolid.

ILLRP = *Inscriptiones Latinae Liberae Rei Publicae*, DEGRASSI.

ILS = *Inscriptiones Latinae Selectae*, DESSAU.

LEC = *Les Études Classiques*, Namur.

PECS = *The Princeton Encyclopedia of Classical Sites.*

PLIN., *NH* = *Plinii Naturalis Historia* (Pline l'Ancien, *Histoire naturelle*).

QS = *Quaderni di Storia*, Bari.

RA = *Revue archéologique*, Paris.

REA = *Revue des Études Anciennes*, Bordeaux.

REG = *Revue des Études Grecques*, Paris.

RG = *Res Gestae divi Augusti.*

LES SOURCES

LITTÉRAIRES

Les éditions des œuvres de César et du *Corpus caesarianum* sont multiples et chaque dépouillement de l'*Année philologique* apporte une abondante moisson.

Nous nous en tenons essentiellement aux volumes édités dans la *Collection des Universités de France*, connue sous le nom de collection Guillaume Budé, et qui sont parmi les meilleurs. Nous retenons donc pour :

la *Guerre des Gaules*, l'édition en deux volumes de L. CONSTANS, Paris, 1926, réimpr. 1967 ;

la *Guerre civile*, les deux tomes dus à P. FABRE, Paris, 1936, réimpr. 1965 ;

la *Guerre d'Afrique*, le volume d'A. BOUVET, Paris, 1949.

la *Guerre d'Alexandrie*, l'édition de J. ANDRIEU, Paris, 1954.

On n'aurait garde de négliger les éditions procurées par M. RAMBAUD dans la collection *Érasme.*

La *Guerre hispanique* n'a pas été traduite dans les *CUF* ; on recourra à l'ouvrage de G. PASCUCCI, Florence, 1965.

Pour une vision globale de la recherche, arrêtée à 1970, voir J. KROYMAN, Caesar und das *Corpus Caesarianum* in der neueren Forschung (1945-1970), dans *ANRW*, I, 3, Berlin, 1973, p. 457-487.

NUMISMATIQUES

Le recueil le plus récent qui fait autorité est celui de M. H. CRAWFORD, *Roman Republican Coinage,* 2 vol., Cambridge, 1974, si critique à l'égard des ouvrages d' A. ALFÖLDI, cités dans la rubrique Études de cette bibliographie.

ARCHÉOLOGIQUES

L'ouvrage général le plus neuf vient d'être publié par P. GROS, *L'architecture romaine du début du* III*e siècle av. J.-C. à la fin du Haut Empire,* I. *Les monuments publics,* Paris, 1996 ; du même, avec M. TORELLI, dans *Storia dell' Urbanistica. Il mondo romano,* Rome-Bari, 1988, p. 170 *sq* et 184 *sq.*

Sont utiles aussi C. M. AMICI, *Il Foro di Cesare,* 2 vol., Florence, 1991, et *Lexicon Topographicum Urbis Romae,* II, D-G, Rome, 1995, s.v. *Forum Iulium* (C. MORSELLI), p. 299-306.

ICONOGRAPHIQUES

Les ouvrages sont cités dans l'appendice I.

ÉTUDES

ADCOCK (F. E.), *Caesar as a man of letters*, Cambridge, 1956.

ALFÖLDI (A.), *Caesar in 44 v. Chr.*, 1. *Studien zu Caesars Monarchie und ihren Wurzein*, aus dem Nachl. hrsg von WOLFF (H.), mit einem Anh. von LESCHHORN (W.) (Antiquitas, R.3, XVI), Bonn, 1985.

ALFÖLDI (A.), *Caesariana. Gesammelte Aufsätze zur Geschichte Caesar und seiner Zeit*, aus dem Nachlg hrsg. von ALFÖLDI-ROSENBAUME (Antiquitas, R.3, XXVI), Bonn, 1984.

BERNOULLI (J. -P.), *Caesar* (Erträge der Forschung, 51), Darmstadt, 1976.

BERTHIER (A.) et WARTELLE (A.), *Alésia*, préface de CROISILLE (J.-M.), Paris, 1990.

Caesar, hrsg. von RASMUSSEN (D.), (Wege der Forschung, XLIII), Darmstadt, 1967.

CANALI (L.), *Personalità e stile di Cesare*, Rome, 1966.

CARCOPINO (J.), *Jules César*, 6e éd., avec la collaboration de P. GRIMAL, Paris, 1990.

CARCOPINO (J.), *Profils de conquérants*, Paris, 1961.

CARCOPINO (J.), *Alésia et les ruses de César*, 2e éd., Paris, 1970.

La cultura in Cesare (Atti del convegno internazionale di studi Macerata-Matelica, 30 avril-4 mai 1990), a cura di POLI (D.), Rome, 1993.

ÉTIENNE (R.), *Les Ides de Mars. L'assassinat de César ou de la dictature ?*, Paris, 1973.

FRANCE (J.), Espace géographique, méthode historique et textes anciens. L'exemple du *Bellum Gallicum* de César, dans *QS*, XV, 1989, p. 89-118.

GELZER (M.), *Caesar, der Politiker und Staatsmann*, 6e éd. [première édition 1960], Stuttgart, 1983.

GELZER (M.), *Politician and Statesman* (transl. by Needham (P.), Oxford, 1968.

GESCHE (H.), *Caesar* (Erträge der Forschung, 51), Darmstadt, 1976.

GONZÁLEZ ROMÁN (G.) et MARINA DÍAZ (M.A.), El *Bellum Hispaniense* y la romanización del sur de la Península, dans *HAnt.*, XI-XII, 1981-1985, p. 17-35.

GOTTER (U.), *Der Diktator ist tot !*, Stuttgart, 1996.

GOUDINEAU (Chr.), *César et la Gaule,* Paris, 1990.

GOUDINEAU (Chr.), La guerre des Gaules et l'archéologie, dans *CRAI*, 1991, p. 641-653.

HARMAND (J.), *Une campagne césarienne : Alésia,* Paris, 1967.

HARMAND (J.), *L'armée et le soldat à Rome de 107 à 50 avant notre ère*, Paris, 1967.

HORST (E.), *César, une biographie* (traduit de l'allemand par D. Meunier), Paris, 1981.

JAL (P.), L'impérialisme romain : observations sur les témoignages littéraires latins de la fin de la République romaine, dans *Ktéma,* VII, 1982, p. 143-150.

KAHN (A. D.), *The education of Julius Caesar. A biography, a reconstruction,* New York, 1988.

LE BOHEC (Y.), *César* (Que sais-je ?, 1011), Paris, 1994.

LE GALL (J.), *Alésia : archéologie et histoire*, Paris, 1963, rééd., 1990.

MADAULE (J.) *et alii, Jules César* (Génies et Réalités), Paris, 1961.

MEIER (C.), *César,* trad. franç., Paris, 1989.

MEYER (Ed.), *Caesar's Monarchie und das Prinzipat des Pompeius,* Stuttgart-Berlin, 1918, 2e éd., 1919.

MUTSCHLER (F.M.), *Erzähstil und Propaganda in Caesars Kommentarien* (Heidelberg Forsch., XV), Heidelberg, 1975.

NAPOLÉON BONAPARTE (L.), *Précis des guerres de Jules César*, Paris, 1836.

NAPOLÉON III, *Histoire de Jules César*, I-III, Paris, 1865-1887.

NICOLET (Cl.), *Rome et la conquête du monde méditerranéen,* 1. *Les structures de l'Italie romaine,* Paris, 1977, 4e éd., 1991 ; 2. *Genèse d'un empire,* Paris, 3e éd., 1991.

NICOLET (Cl.), *Le métier de citoyen dans la Rome républicaine,* Paris, 1976.

NICOLET (Cl.) et RAMBAUD (M.), César, 101-44 avant J.-C., dans *Encyclopaedia Universalis,* Paris, 1990, p. 256-261.

OPPERMANN (H.), *Caesar,* Hambourg, 1968.

PEMÁN (C.), Nuevo ensayo de interpretación de la topografía del *Bellum Hispaniense,* dans *Homenaje García y Bellido* (Gerión, Anejos I) V, 1988, p. 35-80.

PIGANIOL (A.), *La conquête romaine* (Peuples et civilisations, III), Paris, 5e éd., 1967.

Présence de César (Actes du colloque des 9-11 décembre 1983. Hommage au doyen Michel Rambaud, éd. par R. CHEVALLIER) (*Caesarodunum,* XX bis), Paris, 1985.

RAMBAUD (M.), *L'art de la déformation historique dans les Commentaires de César,* Paris, 1952, 2e éd., 1966.

RAMBAUD (M.), César, dans *Actes Congrès Budé (Lyon, 1958),* Paris, 1960, p. 205-238.

RAMBAUD (M.), *César* (Que sais-je ?, 1049), Paris, 1963, 2e éd., 1967.

RAMBAUD (M.), Le camp de Fabius près d'Ilerda. Un problème césarien (*Bellum civile,* I, 40), dans *LEC,* Namur, XLIV, 1976, p. 25-34.

RAMBAUD (M.), Les marches des Césariens vers l'Espagne au début de la guerre civile, dans *Mélanges Heurgon,* 1976, p. 845-861.

RAMBAUD (M.), *Autour de César* (textes réunis par M. BONJOUR et J.-C. FRÉDOUILLE), Lyon, 1987.

ROSS-TAYLOR (L.), *La politique et les partis à Rome au temps de César* (trad. E. et J.-C. MORIN), Paris, 1977.

SEMI (F.), *Il sentimento di Cesare,* Guide di cultura contemp., Padoue, 1966.

STRASBURGER (M.), Caesar im Urteil der Zeitgenossen, dans *Hist. Zeitschrift,* 175, 1953, p. 225-264.

SYME (R.), *The Roman Revolution,* Oxford, 1939, rééd. 1952 ; trad. franç. R. STUVERAS, Paris, 1967.

THÉVENOT (R.), *Les Éduens n'ont pas trahi. Essai sur les relations entre les Éduens et César au cours de la guerre des Gaules et particulièrement au cours de la crise de 52* (collection Latomus, L), Bruxelles, 1960.

WALSER (G.), *Caesar und die Germanen Studien zur politischen Tendenz römischer Feldzugsberichte* (Historia, Einzelschr. I), Wiesbaden, 1956.

WALTER (G.), *Jules César*, Paris, 1947.

WEINSTOCK (S.), *Divus Iulius*, Oxford, 1971.

WICKERT (L.), Caesars Monarchie und der Prinzipat der Augustus, dans *Jahrbücher für antike und deutsche Bildung*, 1941, p. 12-23.

WILL (W.), *Julius Caesar, eine Bilanz*, Cologne, 1992.

YAVETZ (Z.), *La Plèbe et le Prince. Foule et vie politique sous le Haut Empire romain*, Paris, 1984 (Oxford, 1969).

YAVETZ (Z.), *César et son image : des limites du charisme en politique* (trad. par É. BARNAVI), Paris, 1990.

ZECCHINI (G.), L'immagine di Cesare nella storiografia moderna, dans *Aervum Antiquum*, 4, 1991, p. 227-254.

INDEX DES NOMS DE PERSONNES ET DE DIVINITÉS

INDEX GÉOGRAPHIQUE ET ETHNOGRAPHIQUE

TABLE DES CARTES ET PLANS

TABLE DES MATIÈRES

LIVRE IV PERE DE TOUS

Impression réalisée sur CAMERON par
BRODARD ET TAUPIN
La Flèche

Édition exclusivement réservée aux adhérents du Club
Le Grand Livre du Mois
15, rue des Sablons
75116 Paris
réalisée avec l'autorisation des Éditions Fayard

Imprimé en France
Dépôt légal : octobre 1997
N° d'édition : 5032 – N° d'impression : 1010T-5
300-2-213-00261-01/8